互助养老与社区时间货币

应对人口老龄化的金融创新

郑 红 著

·北京·

图书在版编目（CIP）数据

互助养老与社区时间货币：应对人口老龄化的金融创新/郑红著.
—北京：中国经济出版社，2019.6（2024.1重印）
ISBN 978-7-5136-5530-9

Ⅰ.①互… Ⅱ.①郑… Ⅲ.①人口老龄化—关系—金融—研究—中国 Ⅳ.①C924.24
②F832

中国版本图书馆 CIP 数据核字（2019）第 014640 号

责任编辑 赵静宜
责任印制 巢新强
封面设计 华子图文

出版发行 中国经济出版社
印 刷 者 大连图腾彩色印刷有限公司
经 销 者 各地新华书店
开　　本 710mm×1000mm 1/16
印　　张 19
字　　数 272 千字
版　　次 2019 年 6 月第 1 版
印　　次 2024 年 1 月第 2 次
定　　价 88.00 元
广告经营许可证 京西工商广字第 8179 号

中国经济出版社 **网址** www.economyph.com **社址** 北京市东城区安定门外大街 58 号 **邮编** 100011
本版图书如存在印装质量问题，请与本社销售中心联系调换（联系电话：010-57512564）

序　言

21 世纪是全球人口老龄化的时代，继法国 1865 年第一个成为人口老龄化国家后，欧、美、日等发达国家和地区陆续进入人口老龄化社会。据统计，2010 年全球人口老龄化国家 76 个，预计 2050 年将超过 160 个。其中，中国人口老龄化进程最快，老年人口规模最大，面临的挑战也最艰巨。人口老龄化已成为中国经济社会的一种新常态，中国正经历着人口老龄结构持续而深刻的变化，变化的程度和速度已超越世界各国，其特点是：第一，老年人口基数大；第二，老年人口增长快；第三，高龄化趋势明显。中国从 20 世纪 80 年代开始全面实行了以控制人口数量为目标的计划生育政策，导致中国在较短时间内完成了从“高出生率、低死亡率和高自然增长率”到“低出生率、低死亡率和低自然增长率”的人口再生产类型的转变，用不到 30 年的时间，走完了欧洲发达国家经过一个世纪甚至是更长的时间才完成的向现代人口增长模式转变的过程。这种跳跃式的人口转变，引起了中国人口年龄结构的急速转变，老年人口比例迅速提高，中国已成为当今世界唯一的老年人口过亿的国家。据预测，中国将于 2020 年进入超级老龄化社会，到 2035 年我国老年人口将增至 4 亿，到 2050 年，60 岁及以上老人占比将超过 30%，每 3 个中国人中将有一个是老年人，养老压力极为严峻。更为严峻的是中国的人口老龄化是在经济尚不发达、人均国民收入较低的情况下出现的，随着老年人口比例不断提高，薄弱的经济基础和不断增大的养老需求之间的矛盾日益尖锐，如何积极应对人口老龄化问题逐渐成为社会各界共同关注的焦点。

众所周知，人到老年的所有消费无外乎产品和服务，但从老年期的准备来看，我们不可能直接储备产品和服务，只能通过金融手段，来实现养老资源的跨时空配置，即在年轻时通过金融工具储备自己的劳动价值，而在老年期，用储备起来的金融资产置换老年所需的产品和服务。因此，从资源配置的角度来说，养老问题也是典型的金融问题。随着人类迈入长寿时代，客观上要求人们在年轻时期就要充分做好老年期的准备。过去，人类为老年期做准备的手段主要有养儿防老，而运用金融手段为老年期做好充分金融准备是现代社会的一个重要特征。一直以来，由于受到传统观念和社会保障体系不健全的影响以及养老社会化水平的限制，我国的老年人大多以自己的家庭为依托，家庭对老年人的生存和生活照料都起着非常重要的作用。随着人口老龄化的快速发展、计划生育政策的广泛实施，家庭结构趋向于小型化，越来越多的家庭已经无法承受老人的全部照料责任，家庭养老暴露出巨大的危机，迫切需要跨越家庭在全社会范围内进行养老资源的跨时空配置。

为缓解家庭照顾老人难题，北京、上海、广州、南京等城市开始探索"时间储蓄式"互助养老模式并已经开始在小范围试点，提倡预存照顾老人服务时间，等自己年老或者家人需要的时候再支取"服务时间"。"时间储蓄式"互助养老模式，是鼓励年轻人（健康的老年人）有效利用自己的闲暇时间，为老年人提供志愿服务，等年老的时候可享受到别人提供的互助养老服务，为老人提供的服务越多，自己得到的回报也就越多。这种互助模式下的时间储蓄就是在自己有能力为他人提供服务时，通过提供服务将服务时间进行储蓄，当自己或亲属需要他人扶助时可以享受相等时长的服务。通过这种互助形式的服务，倡导和鼓励社会力量参与照顾老人，弘扬敬老、爱老的传统美德。作为一种新生事物——"时间储蓄式"互助养老服务已在一定程度上被政府、社会相关人士以及一定范围的社区居民理解和接受，但是与美国、欧洲一些发达国家相比还有很大的差距。大多数发达国家储蓄式互助养老服务都得到了其官方的认可，而我国目前还没有相关的法律法规和相关政策来规范互助养老时间储蓄行为及其相关业务。我国的互助养老时间储蓄是在志愿互助服务基础上加上时间储蓄的概念，只有储蓄之名，而没有储蓄之实，由于缺乏国家信用担保，储蓄的时间能否换回所需的服务存在很大不确定性，一定程度上影响了各年龄段的社会成员加入互助养老时间储蓄的积极性。

本书的创新之处在于从金融创新视角研究政府发行和引入社区货币对互助养老时间储蓄的战略意义，从理论方面提出并论证引入由政府发行的社区货币作为互助养老代际交换媒介，有助于发挥货币创造乘数的作用，有效提高社会互助养老服务供给，扩大互助养老时间储蓄规模，实现闲置养老资源的跨时空优化配置，从根本上化解年老风险。根据现代货币理论，现代货币可划分为主流货币和非主流货币。主流货币就是一国的法定货币，也称为金钱货币；非主流货币是指在社会生活中起着补充和替代性质的货币，发挥主流货币无法完成的功能和作用的货币。社区货币就是非主流货币的典型代表。社区货币又称作补充货币，是指为促进某种社会目标在社区内部达成的接受非主流货币作为支付手段和交换媒介的一种货币。这里的社区可以是一个地区、一个国家，甚至整个地球都可视为社区。之所以被称为补充货币，是因为它们并不是替代官方货币，而是作为补充执行某些特殊功能的货币。社区货币作为一种前沿的货币思想和实践，已经在国际社会被广泛应用，社区货币有助于缓解人口老龄化等棘手社会问题已经得到国际社会的广泛认可。在人口老龄化日益严峻的背景下，引入社区货币与主流货币并行流通，有助于在实现经济发展目标的同时实现互帮互助的社会目标。

如果我们承认一个社会的人是靠个人的劳动创造的财富而存在的话，那么养老行为从实质上就是“时间储蓄”。只不过每一个人支取自己的储蓄时间（劳动成果）的长短和数量可以存在差异，视每个人的劳动贡献和身体健康状况的不同而不同。从本质来看，养老实质是代际转移。代际转移包括经济转移和时间转移。经济转移包括金钱货币、实物和不动产。时间转移包括家务劳动和生活照顾。如果将社区货币设计为是实现时间转移的金融工具，那么社区货币可以视为人口老龄化社会的一种金融创新。根据现代货币理论，政府发行社区货币建立社区货币运行机制，相当于给人口老龄化社会又创造一种区别于金钱货币的另类货币，社区货币系统将有望成为与金钱货币系统并行的另一类货币系统。

社区货币作为时间银行的储蓄媒介，可以有效发挥货币的创造乘数作用，促进互助养老服务供给，满足养老服务需求，扩大互助养老服务产出，实现在整个社会范围内的时间转移功能，有效缓解人到老年身边无人照顾的窘境，促进家庭养老向社会养老转型。如果政府通过立法确定社区货币的发行和流通，通过开征社会养老税驱动社区货币的需求，设计给当代符合一定年龄的老人发放社区货币，其他居民通过照顾老人获得社区货币。未达到退休年龄的社区居民需要在退休前缴纳一定数额的社区货币完成纳税义务，等到年老才能得到社区货币获得照顾服务。根据现代货币理论设计社区货币的运行机制，社区货币将取得与金钱货币同样的法律地位，主权货币使人们相信这种货币能得到他所需要的服务，这种货币就将具有与金钱货币同等的效力。

本书尝试回答以下问题：

首先，老龄化社会为什么要发行社区货币？相对于富有的发达国家，充分利用国内资源对发展中国家来说尤为重要。如何充分利用闲置的社会资源，让这些闲置的社会资源最大限度地发挥效用，这是摆在发展中国家面前的重大课题。社区货币作为一种金融创新工具，能够让闲置社会资源（闲暇时间）得到有效利用和合理配置，实现老有所养的社会目标。根据现代货币理论，货币是政府的负债，是私营部门的资产，政府创造货币，相当于为私营部门创造金融财富，为得到这些金融财富，实现老有所养，人们自然会牺牲一部分闲暇时间（休息娱乐时间）主动去照顾身边需要照顾的老人，将这些照顾老人的时间以社区货币为媒介储存起来，等到年老丧失劳动能力时，使用社区货币得到社区其他人的照顾服务。发行社区货币让人们在原有以金钱货币为媒介的经济保障的基础上，又增加了以社区货币为媒介的服务保障，实现为养老未雨绸缪的功效，必将有效防范社会风险。

其次，为什么要由政府发行社区货币呢？政府发行社区货币符合公共利益。根据两部门模型，经济分为两个部门：公共部门（即政府部门）和私营部门（即非政府部门，包括家庭、公司以及非营利组织）。从宏观上看，如果一个部门出现盈余，那么至少要求另一个部门出现赤字。货币是政府的负债，是一种可以兑换为纳税义务以及进行其他支付的借据。政府通过负债创造社区货币，相当于给私营部门创造了社会财富。虽然人们更喜欢让私营机构开展大多数经济活动，但公共部门的确是在提供资金支持上扮演了重要的角色。人们之间相互照顾、互助养老，自愿牺牲闲暇时间照顾老人创造社会价值，政府理应提供社区货币作为相互照顾的媒介以实现对这种照顾服务的金融支持。理论上，在某一时点上人们提供了多少小时的社区照顾服务，社会（政府）就应该提供多少小时的社区货币作为提供这些服务的媒介。政府通过发行货币创造债务，私人部门才能创造财富，政府的债务便是非政府部门的金融资产。政府债务等于非政府部门的盈余，可以产生被储蓄的收入。按照一个主权政府对自己发行的货币不可能破产这样的金融论断，储蓄是最安全的形式，储蓄到期时不可能出现任何无法偿付的情况。政府的负债是私人的财富，如果政府不愿意负债，那么政府将不会对国家的金融财富做出净贡献。

再次，政府发行社区货币的目的是什么？社区货币是政府用来实现老有所养这一公共目标的货币机制。货币体系是一种奇妙的创造，它允许个人选择，同时给予政府实现社会公正所需要的资源。我们需要社区货币体系追求老有所养的公共目标，这样，我们每个人才能成功实现自己的个人目标。社区货币激发了人们照顾老人的热情以及积极性和主动性，政府通过发行社区货币资助、组织分配国家的产出。最终，我们可以一起利用社区货币来照顾彼此。主权货币是国家的，我们的政府有能力发行社区货币，有能力用自己发行的货币去照顾国民，我们的国民用社区货币体系照顾自己。支持社区货币的背后是税收制度，人们缴纳税款是为了使社区货币保持坚挺。政府为实现老有所养的目标发行社区货币债券，中央银行以社区货币债券为抵押发行社区货币，人们将其积累为财富，持有社区货币与社区货币债券使我们成为利益相关者。通过享受社会保障（达到一定年龄的老人可以每月得到一定数额的社区货币，利用社区货币得到其他人的照顾；其他年龄的社区居民为了年老时得到这项社会福利，需要在法定退休年龄之前缴纳一定数额以社区货币计价支付的社会养老税)，我们获得了国家的产出。这些产出是我们应得的，不是因为我们缴了税，而是因为我们做好了自己的事情，为产出贡献了力量。政府通过发行社区货币，帮助我们照顾好自己。

最后，社区货币应该如何发行？为应对人口老龄化，使社区货币成为实现时间转移的金融创新工具，必须按照现代货币理论研究设计社区货币的发行机理和运作机制。第一，从立法上确立在原有金钱货币系统的基础上建立与金钱货币系统平行的社区货币系统，以扩大老龄社会的社会财富，以金钱货币系统实现经济目标，以社区货币系统实现社会目标。第二，研究开征社会养老税，以驱动社区货币的需求。社会养老税是指为应对人口老龄化，保障人们在老年阶段得到必要的社会照顾，在退休前必须完成一定时间的照顾老人的义务。第三，政府发行社区货币债券作为社区货币的发行准备。社区货币债券由政府发行，根据老人所需的最低社区照顾量确定社区货币债券每年的发行量。第四，建立以社区货币债券为抵押的社区货币发行机制。根据现代货币理论设计社区货币的运行机制，借助现有的银行系统网络，在原有金钱货币系统的基础上另外开发社区货币系统，在原有以金钱货币作为记账单位的基础上，另外设立以社区货币为记账单位的账户体系，设定以人口增长率作为社区货币的目标利率，建立以人口增长率作为目标利率的社区货币调控机制。

目 录

第1章　导论

1.1　研究背景

《中华人民共和国老年人权益保障法》对养老概括为对老年人经济上供养、生活上照顾和精神上慰藉。国外将养老归纳为对老年人提供收入保障和服务保障。尽管对养老内涵界定有所不同，但对“养老的实质是代际交换”这一表述却在世界各地广为认同（熊必俊，1998）。任何一个社会的人口都由未成年人、成年人和老年人组成，他们在社会经济发展中具有不同的地位，在代际交换中扮演不同的角色。各个年龄阶段的不同需求又不可能在不同时期完全靠自己的劳动生产来满足，而是通过代与代之间的交换来满足。这种发生在未成年人、成年人和老年人之间的代与代间的产品和劳务的交换关系就是代际交换（姚远，2001）。从空间上看，代际交换是社会不同年龄阶层间的交换；从时间上看，代际交换是个人将年轻阶段的消费同老年阶段的消费去交换。未成年人不能参加劳动，需要由成年人来供养，未成年人成年后赡养老人是他们对幼年时父母抚养自己的回报。每一代都用自己所创造的产品和劳务来换取上一代和下一代为自己提供的产品和劳务。每一代人都相互依靠，互相依存，不存在一代人对另一代人无代价的供养问题（杜亚军，1990）。老有所养是老年人以其在劳动阶段为社会和家庭所付出的劳动、通过代际交换获得的，人类社会正是通过连续不断的代际交换，扩展了创造财富的能力。

人口老龄化使传统家庭养老服务的代际交换越来越难以维系。社会保障制度是代际交换的一种法定形式，但我国现阶段的社会保障只提供收入保障，老年人所需的日常照料、生活护理和精神慰藉等服务保障传统上还必须通过家庭内部的劳务直接交换来完成。随着家庭结构的核心化、家庭规模小型化、空巢化使得家庭养老照护功能不断弱化，从而使传统家庭代际交换的平衡模式被打破。以“孝”为核心的中国传统文化只能调节家庭内部资源的代际交换，对社会资源的配置却无能为力，已经社会化的代际交换更多地表现为冲突，代际交换的矛盾和冲突将成为一种骤生的社会现实而凸显（彭希哲和胡谌，2011）。随着人口老龄化程度的加深，社会将更多地担负起向老年人提供养老服务的责任，社会化养老是一种趋势，强化家庭养老功能不能扭转这一趋势（杜亚军，1990）。传统家庭内部的代际交换属于劳务的直接交换，而社会化养老服务代际交换需要以货币为媒介。货币作为代际交换媒介的重要意义在于老年人不一定要由自己的子女来供养，可以用货币购买他人子女的劳务来达到养老的目的。货币成为老年人向整个一代人索取养老资源的凭证（Samuelson，1958）。

随着第一代独生子女父母步入老年，养老服务代际交换矛盾和冲突将成为老龄化社会迫切需要解决的课题。社会养老服务需求日益增长与养老服务供给严重不足之间的矛盾愈益凸显，已经引起社会普遍关注。其实，养老服务供求矛盾不过是养老服务代际交换矛盾和冲突的一种表现或反映形式。由于社会化养老服务需要货币为媒介，人们自然想到给老人发钱购买服务，而如果增发金钱货币，一方面，增加政府的财政负担，引发通货膨胀的压力，另一方面，年轻人会预期自己年老时也会得到政府增发的货币，而不愿意提供养老服务。更为严重的是通货膨胀会降低金钱货币的购买力，当经济中存在通货膨胀时，人们更倾向于减少劳动时间，增加自己的闲暇时间，这样照顾人员必然短缺；由于照顾人员严重不足，养老服务价格急剧攀升，老人更加买不起所需的养老服务，必然要求进一步增发货币；增发货币又进一步导致通货膨胀，形成恶性循环。传统上人们习惯于存钱养老，但如果没有人愿意提供养老照料服务，即使人们存钱也可能买不来所需的养老照护服务。如果我们陷入已有的货币范例中，可能毫无希望解决现实问题，金融创新将为解决人口老龄化过程中的一些关键问题提供广泛的可能性（Lietaer and Dunne，2013）。

社区货币作为一项社会发明是人口老龄化背景下打开社会养老代际交换难题的钥匙。传统家庭代际交换属于劳务的直接交换，而在社会化的养老代际交换中，年轻人向同时代老人提供日常生活照料服务，等到年轻人年老时，原来照顾的老人已经不在了，直接的代际交换难以持续。如果整个社会达成以社区货币作为社会养老代际交换媒介的协议，此后每一代人都相信社区货币的购买力，则社会养老代际交换得以持续。货币本身是为便利交换而产生，如果说货币的发明促进了的社会交换，是打开一般社会代际交换的通用钥匙，那么社区货币的作为一项社会发明，是打开老龄社会互助养老代际交换的一把特殊钥匙，必将促进老龄社会实现互助养老代际交换。社区货币作为催化剂，有助于将闲置的社会资源利用起来满足高龄老人的日常照料需求，促进闲暇时间的有效利用和合理配置，弥补家庭养老代际交换的不足，促进社会养老代际交换。每个社区都存在大量未满足的需求和未利用的资源，社区货币作为催化剂能促使这些闲置资源工作，创造充满生机的财富。

本书所指的社区货币，全称是社区时间货币，也可以简称为时间货币，是指为应对人口老龄化，促进社会养老代际交换，在社区内部达成的、接受以时间（小时）为计量单位，作为社会照顾服务的支付手段和交换媒介。这里的社区可以是一个地区、一个国家，甚至整个地球都可视为社区。在社区内，人们自愿接受以社区货币作为社会照顾服务的交易媒介和记账单位，将不能储存的照顾老人的服务能力以社区货币的形式储存起来，年轻时通过向老人提供社会照顾服务获得社区货币，等到年老丧失劳动能力时利用社区货币得到其他人向自己提供的社区照顾服务，以社区货币为媒介实现社区照顾服务的代际传承和交换。社区货币与金钱货币的区别在于，金钱货币服务于经济目标，是以利息为核心的竞争系统，目的是获得利润最大化，而社区货币服务于社会目标，目的是实现社会互助，让老人得到必要的社会照顾，促进闲置劳动力资源的有效利用和合理配置，注重合作而不是竞争。服务于经济的金钱货币与服务于社会的社区货币并行流通，在促进经济发展的同时实现社会目标，在不影响任何人福利水平的情况下实现帕累托改进。

1.2 研究意义

本书侧重于对社区货币基础理论和应用实践的研究和探索，这是一项具有挑战性的工作，这项工作不仅有重要的理论意义和政策研究价值，更具有潜在的应用前景。①本书运用规范的货币经济学分析方法，建立规范的社会养老代际交换模型，从理论上分析论证人口老龄化社会为何要引入社区货币，由谁发行社区货币，发行社区货币的作用机理是什么，如何发行社区货币，运用理论和实证分析方法全面而系统地阐述社区货币作为应对人口老龄化的金融创新对老龄社会的重要战略意义；②本书从理论上深入研究社区货币对社会养老代际交换的作用机制，为我国开展社区货币试验提供理论保障；③立足于居家养老服务中心设计引入社区货币探索性实验，验证社区货币引入对居家养老供求的影响，为我国开展社区货币试点试验提供实践准备；④根据现代货币理论，借鉴美元以国债为抵押的货币发行机制，研究设计以社区货币债券为抵押的社区货币发行机制，并运用资产负债表分析设计试点阶段社区时间货币的发行和运作机制，为我国发行和引入社区货币提供理论基础。以下详细阐明发行与引入社区货币的重要战略意义：

第一，社区货币作为一种金融创新，能够有效配置未满足的需求和未利用的资源，已被国际社会广泛用于促进经济可持续、社会可持续、环境可持续的有效工具。每个社区都有一些拥有大量闲暇时间的年轻人和一部分身体良好、精力充沛的健康老年人，渴望能用自己积累的生活经验、劳动技能为社会服务，实现人生价值，但由于缺乏货币作为媒介，大量人力资源被闲置和浪费，需要照顾的老人得不到必要的照顾，照顾服务需求得不到满足，年轻人和健康老年人服务他人的愿望不能实现。引入社区货币，年轻人和老年人可以利用自己的闲暇时间为需要服务的老人提供服务，在实现自己价值的同时为未来养老多一份社会服务保障。社区货币最终目的是作为一种催化剂将社会闲置的资源利用起来为老人提供照顾服务，以社区货币作为将照顾服务能力跨期重新配置于未来的工具，促使闲置资源（时间）转化为社会照顾服务，实现社会照顾能力在代际间合理转移和优化配置，促进社会养老代际交换，带动邻里之间相互照顾，也为未来养老提供社会服务保障。

第二，引入社区货币可以弥补老年人收入低、有效需求不足、没有能力购买社会照顾服务的不足，缓解社会照顾服务供给严重短缺等问题。由于大多数老年人购买能力较低，居家养老服务利润空间十分狭小，社会资本不愿意进入居家养老领域，社会资本进入的困境进一步导致居家养老服务稀缺性明显，当务之急是尽快促进社会闲置资源进入居家养老服务领域。货币作为金融工具能够有效配置闲置资源，如果政府发行社区货币作为老龄社会的金融财富，并将社区货币发放给需要照顾的高龄老人作为社会福利，实际相当于将照顾服务能力货币化，人们发现如果现在放弃一部分闲暇时间去照顾老人可以为将来得到别人照顾获得保障，自然会自愿加入照顾身边老人的行列，有效增加社会照顾服务供给。更重要的是社会照顾服务能力自身不能储存，如果年轻时不能将照顾服务能力储存起来到，那么到老年时将自动丧失，引入社区货币可以将不能储存的照顾服务能力以社区货币为媒介储存起来，促进邻里之间相互照顾，为未来老有所养提供服务储备。因此，发行和引入社区货币必将有效缓解老人货币资金短缺，服务人员供给不足等问题，有效扩大社会照顾服务产出。

第三，引入社区货币可以实现家庭养老向社会养老转化，由社会承担一部分照顾老人的责任，有效化解人到老年身边无人照顾的社会风险，实现老有所养的社会目标。几千年来，发展中国家一直依靠家庭照顾老人，但随着人口老龄化的加剧，依靠家庭照顾老人已经难以为继，当家庭成员无法承受老年人全部或部分照顾责任时，必然期待着社会提供照料服务，以弥补家庭照料功能的不足或缺失。将家庭照顾老人的家庭责任发展成为社会照顾老人的社会责任是不以人的客观意志为转移的。引入社区货币，倡导由社会来照顾老人，明确在老龄社会，照顾老人不仅是家庭的责任，更是整个社会的责任，每位年满 18 岁的公民都有义务主动去照顾身边的老人，这是老龄社会赋予每个公民的义务和责任。照顾今天的老人，实际就是照顾明天的自己，一个文明社会的标志就是如何善待老人，只有整个社会行动起来，才能实现老有所养的社会目标。

1.3 研究内容与结构安排

本书共分九章，其具体结构与内容如下。

第一章为导论。主要阐述本书写作的背景和意义，明确研究内容和结构安排，阐明本书的研究方法和创新点。

第二章为理论基础与文献综述。首先，通过全面论述现代货币理论，为本书提出为什么要发行社区货币、发行社区货币的作用机理、应该如何发行社区货币奠定理论基础。其次，通过全面梳理社区货币的历史、现状和发展前景，为本书进一步拓展社区货币的理论研究和实践探索提供相关理论和技术支持。

第三章为互助养老时间银行的发展现状与存在问题分析。通过总结国外互助养老时间银行的发展现状与趋势，全面梳理国内互助养老时间银行的发展现状，分析我国互助养老时间银行的主要特点及面临的问题，最后提出进一步推进互助养老时间银行发展的思考，为第四章进一步分析互助养老引入时间货币奠定基础。

第四章为互助养老引入社区时间货币的潜在需求与影响因素分析。本章在全面综述互助养老与时间货币相关概述的基础上，运用中国老龄科学研究中心的“第四次中国城乡老年人生活状况抽样调查（个人问卷长表）”统计得来的数据，统计分析互助养老引入社区时间货币的潜在需求，进而运用规范的实证分析方法分析时间货币潜在需求的影响因素，为本书研究引入社区时间货币提供理论支撑。

第五章为发行和引入社区时间货币的必要性分析。从理论上全面梳理老龄社会为何需要发行和引入社区货币，进而分析为何需要由政府发行社区货币，最后系统阐述老龄社会引入社区货币的优势和作用效果，为第六章引入社区货币探索性试验提供理论铺垫。

第六章为引入社区时间货币的探索性试验及其影响因素分析。首先利用在沈阳市大东区富强居家养老服务中心开展的引入社区货币探索性试验数据，统计分析试验情况以及存在问题；其次，利用问卷调查和个案访谈方法，实证分析居家养老引入社区货币的满意度及需求影响因素分析，为未来政策试点提供实践准备。

第七章为发行与引入社区时间货币的作用机理。利用萨缪尔森的代际交换模型分别构建社会养老代际交换模型和时间储蓄模型，运用规范分析方法，证明引入社区货币可以促进社会养老代际交换，促进人们进行互助养老时间储蓄，为第八章研究设计社区货币的发行机理和运行机制奠定理论基础。

第八章为社区时间货币的发行机理和运行机制。运用第二章提出的现代货币理论，借鉴美元的货币发行和运作机制，系统分析和建立社区货币的发行机理和运行机制，最后运用资产负债表设计试点阶段构建全国统一时间货币的发行和运作机制，回答了政府应如何发行和引入社区货币作为应对人口老龄化的金融创新，以适应老龄社会的挑战。

第九章为建立全国性统一时间银行的战略设计。在对建立全国统一时间银行进行必要性和可行性分析的基础上，运用 PTST 分析和 SWOT 分析对建立全国统一时间银行进行战略分析，构建试点阶段全国统一时间银行运行机制设计与实现。

1.4 研究方法与创新点

1.4.1 研究方法

本书综合运用规范分析法、实证分析法、问卷调查法、个案访谈法以及田野试验法对发行和引入社区时间货币作为应对人口老龄化的金融创新进行了系统论证，主要研究方法如下。

（1）采取规范的货币经济学分析方法，将代际交叠模型拓展引入到社会养老服务领域，经过适用性分析，建立模型假设，构建以社区货币为媒介的社会养老代际交换模型，通过模型测算和检验，验证模型的有效性和可靠性，建立社区货币对社会养老代际交换作用机制的理论依据。

（2）运用实证分析方法，利用中国老龄科学研究中心的“第四次中国城乡老年人生活状况抽样调查（个人问卷长表）”数据，实证分析互助养老引入时间货币的潜在需求和影响因素，为引入社区时间货币探索性试验提供理论支撑。

（3）运用田野试验研究方法立足于居家养老服务中心研究设计引入社区货币探索性试验，与民政部和企业合作实施为期一年的引入社区货币探索性试验，并利用试验获得的第一手数据进行实证分析，为我国发行和引入社区货币政策试点奠定实践准备。

（4）采取深度访谈、问卷调查等研究方法，了解社区老人对社会照顾服务需求情况，掌握老人对日常照料、生活护理和精神慰藉等方面的具体需求，设计调查问卷并结合个案访谈，实证分析引入社区货币的满意度分析以及引入社区货币的需求分析，为政府科学决策提供理论参考。

1.4.2　研究的创新点

（1）问题提炼新颖。人口老龄化给我国家庭养老带来深远影响，而随着我国人口老龄化向纵深发展，构建对老年人的照顾服务保障对我国即将到来的人口老龄化高峰有重要意义。传统观点把增强对养老服务的财政投入作为解决养老难题的出发点。本书深入挖掘隐藏在人口老龄化背后的代际交换问题，以人口老龄化对家庭养老代际交换的影响作为切入点，深入剖析制约社会养老代际交换的主要因素，根据货币是打开代际交换难题的钥匙这一科学论断，提出并论证发行和引入社区货币是人口老龄化趋势下打开社会养老代际交换难题的钥匙。

（2）视角独特。人口老龄化是公认的世界难题，本书从货币经济学视角出发提出发行和引入社区货币是应对人口老龄化、促进社会养老代际交换的一种金融创新。从金融创新视角研究解决人口老龄化背景下的代际交换难题，这在研究视角上属于一种创新。以现代货币理论为基础，运用规范的货币经济学分析方法分析并论证老龄社会为何要发行和引入社区货币，如何发行和引入社区货币以及发行和引入社区货币有什么作用，为政府发行和引入社区货币提供理论依据。本书将国际上有广泛影响的社区货币引入到我国养老领域，挖掘其养老服务代际交换功能，分析论证引入社区货币对社会养老代际交换的作用机制，为引入社区货币提供新的思路和理论依据。

（3）理论研究创新。社区货币的理论研究比较薄弱，经典的社区货币理论是德国经济学家吉赛尔（Silvio Gesell）在 20 世纪初创建的。他在 1916 年发表《来自自由土地和自由货币的自然经济秩序》一文，提出今天的钱比未来的钱更有价值，货币价值随着时间变化会呈现劣化的趋势，社区货币与传统货币并行流通能够遏制货币的劣化。本项目创新性地将萨缪尔森的代际交叠模型引入社会照顾服务领域，利用模型中货币反映的是未来的钱比今天的钱更值钱，货币存在生物利率的特点，将模型中的货币视为社区货币，构建以社区货币为媒介的社会养老代际交换理论，进而建立人口老龄化趋势下的社会养老代际交换模型，为解决人口老龄化下的养老服务供求矛盾奠定理论依据。

（4）探索性试验创新。试验研究在经济研究中的作用近年来已引起学者的广泛关注，但目前真正进行试验研究的还很少，从国内外来看还没有专门应对人口老龄化的社区货币试验。本书研究设计社区货币试验，与社区居家养老中心合作开展为期一年的社区货币试验，尝试建立社区货币与社会照顾服务供求量之间的因果关系假设，通过引入社区货币，观察行为者的行为，检验社区货币引入能否促进社会养老代际交换，为我国开展社区货币试验提供现实指导作用。鉴于我国强国家、弱社会格局一时很难改善，提出我国社区货币计划必须具有我国的特点，根据我国国情设计引入有政府担保的社区时间货币，由政府控制社区货币的供给和流通，为国际社区货币项目进行属于我们自己的探索。

第 2 章　理论基础与文献综述

L. 兰德尔·雷（L. RandallWray）是美国密苏里州立大学堪萨斯分校经济系的教授，也是纽约巴德大学利维经济研究所的高级学者。他早年就读于华盛顿大学圣路易斯分校，师从日后鼎鼎有名的美国后凯恩斯主义经济学家海曼·明斯基。他的新著《现代货币理论》致力于证明政府绝非像家庭或企业那样看待金钱，所谓稳健的政府会像家庭和企业平衡预算的类比是错误的。他强调政府是货币的发行者而非使用者，“如果政府像一般家庭一样试图去调整它们的预算，那么整个经济都将处于水深火热之中”。税收不是为了应对政府支出，而是为了创造货币需求。政府为了满足充分就业，不应该顾及平衡预算。《现代货币理论》正是本书提出发行和引入社区时间货币的理论基础。

2.1　现代货币理论

信用货币制度对社会经济的发展具有巨大的促进作用，它是人类伟大的发明之一。国家可以从信用货币的发行中创造巨大的社会财富，实现社会福利。凯恩斯认为，记账货币是由国家有关部门决定的，是人们衡量债权、债务以及价格的单位。计量单位一定是社会结构的一部分，人们可以在一定时间、空间和价值内选择自己独特的记账单位，但这些计量单位必须经过社会批准后才能被广泛采用。探究政府应该如何利用社区货币体系实现老有所养的公共目标，这就需要我们了解现代货币到底是如何运作以及政府发行货币需要哪些先决条件。

2.1.1 发行货币——国家信用创造的价值

国家信用为什么能够创造价值？主要源于货币的发行。通常我们会将基础货币的发行量当作发行货币所创造的价值，同时也是市场流通对货币价值的需求量。这主要是因为基础货币被当作社会流通对货币需求的最低值，并且基础货币的发行量同时也实现了对货币的永久占用，这种占用是指在流通中永远都不用收回的量。基础货币的发行所创造的价值是客观要求，是价值规律的体现。一般情况下，基础货币的数量就是一个国家在货币发行过程中通过国家信用所能创造的价值量的总和。基础货币作为社会流通所需要的货币，其发行必须通过财政赤字或者是永不偿还的国债等国家占有价值的形式，只有这样基础货币的价值才会被创造出来，而商业银行向中央银行贷款和贴现的方式发行货币的过程是不能创造出货币的价值的。

如果中央银行的货币发行方式全部采用向商业银行贷款并且贴现，商业银行从中央银行获得货币贷款，这部分借款是中央银行的资产，对于商业银行来说是负债，而商业银行的这部分负债只有通过向居民和企业贷款的方式才能够使得货币再次流向社会。假设居民和企业、银行是通过贷款的方式来获得货币，那么手中所持有的货币就是商业银行对中央银行的负债，负债是要求强制归还的，那么就要出售同等价值的劳务或者是商品才能够实现对这些货币的所有权和使用权，并保持长期持有。可是假设社会所有成员都只能通过出售商品的方式才能获得货币价值的持有权时，根据社会供需平衡原理，社会因为流通的需要持有一定数量的货币，加之这些商品一直都不存在买家，因此社会总供需就会存在这样一个差额，相同价值的商品需求存在缺口。这个需求的缺口会造成社会的供需不平衡，一方面是生产萎缩使得市场消费水平没有一个上升的空间，另一方面是货币的价值会上升。

从货币发行过程可以看出，货币发行其实有两种性质不同的窗口：货币价值的发行窗口和货币的发行调节窗口。货币的发行价值只有在基础货币的限额内，通过国债这样不用偿还的方式发行货币才可以被创造出来。由于社会对货币的需求通常是一个动态的、变化的量，而基础货币却是一个相对固定的量，这样就需要调节货币发行窗口来补充基础货币发行量来应对货币需求的短期波动。通过货币调节窗口发行货币的方式主要是中央银行对商业银行再贴现或再贷款等方式。增发货币并不完全等同于通货膨胀，主要还得看货币是通过哪个窗口发行的，并且也需要看所增发的货币是否能够按货币供求规律及时收回。在正常情况下，社会流通需要的货币量是基础货币，但在当前经济或金融危机来临时，商业银行的派生货币功能丧失，此时实体经济流通对货币的需求量就会超过基础货币的量。在这种情况下，如果不增发货币就会使国家经济瘫痪，只是此时对于货币的需求量是货币发行不正常情况下的量。而当货币流通速度修复正常时，假设所发行的货币不能以贷款的渠道收回，就可能会发生通货膨胀。根据货币的内生需求机制，再贷款和再贴现方式发行出去的货币也会自动返回中央银行。

基础货币作为一种不用返还的国债发行货币，在长期和短期都需要进行调节的。调节窗口发行货币的最大特点是，假设社会流通不需要多余的货币时，就可以将所发行的货币回收。一般情况下中央银行是通过负债的方式发行货币的，通过市场上对货币需求的调节机制，货币可以自动地从市场的流通中退出，而后重新返回中央银行的账户里，这部分货币在账目上表现为商业银行归还中央银行的贷款，其中这部分货币的发行价值也就经历了从创造到湮灭的完整过程。在一定时期内货币的发行量是增加还是减少，主要是受中央银行的货币政策以及社会对货币的需求这两个方面的影响。调节性的货币发行是一个进出流水口，它是根据对货币的需求量自动地做出流动性的调节。

2.1.2 什么是货币

现代货币理论认为，货币是社会创造的、被普遍接受的记账单位，以及以记账单位计价的债务。国家货币制度，就是由一个国家来选择计价货币，制定责任与义务，以该货币单位计价，以及发行按照上述义务付款的、被认可的货币。政府发行货币，让其在市场中流通，纳税人则使用这些货币来履行其对国家的纳税义务。货币制度的本质是什么呢？最明显的共同特征是：货币是债务的证明。纸币硬币、国债或央行票据都是政府债务；商业银行票据或存款是银行债务；甚至包括货币市场共同基金的份额等，也是发行人的债务。主权政府在本国的货币制度下不可能破产，政府完全可以偿还任何以该国货币支付的债务。

发行债务的逻辑顺序是先创造后偿还。人们需要得到货币或先有债务，以后才需要支付或偿还。政府发行债券，当政府收回自己的借据时，也就偿还了债务。央行发行准备金存款作为其债务——通常是在其向私人银行贷款时或在公开市场上购买国债时，这些准备金存款总是可以按需兑换为货币——这使央行产生负债，央行在支付中接受自己发行的货币和存款准备金，以此来偿还债务。私人银行发行银行存款作为其债务——通常是在其向私人家庭或私营公司贷款时，当它接受银行存款支付时，也就偿还了债务。政府发行信用货币之前，必须使纳税人负债，而履行纳税义务必须使用政府发行的货币，这样就为供求双方同时创造了需求。收到税收、存款准备金与银行存款都始于偿还行为，且创造必须先于偿还，要先创造债务，才能偿还债务。

货币性负债比其他类型的负债更易令人接受。主权权力归国家所有，这就决定了其责任——货币与准备金——在其司法管辖权下被普遍接受。银行和其他机构通常将其自身的责任转化为国家的责任，银行承诺将根据需求将其责任转化为国家的责任。因此，现代货币理论所述的“货币金字塔”将本国的货币放在了金字塔的顶端，将银行的存款货币放在国家货币（准备金与货币）之下，其他金融机构的债务处于金字塔中银行的存款货币之下，通常以银行存款支付，也可以在更低的层级看到非金融机构的负债。其实，政府货币并不处于金字塔的顶端，政府必须持有债券作为发行货币的准备。在底层，还可能看到家庭的借据，通常也以金融机构的债务责任支付。银行是通过使用在央行的准备金来清算各银行间的账户的。在现代经济中，利用负债使某一方的借据可以与债务金字塔中更高一层的借据相互兑换。最终，所有债务都集中到央行——国家自己的银行身上。主权政府可以轻易找到接受者——一定程度是因为数千万人欠政府的税款，但政府也受到货币创造的制约，如强制实施债务上限，控制货币的发行。

2.1.3 货币是全社会的共同财富

政府负债支出的公共目的是有益的，至少是为了实现国家资源的充分就业。由于国家信用是事实存在的，是以一国经济发展作为基础的，是全国人民劳动的结晶，所以以国家信用发行货币所创造的价值是本国人民的共同财富，应该用于国民福利建设，是不能被任何一个社会阶层所占有的。货币作为全社会的共同财富可以借助两部门模型进行分析。区分经济中不同类型的部门对分析研究非常有利。其中最基本的方式便是将经济分为公共部门和私营部门（包括家庭和公司）。如果我们只考虑所有私营部门发行的金融资产和负债，从逻辑角度来看，金融资产的和必须等于金融负债的和。换言之，如果我们仅考虑私营部门所发行的借据，那么净私营金融财富必须为零（除非政府持有部分私人债务）。私营金融财富处于私营部门内部，有时又被称为内部财富。如果私营部门需要积累金融财富，便必须以外部财富的形式来完成，即拥有另一部门的金融债权。基于最基本的将经济分为公共部门和私营部门的方式，外部金融财富以政府借据（货币或债券）的形式出现。私营部门以持有的政府货币以及各种政府债券作为其净金融资产，是其正金融财富净值的一部分。在我们的两部门模型中，私营部门持有的金融资产净额与政府发行的金融负债净额完全相等。

在两部门模型中，公共部门与私营部分不可能同时出现盈余。如果公共部门出现盈余，那么根据恒等式，私营部门将必然出现赤字。如果公共部门在同一时期出现充足的盈余直至收回全部未偿债务，相应地，私营部门将出现等值的赤字，其金融财富净额将不断减少直至为零。现代货币理论主要关注私营部门金融资产净额的来源，即外部财富。在封闭经济下，金融资产净额的唯一来源便是政府，政府支出才是创造金融财富净额的原因；在开放经济下，对世界其他国家的债权便成为金融资产净额的另一来源。由于每一项在部门内部创造并持有的金融资产都会被一项负债所抵销，本国私营部门无法产生金融资产净额。一个部门的赤字支出会带来其他部门的盈余（储蓄）。当收入真正被创造出来时，出现赤字的部门在某种意义上是可以决定支出大于收入的部门，出现盈余的部门单位则决定支出小于收入。政府部门的赤字支出带来了非政府部门的盈余（储蓄）。因为政府赤字支出为非政府部门的储蓄提供了资金，即政府赤字支出为非政府部门提供了收入以实现盈余。就存量指标而言，为了让一个部门积累金融财富净额，必须至少有另一个部门增加同等的负债，所有部门不可能同时通过预算盈余来累积金融财富净额。从个体层面是收入决定支出，从总体层面则是支出决定收入。一方不能确定是否能获得更多的收入，但可以决定是否要支出，而所有的支出都必须被另一方在某处作为其收入而接收。

2.1.4 税收驱动货币

现代货币理论认为，如果公民需要将某一种货币上交给货币发行者以履行其义务，这种货币就会被公民所接受。因此，国家可以征收税款，同时，以政府债务的形式发行纳税时所需要的货币，从这种意义上说，税收驱动货币，税收足以创造货币需求。发行货币的权力与征税的权力是紧密关联的。如果我们有纳税义务，且必须用国家的货币履行义务，我们就一定会接受国家的借据——货币。不需要每个人都有这样的义务，只要税收基础足够广泛，货币就将被普遍接受。同样，人们接受银行存款的一部分原因是：我们——至少有很多人——对银行负债，可以用银行存款支付。在现代银行体系中，央行可以按票面价值清算银行间的账户，因此，我们可以交付任何一家银行的存款借据来抵销对其他银行的债务。如果一个人认为自己需要支付钱给某个实体，他就会想要获得该实体的借据，这部分解释了为什么非主权发行人的借据可以被广泛接受。如果有人承诺自己的借据可以按需兑换为其他更能被人们普遍接受的借据，该借据的可接受性就会提高。在任何社会中，政府发行的借据是最容易被人们广泛接受的。

税收的目的在于创造货币需求。只要缴税（或相似的义务）需要支付该种货币，税收和其他强制性义务就可以创造这种货币的需求。纳税人需要货币，这意味着政府可以通过发行货币的方式来履行公共职能，其他人也会接受这种货币。由于人们必须把政府的货币还给政府才能履行纳税义务，因此人们需要政府货币。从这种意义上说，纳税义务激发了人们获得政府货币的欲望。需要上缴货币的强制性义务是驱动货币的必要条件。仅仅是义务是不够的，这些义务还必须被强制实施。不被强制实施的纳税义务永远不可能驱动货币，它也许可以创造一些货币需求，但会比纳税金额少一些，因为许多人期望自己可以逃掉义务。如果社会中的某些人要用货币缴税，其他人就会接受这种货币。政府不需要税收来弥补政府支出，相反，政府必须在纳税人用货币交税之前，就向市场支出（借出）货币。先支出，后收税才是合乎情理的顺序。

为什么会有人接受政府的货币？因为政府的货币是缴税和偿还政府其他债务时，政府接受的主要货币。为了免受逃税的惩罚，纳税人需要获得政府的货币。正是由于任何有纳税义务的人都可以用货币来消除这些义务，人们在购买或履行私人义务时都可以用它来支付，政府发行的货币才有需求。只要政府接受缴税时所用的货币，就可以发行以同样的记账货币为单位的货币。税收是用来为货币创造需求的，政府需要税收，不是为了增加财政收入，而是促使人们为了得到货币而出卖劳动力、资源和产品。只要可以征税和收税，政府便可以保证人们对于至少一种不可兑换货币的需求。政府坚持税收必须以政府发行的货币来支付。承诺接受以货币支付的税款，对于产生一种货币需求来说已经足够了，此即为税收驱动货币。

政府为什么需要税收呢？一是体现国家在财富分配和收入分配方面的公共政策；二是将特定公共项目的开支分摊到受益人身上。税收创造了必须缴税的需求，并允许政府花钱购买资源，以实现公共目的。税收会使部分资源只能为政府的公共事业所用，而不能为其他目的所用。货币是计量单位，最开始是由统治者创造的，用来衡量公民所欠的税收的价值。通过让公民负债的方式，实际资源将进行流动，服务于公共目的。税收驱动货币，政府创造货币是为了控制社会创造的资源。税收的首要功能是使卖家提供货物和服务，其他功能则还包括追求公共目的。这就是货币与主权权力（控制资源的权力）相联系的原因。人们提交政府的借据（货币）来偿还税款债务，对政府的负债越多，越能保证人们接受政府的借据（货币）。政府越来越依赖税收，这就是现在主权政府控制资源并使其流向公共部门的最常用的方式。税收的目的在于释放资源，追求公共目的，不能掩盖税收的公共目的。如果征税的目标是使资源流动到公共部门的话，就需要进行广泛的税收。从创造货币的政府的角度来看，金融体系的存在是为了使资源向公共部门流动。显然，公共部门不需要所有资源，还有一些资源可以留用于私人用途。税收既可以鼓励更多资源向公共部门流动用于公共目的，又有利于资源向私人部门流动用于私人目的。

2.1.5 主权货币发行国适用原则与发行数量限制

主权货币发行国适用原则如下：

（1）政府可命名一个记账单位，以该记账单位征税，并发行以该记账单位计价的货币，以该货币缴税。

（2）政府通过贷记银行准备金进行支出，通过借记银行准备金进行征税。

（3）银行将作为政府及非政府部门之间的媒介，贷记储户账户作为支出，借记储户所缴纳的税款。

（4）可将政府财政赤字视作向银行系统储备及银行存款的贷记净额。

（5）隔夜利率目标是央行设定的，因此是外生的，而准备金的规模则由私营银行的需求决定，因此是内生的。

（6）存款乘数仅仅是根据过去对经济发展形势的分析而得来的准备金与存款的比值。更好的做法是：将存款视为可以在以准备金为基础发生杠杆效应时自发增加，而不是根据既定的杠杆比率而产生的。

(7) 发行国债并不是主权政府的一种借款行为，而是帮助央行达到目标利率的工具。

(8) 尽管政府对于支出始终会有所约束，但财政部总是支付得起以其发行的货币为单位的任何事物。

货币的发行必须有数量限制。货币发行是一种以某种储备为基础的货币发行。如果对货币的发行没有特别的限制，它的可兑换性就不能得到保证。不管一国供给多少货币，其货币的总价值应等于以货币形态保持的实物价值。货币量 M 是指某一时点意义上的货币量，是一种存量的概念；而货币流通速度 V 则是指某一时间区间内货币的周转次数，是一种流量的概念。凯恩斯把货币需求都作为存量来处理，将交易动机解释成经济主体为了实现货币的交易媒介职能而进行的价值储藏。存量是指某一经济量在某一时点上的值，它只能在某个时点上进行衡量，其量值没有时间维度；而流量是指在一定时期内某种经济变量变动的数值，它只能在一定时期内衡量，其量值要有时间维度。在资产选择分析中，如果承认存量是瞬间均衡的，就不能揭示流量的波动；而如果承认流量的波动性，存量的均衡关系就会受到破坏。要真正认识货币的本质，必须基于对某个时点上的分析。而在一个时点上，货币最多只能流通一次，因而也就不存在流通速度的概念了。交易所需的货币量最终应等于服务的生产能力（个人的劳动贡献）。消费满足程度越高，愿意支付的货币量也就越多。货币发挥了穿针引线和交换媒介的作用。

本质上，货币是一种公共资源或公用工具。货币币值的稳定或购买力不变，是人们愿意持有货币的主要原因。因为若持有的货币在下一期无法换回至少是同样多的商品，那么将不管再出于何种理由（包括便利交易、安全需要等），都不会再有人愿意持有任何数量的货币。对于货币而言，其作为一种交换工具，如果在下一期交换时会因自身变质等原因失去功能的话，那么必然会导致当期就无人肯接受它，由此递推至初次交易时便无人会愿意接受它。当期只能消费当期生产能力所能供给的最终产品，当期供给的最终产品一般会在下期消费到来之前便已消耗殆尽了，下期所能消费的最终产品也只能是下期生产能力所能供给的数量。简言之，在每一时点上与货币长时期积累所形成的数量相对应的，应该是最终产品当期的生产能力，而不应是多时期最终产品的产出累积量。货币的支付是购买力的供给，货币的供给是购买力的需求。t时刻的货币存量应等于t时刻最终产品的生产能力。随着最终产品供给数量的增加，其货币存量也相应增加。经济体要求货币与最终产品（服务提供）的生产能力始终保持在一种动态的均衡水平上，或者说，货币存量始终将与最终产品的生产能力保持在一个动态的固定比率上。某个时刻货币存量与该时刻最终产品供给数量之间保持固定的比例关系，也就等同于货币存量与社会总边际效用水平之间保持固定的比例关系。

2.1.6 银行的主要功能

货币对经济资源的良好配置具有重要作用。如何用最少的货币量完成商品服务的交换流通任务？如何利用货币数量的变化来精确地映射服务能力数量的变化，促进资源的市场配置？完成这些职能主要依靠现代银行制度。从宏观角度，找出服务总量对货币总量的需求，强调国家对货币供给的控制作用，强调国家对货币干预的合理性和必要性，结合供需两方面的情形估计服务提供者和服务接受者对货币总量的需求，这些都是现代银行的职能。现代政府都拥有自己的银行——央行，代替政府支出和收入。政府指导央行以贷记银行账户的形式支出，以借记银行账户的形式获得税收收入。政府需要先行支出，家庭才能缴税。当政府售出债券时，银行通过支付它们在央行的储备购买债券。央行借记购买银行的存款准备金，以国库证券贷记银行账户。银行通过接受借据以及创造银行存款的方式提供贷款。在现实世界中，银行先提供信贷服务，然后在此过程中创造存款，最后才去寻找储蓄。银行对经济的主要作用有三个：一是把货币或对货币的支配权从一个人或一家公司手里转给另一个人或另一家公司；二是决定应该向谁提供信贷，信贷额应该多大，应该以什么作为担保品；三是银行有助于增加货币供应，利用银行来增加货币，是迄今所采用的最好方法。

运行一个现代化的货币体系，却没有可以创造货币式借据的私营金融机构是不可能实现的。银行的主要功能是集中保管、便利支付、资金归集、风险识别和贷款发放。集中保管是银行的基本功能，也是其他所有功能的基础，这一功能的良好发挥能够促进货币在银行体系内的沉淀，从而为银行的便利支付和资金归集功能的发挥创造了条件。而风险识别和贷款发放是现代银行承担货币创造功能的关键功能，也是现代银行业竞争力水平高低的标志性指标，由其形成的信贷质量好坏将影响着银行其他所有功能的发挥。在某一时刻，如果有人愿意以储蓄的形式将一部分货币存入银行，那就意味着该人愿意放弃此时存入货币数量所对应的最终产品及时消费的权利，也就是愿意放弃经济体对相应数量最终产品生产能力的索取与支配。而银行的资金归集功能，便在于收集这些储蓄者暂时放弃的零散的对生产能力的支配权利，经聚少成多、风险评估后，将其转让给风险最小的需求者。银行只是改变了货币的使用权人，并没有增减货币存量或影响货币的购买力。利率是银行提供贷款资金的价格。提供更低的利率意味着一个国家的银行更有效率，也意味着该国的资本转化效率更高。低利率是说明一个国家繁荣状态的最可靠的标志。利率是一个国家文化水平的反映，一个民族的智力和道德力量越强大，其利率水平越低下。经济个体到银行存款的主要动机是保管货币，而不是赚取更多的利息。

2.2 社区货币的历史、现状与发展前景展望

社区货币已有接近百年的历史，在历史的不同时期发挥不同的作用，在人口老龄化背景下，社区货币将迎来新的发展高潮。人口老龄化是当今世界的重大难题，人口老龄化加重公共财政负担，导致政府公共债务上升，欧债危机实质是人口老龄化下的财政和债务危机。拥有世界 1/5 人口的中国即将迎来人口老龄化高峰期。根据经济合作与发展组织（OECD）的人口发展预测，到 2030 年，中国 65 岁以上人口的占比将超过日本，成为全球人口老龄化程度最高的国家。中国人口年龄结构已完成从成年型向

老年型社会的转变，100个劳动人口2013年抚养21.58人，2025年将抚养29.46人，到2050年抚养48.49人，也就是几乎2个劳动力人口就将抚养1个老年人，养老负担极为严峻。社会养老服务领域存在大量未满足的需要和大量未利用的资源，社区货币作为交易媒介能够将未满足的需要和未利用的资源整合起来，发挥促进社会养老服务供给、满足社会养老服务需求、扩大社会养老服务产出的作用，社区货币将为解决养老服务供求矛盾提供新的思路和解决途径。

2.2.1 社区货币产生与发展的历史脉络

1. 社区货币产生的历史背景

历史上很早就存在社区货币。古埃及人发明了应急储备物资作为货币体系的基础，每个贡献了储备物资的农民都可以得到一块陶器碎片，上面刻上他贡献物资的数量和时间，然后他可以使用它们购买其他东西。这些被当作货币使用的陶瓷碎片有一个时间折扣，如果某人六个月后想赎回一个刻着10袋小麦的陶瓷碎片，他将只能收到9袋，滞期费（货币的负利息）正是保卫仓库的成本。古埃及人不会储藏这种货币，而是投资于改善土地和耕种技术。在古埃及人使用这种货币超过一千年之后，罗马帝国用自己的更现代、有利息的银行和货币体系强迫取代了它们。结果使用负利息的古埃及成为世界著名的产粮区，古罗马货币通行后这一切消失了，直到今天埃及仍然是发展中国家（Lietaer and Dunnel，2013）。

在中世纪大约1000~1300年，对当时的人们来说，时间对于社会各阶层都相当丰富。在繁荣时期，普遍存在双重货币，一类是提供贮藏功能的金钱货币，一类是作为交易媒介的社区货币，每个社区都有自己的当地货币以满足交换。当地地主发行银徽章，每6~8个月召回一次，再发行更薄的银徽章，总计滞期费达到每个月2%~3%，人们因此自动投资于更能保值的物品上，而不会储藏这种货币，社区货币作为交易媒介带动了当地的经济繁荣。后来由于国王垄断了创造货币的权利，社区货币逐渐消失了，稀缺的法定货币带来高额的利息，出现专门的食利者阶层，贫富分化因此越来越严重（Peterson，2013）。

社区货币在历史上发挥了重要的作用。18 世纪中期，独立革命以前的美国相对贫穷，贵金属货币严重短缺，早期的殖民地被迫试验发行自己的货币——殖民券，殖民券提供了一个可靠的交易媒介，同时有助于殖民地人民相互团结，有效促进殖民地经济的繁荣，一度非常成功。但英国 1764 年颁布货币法案，禁止殖民地官员发行自己的货币，结果情况发生了逆转，繁荣结束了，萧条开始了，本杰明·富兰克林声称这是美国独立战争的根本原因。类似地，当林肯需要为联盟军补给赢得战争，不是支付 24%的利息给银行，而是创造了一个新货币——林肯绿币。绿币（greenback），是林肯在美国南北战争中为筹集战争资金而又避免向银行贷款带来巨额债务而发行的一种货币，由 13 个殖民地的联合政权“大陆会议”批准发行，称为“大陆币”。1863 年财政部被授权开始发行钞票，背面印成绿色，故被称为“绿币”。林肯绿币是以政府信用作保证，以政府的公信力作为抵押来发行新币，林肯绿币背后是对美国的全部忠诚和信任。虽然最终银行家设法通过法律移开了这种社区货币，但在当时，林肯绿币挽救了美国（Peterson，2013）。今天的人们可以从这些货币的设计中学到很多东西。

社区货币概念最早是由英国社会学家、空想社会主义者欧文提出的。欧文的“劳动证书”可以说是一种萌芽状态的社区货币。它体现了物质生产的原材料价格与生产该产品的平均劳动时间的交换。1832 年“全国公正劳动交易所”成立，由于需求和供给失衡，“劳动证书”的信用难以维持，2 年后停发，但是依赖相互信任的劳动思想却为今天的社区货币所借鉴（Wonneberger，2011；甘峰，2004）。社区货币理论基础来自于德国经济学家吉赛尔（Silvio Gesell），他在 1916 发表《来自自由土地和自由货币的自然经济秩序》一文，首次提出双重货币体系以平衡财富和交换媒介职能，主张如果所有货币有利息，货币将被储藏而退出流通，使其作为交易媒介的职能不足。为了让货币发挥其他商品一般等价物的功能，货币应该具有作为商品同样的弱点，包括随时间不断退化。提出今天的钱比未来的钱更有价值，货币价值随着时间变化会呈现劣化的趋势，社区货币与法定货币并行流通能够遏制货币的劣化，而对于货币储蓄应该交税。劣化的货币和负的利息在20世纪30年代产生巨大影响，为社区货币的产生奠定了理论基础（Peterson，2013）。

2. 社区货币发展史上的三次高潮

20世纪30年代的经济危机导致货币流通不足，社区货币在很大范围得以流通，兴起第一次高潮。社区货币在实践中的应用最早可以追溯到1923年的德国。当时德国境内存在恶性通货膨胀，严重影响了当地人们的生活，一种名叫“瓦拉”（WARA）的社区货币开始流通。“瓦拉”在德语的意思是商品的货币，是由煤的存货来担保的一种纸币，当地居民可用“瓦拉”在指定地点得到基本的生活用品，但每月必须缴纳很小的一笔印花费即滞留费（Demurrage Fees）。这一小笔印花费用保证了这些社区货币不被囤积，而是在社区范围内有效流通（Wonneberger and Mieg，2011；李成武，2010）。1934年建立的瑞士WTR银行是世界上最大、最古老的社区货币系统，拥有真正意义上的中央相互交易信用系统，掌握着几乎所有公司和家庭的信用账户，信贷量从每年30万瑞士法郎（折算值）增至9亿瑞士法郎。对个人来说，WTR账户与普通账户一样。WTR银行遵循瑞士法律设立，也提供普通银行的服务。目前，有6万人参与WTR网络，交易量占瑞士GDP的10%（Nuessle，2013）。20世纪30年代大萧条时期，欧洲、美国、加拿大等受到大萧条影响的国家和地区都先后出现过补充货币。这些形式各异的补充货币很好地满足了人们对信用的需求，促进了消费和就业。但由于政府的恐惧和认识偏差，多数补充货币遭到取缔和禁止，瑞士WTR银行是少数幸存者之一（Wonneberger and Mieg，2011）。

20世纪80年代，由于加拿大社区货币试验成功，又一次引发对社区货币的实践和探索，三大社区货币类型相继出现，随后发展到美国、英国等说英语的国家，进而扩大到拉丁美洲、亚洲、非洲等发展中国家，掀起第二次高潮。现代社区货币的第一大类型是1983年迈克尔·林顿（Linton）在加拿大温哥华创建的LETS（Local Exchange Trading System），即当地贸易交换系统，目的是应对加拿大通货紧缩的巨大压力。LETS的传播源于 Linton 在国际绿色经济会议的发言，与会代表将这一思想带回国内，促成世界各地 LETS 模式的生根、发芽。社区货币的第二大类型是 1985 年美国埃德加·卡恩（Edgar Cahn）发明的时间货币（Time Dollar）、创立的时间银行（Time Banks）。时间货币作为相互服务点数（Service Credit）运用于社区的社会福利、老人照顾等各种自愿者服务。英国时间银行模式的建立来自于对美国时间银行的创始人 Cahn 的一次访问，他的这次国际之旅促成了更多时间银行模式的版本出现。进入 20 世纪 90 年代，社会、经济和环境改变，特别是网络技术的进步，使得社区货币以技能交换、现代易货贸易等形式兴起。1991 年美国伊萨卡小镇发行 Ithaca Hours，标志着第三种社区货币形式——地域货币（Local Currency）的诞生，目的是将生产、贸易和消费留在当地，促进当地经济发展和当地经济活动（Sanz，2016）。三种社区货币形式相继出现，迎来社区货币发展的第二次高潮。这一阶段社区货币强调引入，并在引入的基础上不断创新，产生的背景不局限于经济危机时期官方货币的稀缺性，更是为了解决许多棘手的社会问题，如老龄化、信息技术对就业的替代、环境保护与持续发展问题等，社区货币在新的目标、更大范围内得以推进（Banks，2013 ；Kwon，2017）。

2007 年全球金融危机爆发，宽松货币政策引发学界和公众对全球性通货膨胀的担忧，一系列货币创新在全球范围内悄然兴起，全国性社区货币组织出现，政府对社区货币态度的转变引发社区货币发展的第三次高潮。Seyfang 和 Longhurst（2013）认为社区货币新一轮增长部分归因于自 2008 年的全球经济下滑，为刺激经济，各国普遍推行量化宽松的货币政策，导致全球通货膨胀蔓延。同时新的网络平台的传播使社区货币系统管理起来更容易了，并刺激了全国性社区货币组织的出现。新一轮增长更源于政府对社区货币的态度转变，从最初的禁止、逐步转变为默许，进而在部分领域予以支持（Blanc，2013）。现在，社区货币计划已得到意大利、英国、法国、德国、日本、巴西和委内瑞拉等国政府的支持。意大利颁布了时间银行法律，规定市政会协调公共和私人时间银行服务社区居民，建立和实施时间银行法律框架，正式确认时间银行作为相互帮助和社会包容的重要工具，明确规定地方政府必须促进时间银行的发展并给予金融支持（Blanc，2013）。英国政府支持社区货币，提倡相互自愿的相互帮助促进社区发展。英国的“大社会”政治日程正引领对互惠交易形式的政策兴趣，形成了对各种各样草根组织发起的社区货币试验的财政支持（列特尔，2003）。日本政府重视促进邻里交往，一些社区货币计划的行政花费是由中央政府拨款的，中央政府通过一般事务部给许多社区货币试验项目拨款，鼓励从以前的成功和失败中学习经验，鼓励创新。地方政府通过提出创新社区货币计划以竞争中央政府的拨款（Richey，2007）。

2.2.2 社区货币的内涵与特点

社区货币（Community Currency），又称为补充货币（Complementary Currency），是指为促进社区发展在社区内部达成的、接受非法定货币作为支付手段和交换媒介的一个协议（列特尔，2003；刘金山，2007）。这里的社区可以是一个地区、一个国家，甚至整个地球都可视为社区（Nuessle，2013）。之所以被称为补充货币，是因为它们并不想替代官方货币，而是执行官方货币不具备的那些社会职能（陶士贵，2009a）。每个社区都存在未满足的需要和未被开发的资源，社区货币作为催化剂将促使这些未被利用的潜在资源工作并创造更充满生机的财富（Peterson，2013）。社区货币是为达成某一社会目标，由社会公共机构发行，可以直接交换商品和服务的一种交换媒介。它不具有法定货币的所有职能，不是替代法定货币而是作为补充，发挥官方货币没有被设计去满足的那些社会职能，因此又被称为补充货币。但严格来说社区货币与补充货币还是有区别的，一般认为补充货币的范围比较大，除了包括促进社区发展为目的的社区货币，还包括以便利商业圈为目的的商业圈货币，如各种商业积分卡，各大网站发行的网络货币等（李成武和李婷，2010）。总体来说，社区货币构成补充货币的核心形式或主要内容（熊惠平，2010）。

社区货币与代币券、虚拟货币有着本质的不同。代币券是一种变相的货币，是由单位或个人印制，发售具有一定面额、一定使用期限、可在一定范围代替法定货币在市场上流通使用的票券（卡）。社区货币不属于国家法律禁止的代币券范畴，不是一种变相的货币，只是社区间以劳动时间作为支付手段的承诺，不能代替法定货币在市场上流通，不能兑换成法定货币（陶士贵，2009b）。社区货币与当下盛行的虚拟货币的区别在于社区货币的发行主体是一定范围的公共权力组织而非私人营利机构，如国内或跨国社区组织、慈善机构、地方政府，有时是国家自身。与虚拟货币相比，社区货币受到发行目的的制约，其使用范围有特殊的约定，一般不影响国家法定货币的流通（程皓，2009）。

与官方货币相比，社区货币有如下特点：①社区货币性质上是正式货币的补充。它是法定货币之外的交易媒介，不是复制货币的所有功能，只是完成特殊功能的货币。②社区货币本质上属于商品和劳务直接交换，是由商品和服务直接支持的货币。社区货币以社会信用为基础，其发行准备是真实的商品和劳务。③社区货币是一种在平等自愿基础之上的协议，参与者自愿接受其所规定的价值标准和流通规律。社区货币大多以服务时间作为货币单位，服务时间简单易行、可操作性强，易受到社区居民的广泛认同，从而容易得到推广。④社区货币与法定货币的最大区别在于社区货币一般不产生利息，不会引起任何加速创造货币的作用。⑤社区货币一般由社区公共机构发行，由非营利组织（NPO）推动，以 NPO 为中心的自愿者服务是社区货币的主要载体（列特尔，2003；Blanc，2011；Banks，2013；Petri，2012；Douglas，2010）。

2.2.3 社区货币的功能与作用

社区货币的兴起反映了社会对国家垄断货币发行带来的通货膨胀和现行货币体系下金融机构过分追求商业利益的不满，也反映了社会力量对个体经济自由、社会公正的诉求（贝多广，2013）。自社区货币产生以来，中外学者对社区货币的功能与作用进行了大量研究，归纳起来主要有经济作用、社会作用和环境作用，而相比之下，社会作用成为压倒一切的最重要作用。

1. 缓解与预防货币危机

当官方货币体系出现失误或危机时，社区货币可以成为缓冲的关键工具。Stodder（2009）研究表明，许多社区货币都是在通货紧缩或通货膨胀时出现的，具有很强的反周期特征，是经济发展的减震器。刘金山（2007）指出，在不放弃现存货币系统积极影响的情况下，社区货币体系可以在一定程度上提供一张有效地安全网。设计得当的社区货币不会产生通货膨胀。在当地贸易交换系统中，每一笔资产产生的同时，就会创造出相应的负债，当人们参与反向交易时，社区货币的数量也会自动削减。同时，由于不存在乘数作用，一般认为不会引发通货膨胀（陶士贵，2009 b）。

2. 缓解就业压力

就业压力是全球面临的关键问题。全球有充分的生产能力与工作机会，但由于货币稀缺，无法实现将工作能力和工作机会结合起来，社区货币可以在一定程度上弥补官方货币的稀缺（刘金山，2007）。社区货币作为一种交易媒介，能够使未被满足的需求和其对应的闲置资源得到相互匹配，以稳定社区，提供就业，促进劳务交换。社区货币正是避开了稀缺的官方货币以人们的劳动创造货币，动员了社会闲置劳动力积极参与服务交换，提高就业率，满足了居民的基本生活水平，改善了生活质量（陶士贵，2009 a）。

3. 应对老龄化难题

老龄化浪潮使正式的社会保障体系面临着巨大的资金缺口。引入社区货币，尤其是互助信贷系统，可将互相帮助的社会传统以社区货币的形式正式化，重建社区和环境，为老年人提供健康保健和照顾服务（刘金山，2007）。随着信息技术的发展，年轻人可通过社区货币账户跨区域转移支付，为父母和家人提供相应的服务。在社会保障体系不完善、国家财力有限的情况下，建立社区货币体系可以补充家庭养老功能的不足，实现养老体制的创新（李成武和李婷，2010）。

4. 重建社区和社会资本

社区货币具有内在的互利性，比官方货币更能与赠与经济相协调。社区货币通过恢复邻里关系，使社区具有一种自我组织功能，建立一种社区精神，通过居民互助计划将不同年龄、性别、民族联结在一起，让每个人发挥各种才能，从而增加整个经济和社会的稳定性（刘金山，2007）。许多国家地方政府通过发行社区货币以加强社会资本。社会资本是相对于物质资本和人力资本的一种资本形式，其表现形式有规范、信任、利他、合作、市民参与、社会网络等。社区货币促进相互不认识的人互相信任，愿意与陌生人合作，提升对生活满意度（Bendell and Greco，2013）。

5. 创造新财富

社区货币使一些本不会发生的交易和交换成为可能，更多的经济活动、工作和财富被创造出来。社区货币能使传统不能进入正规市场的家务劳务、照顾老人等服务进入这一特殊市场，既合理利用闲置劳动力，又使他们的生活需要得到满足（廖承红，2011）。社区货币可以有效推动保健系统，可以用来交换服务，这不是对既存财富的重新分配，而是重新创造了新的财富，体现为一种完全的自我提供资金的能力（刘金山，2007；Kubicková，2013）。社区货币可以充分利用社会闲置资源，扩大产品和服务的消费和流通。当经济发展可以被定义为将闲置资源转化成社会资本的能力时，社区货币就可以成为未来经济发展的一大潜在动力，与官方货币相互补充，共同促进社会福利的提高（李成武和李婷，2010）。

6. 促进可持续发展

从补充货币成立目标来看主要有缓解社会矛盾、促进社会发展可持续，激活本地市场、保护环境等目标（Alana，2007；Allan，2011）。随着经济发展阶段的不同，人们对社区货币承担的作用有不同的要求。其中欧美等发达国家社区货币服务层次较为广泛，而发展中国家服务层次比较单一。尽管如此，促进社会和经济可持续发展往往是所有社区货币的共同目标。Seyfang 和 Longhurs（2013 b）从生态经济视角出发，提出社区货币作为一种绿色货币对可持续发展的作用。

2.2.4 社区货币的基本类型及其运营机制

一般认为，社区货币系统有三种基本类型，分别是当地贸易交换系统LETS、时间银行、地域货币。也有学者将社区货币分为信用交易货币和目标货币两类，其中信用交易货币是给社区一个工具促进本地的互惠交易和合作；目标货币往往设计为解决社区内某一具体问题（Nuessle，2013）。Blanc（2013）按时间顺序将社区货币划分为四代，第一代是1983年的当地贸易交换系统LETS，第二代是20世纪80年代中期出现的时间银行，第三代是1991年出现的地域货币Ithaca Hours，第四代是21世纪早期出现的以多个项目和地方政府为中心的社区货币，如荷兰的NU系统和法国的SOL系统。据社区货币领域著名专家Seyfang和Longhurs（2013a）的最新统计，全球有39个全国性的社区货币组织，遍布6个洲23个国家，代表了总数3418个社区货币项目。他将全国性的组织分为四类：服务信用类（如时间银行、时间美元）、相互交易类（如LETS）、地域货币类（如Ithaca Hours）、易货市场类（如Trueque）。Seyfang和Longhurs统计的标准是必须有全国性社区货币组织，该组织至少有五个以上的项目在运行（见表2-1）。换句话说，研究仅关注那些超出孤立试验阶段已经成长并广泛传播的全国性组织、网络和项目群。中国虽然在某些社区开展了时间银行试点，但由于没有全国性社区货币组织，故没有在统计范围之内。

（1）服务信用型（Service Credits），以时间美元或时间银行为代表。这是社区货币最常见的类型，也是目前看来最有发展前景的一类社区货币，共有1715个项目，占总数的50.2%，分布在4个洲11个国家。建立服务信用型社区货币的目的是构建社会资本、服务社区，凝聚邻里关系、社区照顾以加强社区内部的联系（Lasker，2011）。时间银行建立以时间为基础的互助信用货币，帮助他人1小时可以获得1小时的社区货币，在社区一般被称为绿色美元。除了提供服务，这些社区货币可以被存储以备将来使用，或捐助他人让他人使用，或用来交换其他成员的服务。时间货币视人的时间为永恒的价值，人们今天接受他人用时间提供的服务，来日就需要以同等时间的服务来归还，而不论这些服务的市场价值如何，体现了对劳动市场价值的完全拒绝，每个人的时间是相等的，因此提供的劳务是相等的，各类劳务拥有平等价值。社区货币成为相关自愿者的主题工作，加入的会员列出他们能够提供和希望接受的服务，服务信用中心匹配并组织服务交换。社区货币的相关信息尽量对所有参与者公开，做到信息透明（Gregory，2009；Mizzo，2017）。

表 2-1　全国性社区货币类型

一般类型	主要代表	建立宗旨	运行机制	分布范围	发展前景
服务信用型	时间银行	以互惠为基础，服务社区，构建社会资本	建立以时间为基础的社区货币，运用于社区的社会福利、老人照顾等各种自愿者服务。以劳动时间作为支付手段的承诺，实质属于劳务的延期支付，不能兑换为法定货币，希望与当地政府建立合作伙伴关系	分布在 4 个州 12 个国家，共 1715 个项目，占总数 50.2%	83.3%增长，16.7%稳定
相互交易型	LETS	以互惠为基础，形成社会网络，支持当地经济	社区货币由参与者在交易时自动创造出来，不会人为稀缺，无利息或负利息，刺激流通，不能兑换为法定货币，与当地政府没有联系	分布在 5 个州 14 个国家，共 1412 个项目，占总数 41.3%	43.8%增长，44.7%下降，12.5%稳定
地域货币型	Ithaca Hours	将生产、贸易和消费留在当地，促进当地经济发展和当地经济活动	以地域为基础，发行地域货币。扎根于当地生产者和销售者，鼓励商人加入，寻求与当地的经济合作，形成商业信用。与法定货币保持兑换关系，作为法定货币的补充，与当地政府建立伙伴关系具有决定作用	分布在 4 个州 6 个国家，共 243 个项目，占总数 7.1%	1/3 增长，1/3 下降，1/3 稳定
易货市场型	Trueque	在不需要法定货币的情况下，在有限的网点交换商品和服务	要求人们加入一个俱乐部，由俱乐部发行地方货币，提供无利息借贷，不能兑换为法定货币	分布在 2 个州 4 个国家，共 48 个项目，占总数 1.4%	1/4 增长，1/4 下降，1/2 稳定

注：据社区货币领域著名专家 Seyfang（2013a）的最新统计，全球有 39 个全国性的社区货币组织，遍布于 6 个洲 23 个国家，代表了总数 3418 个社区货币项目，在此基础上作者根据相关文献整理而成。

（2）相互交易型（Mutual Exchange），以LETS为代表。这是社区货币的第二大主要类型，总共有1412个项目遍布于5个洲的14个国家。相互交易型社区货币目的是提供交易媒介，促进社区交往。相互交易型货币在交易中自动产生，一个人的借方等于另一个人的贷方，账户的总和始终是零。社区货币是由参与者在交易时创造出来的，可以随时被大量创造出来满足需求，是一种不会人为稀缺的货币。社区货币的一个特征是无利息或负利息，鼓励人们减少持有，加快货币流通。货币的价值和效用靠成员的信任来保持。相互交易型货币通常在一个固定的地域范围内，给买者提供无利息的信贷，可以在贸易圈内交易。由一个中央账户记录交易，会员在目录里登记各自的需要和能够提供的服务。过去使用纸币，现在多使用网上账户系统，正常情况下相互交易类货币不能兑换成国家货币，与政府几乎没有经济联系。研究表明，尽管相互交易系统明确声称支持当地经济，但是有最大影响的作用仍然来自形成社会网络使社会和社区受益（Jelínek，2012）。

（3）地域货币型（Local Currencies），以Ithaca Hours为代表。社区货币的第三类是受地理约束的、以纸币为基础的地域货币类，共有243个项目，遍布于4个洲的6个国家。地域型社区货币仅在特定地域范围内使用，支持当地经济的发展。主要受萧条时期印花费用的影响，一些地方发行当地货币以循环当地经济，鼓励商人加入，形成特殊的信用，地域类货币与法定货币保持兑换关系，形成当地交易的代币券，仅在地区内可兑换，或在加入者之间可兑换。地域货币盯住国家货币，建立可兑换形式，发行地域货币要有等量的国家货币作为储备，一旦发行即自由流通，直到换回国家货币（Kaplan，2011）。这些货币的目的是补充国家货币，寻求与当地经济的高级合作，扎根于本地生产者和销售者，增加当地交易速度，不是取代国家货币，许多系统利用传统货币的印刷机构以防止伪造。与当地政府和机构建立伙伴关系具有决定作用，一些市政会将统一的公共服务纳入地域货币计划，允许以当地货币支付，以当地货币纳税，这是对地域货币的有力支持（Slay，2010）。

（4）易货市场型（Barter Markets），以 Trueque 为代表。是 Seyfang 在原有时间银行、当地交易交换系统 LETS、地域货币三类社区货币基础上首次加入的第四类社区货币，有 48 个项目，遍布于 2 个洲 4 个国家。它是地域货币和相互交易系统的混合物，主要是组建一个新的机构使人们能在不需要主流货币的情况下在有限的网点交换商品和服务。这种类型要求人们加入一个当地俱乐部，由俱乐部发行一些地方货币，有效地进行无利息的借贷。阿根廷 1995 年发行另类货币 Trueque，主要服务对象是缺乏获得正规货币能力的下层群众，会员称为生产消费者，交易的商品大多是自家制作的物品。这些货币不能兑换成法定货币，但可以在规定的市场与其他成员交易（温铁军，2006；Gomez，2008）。

2.2.5 社区货币的现存问题与发展前景

在国内外许多著名学者的推动下，社区货币取得长足发展，引起社会高度关注，并开始出现一些研究成果。但与实践相比，社区货币理论研究明显滞后，这一领域中的很多理论和技术问题仍然处在研究和探索阶段，还有许多关键问题尚未解决。

1. 认识偏差，社区货币基础理论研究不足

尽管社区货币已有近百年的历史，但人们对社区货币的理论研究还相当有限，究其原因主要是受单一国家、单一货币思想影响，认为货币是国家事物，只有国家才有资格发行货币，其他任何人发行货币都是不现实的，单一货币才是社会理想选择。英厄姆（Ingham，2004）从社会学角度认为，货币作为支付的一般性承诺，这些承诺只有在官方的货币账户中才能成为货币，只有国家才有权威定义货币账户。这种主流思想自然将社区货币视为另类，导致许多主流经济学家不愿甚至是不屑研究社区货币的。新货币学派对现行单一货币提出质疑，指出当今社会存在大量未满足的需要和未利用的资源，如果我们的社会经常遭受货币稀缺或通货膨胀，绝大多数未雇佣人群非常想工作却不能参与经济活动时，我们不应该温顺地接受当今货币体系。我们的经济模式和货币体系遵循达尔文的自然选择理论，今天的货币没有被设计为最大化合作，而是鼓励和支持竞争。利息的核心机制是使富人更富而穷人更穷，银行体系只关注投资回报的经济目标而不是服务社会的社会目标。我们需要设计一种社区货币以实现培育社会合作和促进社区发展的社会目标（Peterson，2013；Blandin，2013）。Nuessle（2013）建议美国调整大众银行网络，引入社区货币作为交易媒介，促进地方运营的网络创造和货币分配。人为稀缺的货币导致一方面存在大量未满足的需求，另一方面有大量没有利用的资源，引入社区货币、建立公共服务银行是改善当前货币体系和经济健康发展的可行路径（Peterson，2013）。理论方面的争议制约社区货币实践的发展，而实践的发展需要运用新的理论来指导不断变化的实践。

2. 尚处于试验阶段，社区货币实践发展还不成熟

从实践发展来看，社区货币虽然经历几次发展高潮，但总体还处于试验阶段，还没有特别成熟的模式，还没有大范围推广和普及。从现有文献来看，学者对日本、瑞士、美国、英国、法国等国的社区货币进行了试验研究（Richey，2007；Stodder，2009；Nuessle，2013；Ryan-Collins，2011；Blanc，2013），Wonneberger（2011）对德国现存的三种货币进行对比研究，认为欧元用于购买和投资，黄金用于储存，而社区货币用于捐赠。Merritt（2012）对南非和英国社区货币进行案例研究，分析发展中国家和发达国家社区货币的发展特点，研究这些金融创新对促进可持续发展的作用。Seyfang 和 Longhurs（2013a）对全球社区货币系统进行了实证研究。研究表明，在所有被调查的 3814 个社区货币项目中，52.6%的项目在增长，21.1%的项目保持稳定，还有 26.3%的项目低于以前的高峰。在分析 39 个全国性网络系统的发展轨迹时发现，在四种类型中，只有服务信用型在保持增长，12 个国家中 10 个国家在增长，其余 2 个国家保持稳定，没有一个明显已经达到高峰。而相互交易型货币中有 43.8%在增长，44.7%在下降，12.5%保持稳定。地域货币系统表现为相似的混合景象，基本是 1/3 增长，1/3 下降，1/3 保持稳定；易货市场型货币中 1/4 增长，1/4 下降，1/2 保持稳定，其中稳定的主要表现是项目停滞，没有新成员加入。试验研究表明，服务信用类（时间美元与时间银行类）明显优于其他三种类型，是最具发展潜力和发展前景的项目。

3. 态度不明朗，政府对是否支持社区货币顾虑重重

文献研究表明，政府对社区货币的态度主要有不信任、怀疑和担心威胁，不感兴趣和忽视，技术和财政支持，统一纳入具体的公共政策，建立统一的法律框架五种情况（Blanc，2013）。目前主要有意大利、日本、英国、法国、德国、荷兰、巴西、委内瑞拉等国家的中央政府明确表示支持社区货币的发展，但更多国家持观望态度，正在密切关注社区货币的试验结果。毕竟社区货币靠社会信用发行，脱离国家信用保障和监管，它的信用度、稳定性能否长期维持目前还无法回答。尽管社区货币能够在一定程度上缓解政府福利的支出压力，但政府仍有顾虑，不完全支持社区货币，主要担心社区货币与官方货币存在竞争关系（刘金山，2007；贝多广，2013）。虽然大多数国家都没有制定法律规定任何人在一个社区内使用某种东西作为交换媒介为非法，但一旦社区货币发展壮大必然引起政府的恐慌。欧洲央行认为社区货币目前还不足以引发价格水平稳定性的风险，但它们具有内在不稳定性，一旦它们与实际经济的联系增强、交易量大、参与者增多，就可能影响到金融系统安全，特别是它们不受监管，容易被一些违法活动所利用（ECB，2012）。

鉴于社区货币的研究才刚刚起步，取得的研究成果还很少，这方面的研究尚有许多积极且富有挑战的工作要做。这是一个极具挑战的年轻领域，不仅具有重要的理论价值和实践价值，更具有广泛的应用前景。社区货币是区别于金钱货币的另类货币，在特殊的历史时期发挥特殊的作用。社区货币对某些棘手的社会问题有显著的效果，已引起国际社会普遍关注，作为一种交易媒介，它有助于化解老龄化难题已基本达成共识。在我国人口老龄化日益严重的背景下，可以利用社区货币充当互助养老代际交换的媒介，发挥官方货币没有被设计、没有被完全满足的社会互助养老服务需求。引入社区货币对老龄化社会意义重大：在老龄化社会，一方面，老年人口占总人口的比重不断增加，日常生活照料服务需求巨大，老年人孤独、寂寞的情绪难以排解；另一方面，服务供给资源却大量闲置，许多仍然有服务能力的年轻人、临近退休人员，年轻健康的低龄老人感到无事可做，没有存在的价值感，难以获得金钱社会的认可，很多人感到不被社会承认而处于边缘化。引入社区货币能够让这些闲置的社会资源发挥效用，能够让他们看到自身的价值，在帮助别人的过程中体会到能够被人需要的成就感，能够激发整个社会形成助老爱老敬老的文化氛围，让日常生活照顾和精神慰藉服务在某种程度上走出家庭，走向社会。

2.2.6 现实镜鉴

社区货币经过近百年的发展，特别是近三十年，在美洲、欧洲、亚洲等世界各国都得到蓬勃发展，在历史的不同时期发挥了不同的作用，在人口老龄化背景下，社区货币将迎来新的发展高潮。社区货币作为一种金融创新，能够有效配置未满足的需求和未利用的资源，已被国际社会广泛用于促进经济可持续发展、社会可持续发展、环境可持续发展的有效工具。在社区货币新一轮发展高潮到来之际，我国审时度势，及早开展有关社区货币的理论和实践研究有重要的理论和现实意义。针对社区货币的现存问题，我国开展社区货币试验应该注意以下几点。

第一，从国际范围来看，社区货币服务层次比较广泛，不满足于单一目标而向更高层次发展。我国在社区货币发展初期，应将社区货币定义为单一目标货币，如设计为只完成应对人口老龄化一个目标，实现互助养老服务代际交换媒介一种功能，将社区货币定义为一种互助货币，与商品货币（法定货币）并行流通。以社区货币为媒介带动自愿者服务正式化、常规化、制度化，实现养老资源的有效利用和合理配置。在我国人口老龄化日益严重的背景下，社区货币有望在互助养老服务领域发挥特殊贡献和积极作用。

第二，国外社区货币试验大多是自下而上由民间非营利组织推动，以非营利机构为中心，以义工和志愿者为载体建立社区货币组织，由政府制定一系列政策以扶持社区货币试验的推广，形成一些全国性社区货币项目。我国有与西方不同的国情，强国家、弱社会格局一时很难改变，公民社会和民间组织不发达，社区货币试验还需政府自上而下推动，政府应该在社区货币试验中发挥主导作用，政府的支持和保证是社区货币试验得以顺利推行的前提。

第三，试验研究表明，在社区货币四种基本类型中，服务信用型（时间美元与时间银行类）明显优于其他三种类型，是最具发展潜力和发展前景的社区货币类型。考虑到我国已在有些居民社区开展时间银行试点，今后可以将服务信用型货币引入到社区时间银行模式，以劳动时间作为支付手段的承诺，带动时间银行模式的可持续发展政府以社会信用为基础发行社区货币，其发行准备是人口老龄化背景下高龄老人所需的养老服务需要。明确社区货币不与法定货币保持兑换关系，社区居民自愿选择接受和使用社区货币，运用社区货币的理论指导我国社区时间银行实践，发挥理论与实践相得益彰的效果。

2.3 本章小结

首先，全面梳理了现代货币理论，为第 8 章设计和构建社区货币的发行机理和运作机制奠定了理论基础。货币是政府的负债，是一种可以兑换为纳税义务以及进行其他支付的借据。货币和政府债券是一项家庭资产，却是发行者的负债，存款是家庭的资产、银行的负债，税收收入与政府支出不应该完全匹配。如果出现了税收收入与政府支出完全匹配，那意味着政府通过支出供给的所有货币均通过税收的方式返回，非政府部门没有得到任何社会财富。如果政府运行这样的平衡预算，政府将不会对国家的金融财富有任何净贡献。政府债务的发行将为私营部门创造金融资产净额。私营债务仅仅是债务，而政府债务则是私营部门的金融财富。货币工具论——真正认识货币的本质，必须基于对于某个“时点上”的分析，而在一个时点上，货币最多只能“流通”一次，因而也就不存在“流通速度”了。设立银行便利交易和支付，发行银行借据，进行贷款。

其次，全面梳理社区货币产生发展的历史、现状、存在的问题与未来前景，为我国老龄社会发行和引入社区货币提供理论支持和决策参考。从历史角度深入分析社区货币的产生和发展脉络，阐明社区货币的内涵和特征，总结社区货币的类型及其运行机制，在对社区货币全面综述的基础上分析社区货币存在的问题及其发展前景，提出应对人口老龄化的现实镜鉴，为我国在人口老龄化背景下发行和引入社区货币提供理论依据。

第3章 互助养老时间银行的发展现状与存在问题分析

埃德加·卡恩是美国哥伦比亚特区大学法学院的教授，除了教学，他还担任着社区服务的项目督导工作，20世纪80年代末期，正值美国社会经济停滞、失业增加、物价不断上涨的时期，卡恩开始从事时间货币的社区项目研究工作，其目的是凭借这种模式为当时的美国社会提供解决问题的方案，同时也为社会变革带来物质方面和精神方面的效益，时间银行正是在这样一种社会背景下，作为社区层面对社会问题的一种应对策略被埃德加·卡恩创造出来的。

3.1 国外互助养老时间银行的发展现状与趋势

目前，卡恩所创立的模式已经遍布了世界6个大洲，惠及英国、法国、德国、挪威、美国、加拿大、匈牙利、奥地利、意大利、澳大利亚、新西兰、日本、韩国、厄瓜多尔、南非等30多个国家，仅美国就有超过500个大小不同的时间银行，并且拥有超过3.7万名会员，与此同时，它在全世界已有1000多个类似于时间银行的社区组织。这种模式在全世界范围内受到了科学、合理的利用。国外以时间银行为基础的互助养老模式较为成熟，立法、完善的网络系统、明确的运作流程等方面都确保时间银行的稳健运行，促进时间银行下的互助养老模式可持续发展。其中，具有代表性的是美国、英国和日本。美国及英国的互助养老时间银行的模式侧重于以医疗照护服务为特色，日本侧重于以丰富的组织文化为特色。

3.1.1 日本

日本的人口老龄化比较严重。在日本的城市街头，随处可见老人的身影：上下班高峰时，地铁里头发花白、西装笔挺的老人与年轻人一样步履匆匆；餐厅里，60多岁的大叔和20多岁的小伙子一样，身着工作服在餐桌间忙碌；而在街头行驶的出租车驾驶室里，更是以满头银发的老年人居多（秦岭，张秋，2006）。据专家预计，到2055年日本人口的老龄化比率将达到40%左右。与中国养老面临着相同的问题，日本的老龄化也伴随着“少子化”现象。目前，日本老人有在家庭养老的，即居家养老；也有在养老院养老的，但更注重营造家庭的气氛；还有就是老人们白天聚在一起说话、喝茶、吃饭，晚上回家，这被称为居家日间服务。位于大阪市中央区的一家居家日间服务中心的二楼，老人活动室被布置得十分温馨。老人们不仅可以在这里唱卡拉OK、做手工，还可以享受美容、康复训练、洗澡等服务。

为解决人口老龄化问题，早在1963年日本政府就推出了倡导保障老年人整体生活利益的《老人福利法》（赵晓征，2015）。这部法律迄今有过多次修订，其主要内容有：政府出资修建特别养老院，为痴呆、卧床不起等体弱老人提供服务；强调发挥老人丰富的经验和知识特长，为他们创造更多的就业机会；探索和逐渐确立一种适合于老人居家养老的方式和体制，强化对居家养老服务人员的专业培训和组织建设，并在财政预算上实行优惠政策；组织“老人俱乐部”，吸引老人参与社会活动；强调社会福利的地方化和一元化，加强地方政府对老人福利的责任和职权。日本为老人提供服务的机构大体分为两种：民营的老人福祉设施和私立的高端养老院。两者经过政府批准后由民间企业来经营，民营机构接受政府补贴。为了保证养老院的良性运转和避免虐待老人现象的出现，政府在老人服务机构自我检查基础上，引入更为客观和公正的第三方评价体系，包括硬件上的建筑、设备、人员配置以及软件方面的服务质量、老人评价等。这些评价不是通过简单的检查、打分来达到警示督促的作用，而是在分析养老院现实的基础上由专业机构提出更好的改善方法。

2000 年，日本在世界上首推养老护理保险制度（介护保险制度），国民需要交纳一定的保险费，65 岁后就可以接受这项保险提供的服务。被保险人需要介护时可提出申请，经审查确认后可享受保险部门提供的不同等级的服务，被保险人只需承担 10%的费用。日本的养老护理制度有精细的划分，将需护理程度分成了不能站立、不能步行、不能脱穿裤子、不能排便、不能用餐、不能吞咽食物、不能记忆等级别，并按照这些不同的级别提供登门访问型、赴养老机构一日型、短期入住型、入住特别养老机构型、入住老人福利院等不同服务。配合养老护理制度，日本还推行了“地区综合护理服务系统”。具体来说，是要打造“30 分钟养老护理社区”，在距离大概 30 分钟路程的社区内，建设配备小型养老护理服务设施的新型服务社区，推行小规模多功能型自家养老护理和登门访问看护。但是在日本同样面临着养老护理人员匮乏的问题。在日本，养老护理人员的工资待遇不高，平均月工资 20 万日元，而日本国民人均月工资标准是 50 万日元，为此，日本政府日前给每个养老护理人员每个月增加了 1.5 万日元的工资。

时间银行概念很大程度上弥补了日本养老护理人手缺乏的问题。日本时间银行的形成，是因为大环境的关系。1973 年石油危机，日本政府没有预算，无法再提供民众公共服务，只好请民众互助。在养老问题上，时间银行便成为了“今天我照顾你，明天他照顾我”的循环养老服务模式（董娜，2016）。日本时间银行下的互助养老模式的组织文化较为丰富，注重老年人生活质量的提高及生活方式的多样化。

NALC（Nippon Active Life Club）是日本以时间银行为基础建立的较大的全国性志愿互助组织，其核心理念为自助、自愿、互助、有价值的人生（周作斌，2014）。NALC 的成员大部分为 50 岁以上的男性退休人员或夫妇。该组织鼓励男性退休人员承担以往被视为女性义务的照顾者角色，同时也积极鼓励夫妇的共同参与，以使服务者拥有较大的参与动力及热情。与美国及英国模式以时间长短为唯一服务的计量标准不同，日本的时间积分根据服务对象和项目不同而存在差距，如帮忙看家等服务仅获得 1 个积分，而整夜的护理服务将得到6个积分。此外NALC对于时间积分的使用有着严格的规定，积分的使用范围只限于服务者及其父母、配偶与未成年的子女。NALC还对协调员进行专业培训，并设置分支机构，由协调员根据服务者的特长匹配对应的服务工作。NALC定期举办关于老年研讨会和讲座，促进NALC的组织文化多元化，并建立了一系列社会福利研究中心以满足老年人的需求。该模式以组织文化的多样性为特色，根据老年人的需求开展丰富的活动，以丰富社区老年人的生活方式，提高老年人的生活质量。同时该模式的时间积分根据服务对象和项目不同而存在差距，并且鼓励男性成员与伴侣共同参与，因此获得了较好的发展动力。

3.1.2 瑞士

瑞士的时间银行是由瑞士联邦社会保险部开发的一个养老项目，即人们在退休以后，在身体状况良好的情况下去照顾需要帮助的老人。其服务时间将会存入社保系统的个人账户内，时间银行会将参与人员的服务时间统计出来，并颁发一张“时间银行卡”，在未来自己需要他人照顾时，可取出使用。时间银行一方便会在核实信息后，指派义工前去照顾，提供服务。此外，对于那些已经把时间存起来，但最后由于种种原因（如住进养老院等情况）没有在去世前使用完“时间银行卡”中的时间的老人，时间银行便把义务服务的时间折合成一定的金钱或同等的物质奖励，返还给老人或者他的遗产继承人。由此可见，瑞士的时间银行是基于一种互助共赢精神成立的，需要高度的社会自觉，要懂得帮助他人就是帮助自己，要不吝啬帮助，这样自己银行账户上的“时间存款”才会越来越多。只有整个社会都拥有这种意识，才能持续发展下去，否则就有可能难以继续。

实际上，时间银行这一方案最早始于2008年，在瑞士圣加仑实行。当地老年组织均对此表示十分支持，认为集社会之力让古老的传统互助重焕魅力是非常好的事情。瑞士大名鼎鼎的时间银行基金会，坐落在圣加仑市区内一条不起眼的巷子里。时间银行基金会的目标是：尽可能让老年人在家自主生活，如此一来，老人就可以得到协助与陪伴，心也不再那么孤独。最重要的是，这一提议可以减轻退休者与政府的财政压力。服务者的身份限定为60岁以上的退休人士，而被服务者为80岁以上较为年长的老人。服务者的申请条件比较严格，除了长居圣加仑市，还要喜欢与人做伴、身心状况良好，以及拥有足够空余时间。拥有以上条件，并不代表你一定可以获得这份工作。申请人必须与时间银行的工作人员进行面谈，说明服务的动机与目的，只有通过面试后，才能拿到明确了权利与义务的合约。根据每个人的专长，志愿者可以选择到SRK驾驶服务机构、到家照护、安宁病房或天主教会等组织进行服务。

瑞士时间银行于2012年底成立，但是早在2007年，非营利组织——施善基金会（Benevol）便在圣加仑与阿彭策尔地区进行过时间银行的业务。所以，时间银行基金会并非首先推行此概念的机构，而是参考过往经验，整合地区公益团体资源的组织。瑞士作为福利国家，其公民从出生到死亡可以享受到国家照顾。如果一个瑞士人晚年一无所有，国家有赡养老人的义务。值得注意的是，瑞士养老院的费用非常昂贵，最低费用高达约4万元人民币（这也是瑞士人的平均月薪），人口高龄化对国家来说，是相当沉重的负担。因此，瑞士政府有意在原有的全国性三大养老支出之上，打造时间银行的概念，作为养老的第四支柱（鲁晓夫，2018）。

联邦社会保险局受命寻找一个可以测试时间银行系统的小区，最后保险局选定圣加仑市，也就是今日时间银行基金会所在地。基金会的主要功能是整合组织间的资源，以及管理时间银行账号。区别于一般的养老服务，瑞士的养老服务内容不仅仅只有陪伴散步、陪伴运动、陪伴购物、送餐、代写文书五项，获得多家非营利组织支持的瑞士时间银行，可以提供更加多元化的服务（见表3-1）。

在正式服务之前，志愿者必须接受专业的训练，然后通过供需匹配，由服务者所属的组织安排面谈，制定服务内容与时间。每次出勤后，志愿者必须回到时间银行进行汇报，签署证明文件，以此作为依据，工作时间得以存入个人的时间账户（账户也可以以夫妻为单位）。如果账户拥有者日后需要帮助，便可以使用累计的时间，支付自己享有的福利，由于圣加仓政府的担保，时间点数可以持续保值。时间提供者所累计的服务时间，是以小时为计算单位的，而且最多只能存入750个小时。因为累积时数设有上限，所以在瑞士，你不会看见服务者被相关单位表扬的新闻。

表3-1 瑞士时间银行服务的内容

瑞士时间银行服务的内容
驾驶服务和护送（例如陪同看病、陪同购物）
做饭和陪同吃饭
文字处理（寄信、协助通信、填写表格、教授计算机知识）
家务协助（打扫、熨烫、洗涤、整理床铺、丢垃圾）
休闲活动（旅游、游戏、朗读、喝咖啡、参加或观看文化活动）
人力协助（从事小型园艺、铲雪、修房及其他修理或搬运工作）
帮助家庭照顾者获得休息时间

如今，作为践行时间银行概念的“领头羊”，瑞士用时间银行养老已蔚然成风，这不仅为国家节约了养老开支，还解决了一些其他的社会问题。很多瑞士民众都非常支持这种养老方式，瑞士养老机构调查结果显示，有一半以上的瑞士年轻人也希望参加这类养老服务。瑞士还专门立法支持时间银行养老。

3.1.3 英国

英国是世界上最早实行社会保障制度的国家，在养老保障的许多方面都值得称道，尤其是社区照顾，它为老年人和社会亟须援助的人提供适当的照顾和支援，从而使这些人能够在自己熟悉的家里和社区环境中过独立和正常的生活（祁峰，2017）。社区照顾有较多的服务项目，英国的社区照顾主要是通过下列服务项目实现的：

（1）居家服务。它是对居住在自己家中，尚有部分生活能力又不能完全自理的老年人所提供的服务。具体项目包括上门做饭、理发、洗澡、购物、清洁卫生、陪同去医院等。有了这些周到、全面的服务，可使行动不便、年老体弱、家中无人照顾的老年人生活在自己的家里或熟悉的社区环境中，方便其与他人沟通。从事居家养老服务的人员有政府雇员、志愿者，这些护理服务或免费或收费较低，一般收费由地方政府决定，老人在可以承受的范围内，自己支付一部分，不足部分由政府补齐。

（2）家庭照顾。它是对生活不能自理、卧病在床的老人在家接受子女全面照顾的养老方式。为了鼓励子女全方位照顾老人，政府规定对在家居住、接受子女照顾的老人发给和在专业机构养老相同的补助，以此鼓励在家养老的老人，这样就可以使家人有充足的经济实力照顾老年人，而不影响家人的生活水平。

（3）老人公寓。它的服务对象是无人照顾、有生活自理能力的老人。老人公寓通常为两居室，生活设施较齐全，电视、洗衣机、厨房、卫生间等应有尽有。老人公寓内设有紧急呼救装置，与社区的控制中心相连，一旦老人身体不舒服，只要求助紧急呼救装置，社区可派人迅速赶到老人公寓提供救援。这类老人公寓收费较低，数量有限，申请入住的老人较多，必须经过政府从严审查，生活确有困难的低收入老人才能居住。

（4）托老所。主要包括暂托处和老人院。暂托处是一种短期护理服务机构，专门针对子女有事外出或子女长年累月护理老人，身心不堪重负，需要放松休息而设置的。这时就可将需要照顾的老人暂时寄托到暂托处，由服务人员代为照顾。时间是几小时，也可以是几天，一般最长为两周或不超过一个月。暂托处照顾老人时间较短的不收费，但是超过两周，就需要支付相应的费用。老人院则是针对生活不能自理，又无人照顾的老年人而设置的专门机构。英国有许多老年人是单身或子女不在身边的，当他们尚有自理能力时，可在家或老人公寓接受护理服务，一旦完全丧失自理能力，只能入住老人院，接受集中照顾。

随着老龄化形势的日益严峻，英国把时间银行纳入到了 NHS（英国国民健保）当中。其时间银行下的互助养老模式较重视医疗互助服务的供给，并且主要以时间银行来开展互助养老服务。时间银行中的时间积分在英国一些社区甚至被作为评价邻里忠诚度的指标之一。

成立于 1999 年的 RGTB 是英国首家提供医疗互助服务的时间银行，与当地诊所组织合作，该时间银行拥有高水平的专业医疗团队，以提供医疗互助为主要服务项目。及时发布前沿的医疗资讯，制定科学的疗养方案。会员通过为银行整理资料、维持秩序等方式获取时间货币，参与机构推出的“椅子锻炼”等康复计划。会员还可以加入不同团体，如诗社、散步小组、电话倾听小组等，在团体中找到归属感。会员之间可以提供生活互助，交流对抗病魔的心得体会。英国 RGTB 参与者中 65 岁以上老人占 33%，80 岁以上老人占 18%，残障人士占 52%（刘雪成，董登新，2013）。只要有互助意愿，就可以提交加入申请，在申请表内填写自己可以提供服务的领域以及希望得到帮助的项目，以便日后归档。一般来说，为了保障其他会员的安全，首先要求申请者有老会员推荐，其后银行雇员会对申请者进行严格的犯罪背景调查，最后新会员需从园艺、聚餐这类简单活动逐渐融入。不过，这并不意味着有犯罪记录的人不能加入，在一些时间银行中，根据犯罪级别，允许此类群体从事不同安全等级的活动。

英国的另一家时间银行是莱西格林时间银行，其理念是使在社区中人际交往较差并感到被孤立的患者，通过在时间银行与他人的互助活动发现自身对社区的价值，提高自我效能感，促进患者的康复。积分的使用对象主要为服务者本人，同时时间银行需对服务者进行相应的培训，当地的医生在遇到存在社交障碍问题或受孤立的患者时会建议患者参加时间银行的互助活动，如拜访他人、提供生活服务等以促进患者的康复。此外，英国还规定将时间银行的积分纳入邻里忠诚度的评判标准，鼓励社区居民积极参加时间银行（周作斌，2014）。

3.1.4 美国

美国时间银行的产生，是由于美国医生的生活状态急需改善。美国当时推行人力时间银行实验——斯坦福的时间银行，这是一个为期两年的试点项目，主要由斯隆基金（Sloan Foundation）支持。该项目主要致力于提升美国医生的工作满意度，促进医生们的工作和生活之间的协调。这成为后来美国时间银行逐渐发展起来的引子。

斯坦福这个试验项目的目的很简单：改变当前美国医生工作和生活不平衡的现实困境。美国医学会杂志（Journal of American Medical Association，JAMA）2012年的一项调查显示，医生比其他行业的人员平均每周多工作10个小时，将近40%的医生每周工作60个小时以上。更让人惊讶的是，每两位医生中就有一位有至少一种过劳症状，医生对工作和生活平衡的不满是其他行业人员的两倍。在学术性医学院工作的员工，进入职业生涯的前十年内，10个医生中有5个离开，其中4个会彻底离开学术医学这个行业，这也使得医生缺乏空前严重。美国医学院协会（Association of American Medical Colleges）预计到2025年将会出现9万名医生短缺而无法弥补。

凯伦·赛博特（Karen Sibert）是一位麻醉学家，同时也是四个孩子的母亲。她2011年写给《纽约时报》的文章中大肆批评了医疗行业中工作人员的工作生活得不到平衡的问题，她写道："我认为，如果是记者、大厨或律师选择加班或辞职没什么，但是医生不一样。患者总得有人照顾。"美国就本国医者的工作生活严重失衡，亟须得到重视，且那时主流的认识还认为工作生活问题并不是医疗文化中的大问题。负责时间银行项目的心脏病专家汉娜·瓦伦丁（HannahValantine）认为，"医护人员工作与生活之间的失衡仍被认为是医疗行业的一个次要问题。还没有人将解决这种失衡作为提高医疗质量的一个措施，但是我认为这是一个必要的决定"。

目前来看，美国时间银行下的互助养老模式是以医疗服务为特色的服务，致力于减轻社区中弱势及贫困老年群体的医疗负担。成立于1993年的PIC是美国时间银行中的互助养老模式典范，会员已达2600人。在"交通伙伴"项目中，有车老人为购物、看病等须出门的老人提供接送服务，一年共计接送里程达15.3万英里，平均每周接送125次。此外，老人之间还互相提供修理家具、写信、电话聊天、房屋共享等帮助。其存在特殊的一点是，社区与飞利浦公司之间进行了合作，为老人们建立了"生命线"一般的紧急求救系统，在老人突发意外情况时，只需按下随身携带的报警器，就会迅速连通报警中心（住址、病史等个人详细信息将同时传递），由工作人员负责及时联系医院与家属。

美国密苏里州的老年志愿者服务银行（Older Volunteer Service Bank）以老年志愿服务者为社区老年人提供几个小时的短期照护为主要服务项目，服务者大多数是较年轻的退休老人，而服务对象以年龄较大的独居老人为主。该时间银行通过志愿服务使独居老人在家中得到临时照护，每次的服务时长一般不多于6个小时，完成服务后在时间银行存储相应的时间货币。该时间银行的时间积分使用对象为服务者本人及其家属，大多数参与者将获得的积分用于兑换临时照料自己或家人的服务。美国卫生福利部规定时间银行的服务者必须接受一定时长的培训，培训内容包括对老年人的生理和心理的基本知识、急救知识等。

与英国相比，美国对于服务人员的培训有更多的硬性要求。美国卫生部规定对时间银行的服务人员必须接受生理、心理健康等技能的培训，且美国提供养老服务的PIC与英国RGTB一样，有着相当高的人员标准（王玉皎，2012）。它们在招募志愿者时根据报名人员的信用记录将其分为不同的信用等级，志愿者只能服务相同信用等级的人，这看似严苛的信用制度在一定程度上保障了双方顾虑的安全问题，最大限度减少了该模式的安全风险。

3.2 国内互助养老时间银行的发展现状

我国学者也对时间银行进行了积极的探索和实践。陈功、杜鹏和陈谊（2001）认为“时间储蓄”是一种“劳务储蓄”，其实质是一种很常见的经济学思路和很古老的人类实践行为，即劳动成果的延期支付。“时间储蓄”里的“时间”代表的是该时间内个人创造的劳动成果或价值，体现为劳务或货币。而学者王泽淮（2003）从两个层面上对时间银行进行定义：其广义是各年龄阶段的人参与志愿者服务活动，积累服务时数，待自己需要别人服务时，可享受同等时数的免费服务；其狭义是相对年轻的老人志愿者参与为高龄老人提供服务的活动，积累服务时数，待自己需要别人服务时，可享受同等时数的免费服务。因此时间银行的实质就是为别人提供志愿服务的同时也享受着别人提供的志愿服务。穆光宗（1999）认为“时间储蓄”是社区通过“时间储蓄卡”将其服务时间记录储存下来，当提供服务者年老需要服务时，再由别人无偿提供相应的服务量。“时间储蓄”体现的是社会互助的精神，对老年人和老龄化社会都有好处，其实质是进行劳务的代际交换。

我国最早的为老人服务式的时间银行是上海民间自发开展的一种为老服务探索（张晨寒，李玲玉，2016）。据科研人员考察，1998 年前后，为了积极应对人口老龄化的挑战，缓解老年人家庭照顾的压力与困难，上海市部分地区通过民间互助等形式，积极探索为老服务的新模式，当时上海的虹口区提篮桥街道晋阳居委会的“时间储蓄式为老人服务”就是其中之一。该探索“曾经引起社会各界的广泛关注，带动其他省市，引得这些地区纷纷上门取经，相关部门曾一度酝酿在全市推广”。2000 年以后，全国各地兴起了建设时间银行试点的浪潮，很多省市如北京、天津、南京、大连等地都有相关的实践，甚至自发性地出台了时间银行相关的暂行制度规范（陈友华，施旖旎，2015）。时隔多年，新的时间银行还在不断涌现，我国各个省级层面的制度设计到社区层面的实践探索也在紧步跟随。

3.2.1 南京社区

南京兆园社区时间银行建立于 2005 年 8 月，建立者是兆园社区主任王慧敏。南京兆园社区时间银行对服务时间的长短进行了会员荣誉级别的划分，主要分为五个星级：一星级，累计 200 小时，由所在社区支行表彰、家门挂牌，并给予 200 元物质奖励；二星级，累计 500 小时，由街道总行表彰、家门挂牌，并给予 400 元物质奖励；三星级，累计 1000 小时，由街道工委表彰、楼栋 挂牌，并给予 700 元物质奖励；四星级，累计 1500 小时，街道工委表彰、小区挂牌，制作个人宣传册并给予 1000 元物质奖励；五星级，累计 3000 小时，由街道工委授予特别贡献奖，并给予 1500 元（物质奖励终身优惠获取他人服务）。

南京兆园社区时间银行通过对服务进行登记，设立了社区时间货币制度，并建立了与之配套的相关制度。比如时间货币的维护机构，通过组织专业人员，专门负责时间货币的管理和分类；时间货币的价值维护者，致力于维护储户时间货币的完整性和有效性。南京兆园社区时间银行运作的特点如下：①规模大。截至2012年8月，南京兆园社区时间银行拥有的注册会员达1200人，积累时间超过1.8万小时，其中五星级会员3个。会员多为退休老人、社区党员和外来实践服务大学生。②历史长。南京兆园社区时间银行成立于2005年8月，在全国范围内相对历史更长。③经验丰富。南京兆园社区时间银行，自成立至今，走过了太多的风风雨雨，给后来成立的时间银行提供了许多值得借鉴的经验，可以毫不夸张地说，南京地区是我国时间银行一个成功的先行者。

虽然南京模式取得了一定的成效，但也存在一些需要改进的问题：①政府作用缺失：政府对南京兆园社区时间银行养老目前采取观望的态度，在财力、政策以及立法上没有给予太多的支持。②志愿部门被忽视：非营利部门本应该发挥弥补政府投入不足、为社区居民参与社区服务提供组织化渠道等作用，但在南京模式的实践过程中其作用并没有得到很好的体现。③营利性组织作用弱化：营利性组织的投入不足，没有提供专业化的服务和培训（姜蜡，2013）。总的来说，南京兆园社区时间银行作用明显，有利于保障老人的晚年生活，实现社会资源的充分利用，但作为一个新生事物，南京兆园社区时间银行不可避免地存在这样或那样的问题，这些都是驱动其发展和完善的动力。

以南京兆园社区时间银行互助养老的分析为基础，结合其他模式的一些实践，我们不难看出，在我们国家推行时间银行养老还面临一系列困难：①国家责任和作用缺失。由于政府部门对时间银行养老采取观望态度，没有制定相关的法律和政策或者虽然制定了相关法律政策但执行不到位，政府对于时间银行的理念宣传力度不够，再加上政府对于社区养老事业并没有给予财政资金上的支持，这些因素共同导致政府责任和作用的缺失（姜腊，2013）。②非营利组织等非政府部门参与程度不高。虽然目前推行时间银行养老模式的社区数量日益增多，但其普遍起步较晚，非营利组织参与较少，且社区以及非营利组织、居民自发成立的服务组织提供的服务质量低下、专业服务人才缺乏，这些因素都使得非营利组织等部门不能发挥应有的作用。③缺乏专业化的社区养老服务队伍。我国目前从事社区工作的人员大多是一些退休或下岗的人员，专业化程度明显不够，即使是社会志愿者也没有经过多少专门训练。如果没有专业社会工作者的参与，时间银行并不能发挥其互助养老的作用，也不能提高服务的质量和效率。④时间货币的计量和兑换问题。服务计量和换算是时间银行运行最为关键的技术性问题，有序地计量和提出不同性质服务之间公平的相互兑换标准，是保证时间银行良好运行的关键。而现实中，人们倾向于用价值量较低的服务来换取价值量较高的等时长的服务，这种服务交易行为可能难以持久（林欢欢，2012）。如果不以时间为单位来计量服务，由于时间银行服务的内容十分广泛而复杂，这就必然对悉数罗列出各种细微零散的服务，并厘清各种服务之间兑换关系造成极大的困难。

3.2.2 北京社区

北京寸草春晖养老院的“爱心时间银行”属于志愿服务项目，是挂靠在北京市志愿者联合会下面的志愿服务项目。该项目成立于2011年，本身带有双向性质——志愿者服务老年人以储存志愿时间，当志愿者自己或其直系亲属遇到困难（主要指养老方面的困难）时，可以支取自己的爱心时间，换取其他志愿者的爱心服务。为提升志愿者的积极性，寸草春晖的时间银行实行“双倍支取”制度，即志愿者服务满12小时后，1个服务时长返还志愿者本人或其直系亲属2倍服务时长的服务，其服务主要是基础护理之外的理疗、按摩等。付出和返还的服务并非完全对等，选择空间很大。这个项目中志愿服务的时间记录方式是人工记录，志愿者持“爱心手册”进行志愿服务，服务工时由负责人核算并在“爱心手册”盖章为证，同时由工作人员在时间银行备案。支取时，志愿者持“爱心手册”与工作人员的备案记录相对照，决定支取时长。一般而言，为了感谢志愿者的服务，志愿时长通常会稍微多记录一点。负责人认为这样做是必要的，一方面表达对志愿者的感谢，另一方面通过这样的人性化手段激励更多的志愿者投身志愿活动。

不同于某些养老院只接受健康状况良好的老年人，寸草春晖养老院接收的基本是失能和半失能老年人，这就需要护理人员具备专业的护理技能，因此，在志愿者接触老人之前，会被要求接受简单的培训，如怎样搀扶老人，怎样给老人喂食等，志愿者在服务老人时也会有工作人员的陪伴。这样做一方面是避免老人或志愿者受到伤害（部分老人是抑郁症患者，有肢体过激行为），另一方面也可以对志愿者的服务质量进行监督和管理。而那些具备一定专业技能的志愿者，例如来自中医药大学、善于推拿的实习学生，他们可以为老人提供简单的按摩服务。另外，北京市志愿者联合会为接受时间银行服务的老人们购买了相关保险。如果老年人在接受志愿服务时受伤，由保险公司在一定范围内负责赔付。不过该院负责人表示，这种现象极少出现，开院以来还没有发生过。

时间银行的志愿者们来自各行各业、各个年龄层以及北京的各个地区。来到这里的志愿者大多不求索取，很少有特别计较时间记录的人。通常他们的思想境界较高，做志愿服务追求的是奉献社会的自豪感。因此，时间银行主要是一个爱心储蓄银行，强调爱心传递。这也可能是因为做志愿服务的低龄老年人还有能力照顾自己，目前还没有出现支取服务时间的情况。当谈到寸草春晖养老院引入时间银行这个项目的思路很新颖时，负责人提到牵头人很重要。但是当提到时间银行的可复制性时，负责人表示其个人认为这是一个受地域范围以及居民生活水平、思想文化素质限制的互助养老模式，不易复制，推广起来有困难。

此外，北京市丰台区大红门街道石榴园南里一区也存在过一家“爱心时间银行”，它在居委会的组织下于 2004 年成立，当时的志愿者团队规模较小，仅有 11 人，以女性老年人居多，政治面貌以党员为主。自“爱心时间银行”启动至 2009 年，参与“爱心时间银行”的志愿者人数越来越多，基本处于稳定状态。志愿者团队在政治面貌、年龄分布等方面实现了多元化，特别是年轻人的参与，为社区带来了专业化的志愿服务，如法律服务、医疗服务、理发服务等（见图 3-1、图 3-2、图 3-3）。2012 年，这家“爱心时间银行”消失。

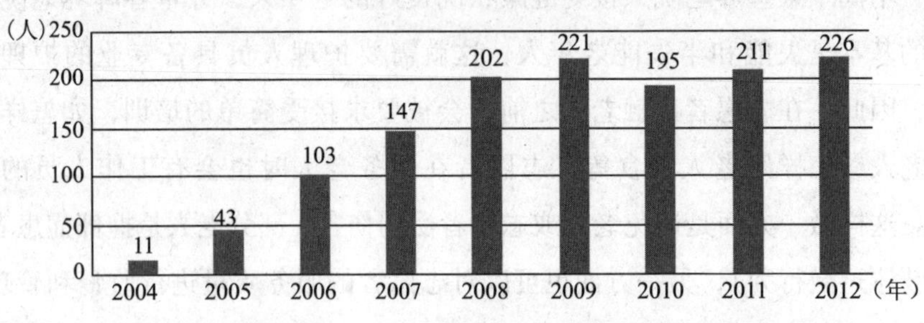

图 3-1 “爱心时间银行”志愿者团队规模（2004—2012 年）

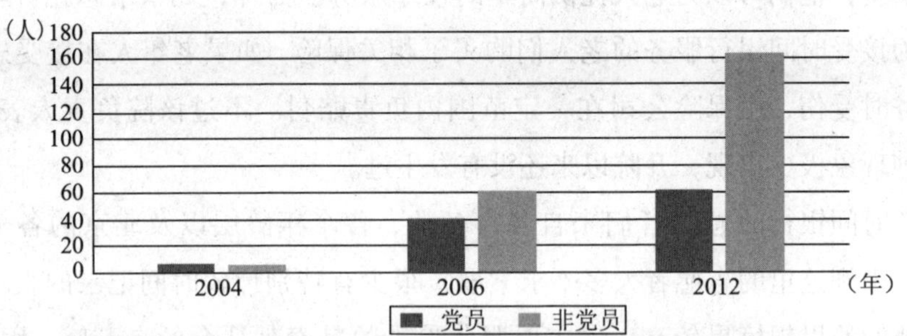

图 3-2 “爱心时间银行”志愿者政治面貌（2004—2012 年）

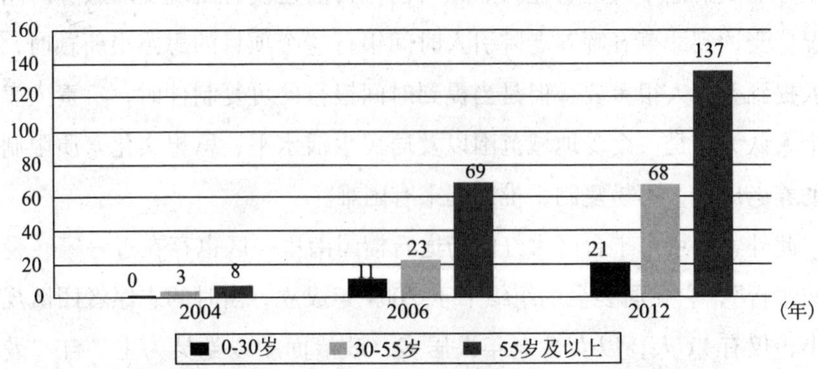

图 3-3 “爱心时间银行”年龄分布状况（2004—2012 年）

当时这家“爱心时间银行”自愿接受大红门街道工委办事处、石榴园南里一区社区党委和居委会的指导，实行自主管理（陈友华，施旖旎，2015）。居委会根据资源整合情况，结合居民需求，建立一帮一、一帮多、多帮一等互助对子，积极开展以“助老、助残、助幼、救急”为重点的邻里互助活动。

“爱心时间银行”的具体工作流程如下：①志愿者招募。社区居民自愿填写《石榴园南里第一社区“爱心时间银行”志愿者申请表》，标注自己的特长，如医护救急、体育健身、电器维修等，以及自己可提供服务的时间区间。②志愿者与居委会签订《石榴园南里第一社区“爱心时间银行”志愿服务协议》。③社区居委会了解居民需求。居民可自愿进行需求登记，填写《石榴园南里第一社区“爱心时间银行”需求登记表》，明确写出自己希望接受服务的时间以及需要的服务类型，成为“爱心时间银行”受助对象，形成居民需求项目数据库。④社区居委会为志愿者和居民搭配互助对子。居委会根据社区资源状况以及居民需求情况进行关联匹配，建立多种形式的互助对子。⑤志愿者和需求者进行结对后，居委会协调双方签订《“爱心时间银行”协议》。为公平起见，居委会制定了服务标准，以方便跟踪回访志愿者的服务质量。例如，如果受助者是孤寡老年人，志愿者应每天至少一次前往看望，接到其求助后需要立即到家中为其帮忙，如果发现受助者家里的门窗出现异常情况时，应当及时联系受助者或者报警。⑥志愿者在完成服务之后，于2小时之内向“爱心时间银行”通报服务情况，工作人员按照《回访制度》对服务对象进行回访，并记录回访情况。回访内容主要是了解服务时间、服务内容、服务质量等，也可以了解其对“爱心时间银行”的意见和建议。工作人员主要采用当面询问、电话回访、接受主动反馈的形式，如实填写《“爱心时间银行”回访记录表》并交由质量监督组保管（见图3-4、图3-5）。

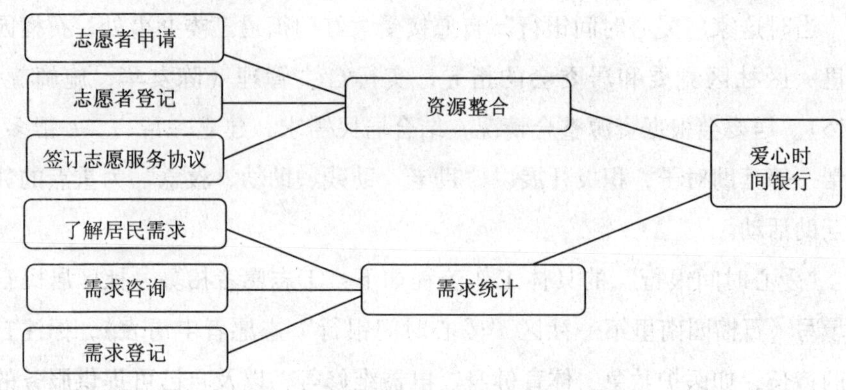

图 3–4　“爱心时间银行”资源匹配情况

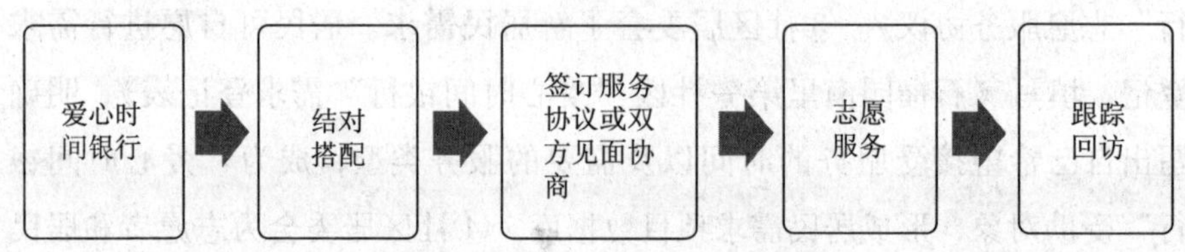

图 3–5　“爱心时间银行”流程简图

“爱心时间银行”奖励的种类分为奉献奖、年终奖、创造奖三种。奉献奖是指将“爱心时间银行”志愿者为社区、他人提供的服务项目和效果张榜公布。一旦志愿者有受助需求，“爱心时间银行”优先为其服务。年终奖是在“爱心时间银行”志愿者完成服务协议内容，年度服务时间达到 50 小时后颁发。创造奖是在“爱心时间银行”工作人员及志愿者设计了新制度或新观念或是在节省经费、提高效率、管理合理化等方面做出了贡献的情况下颁发。奖励方式包括奖状、奖品、奖金三种。其中，奖金主要是指享受购物优惠，即社区与周边超市合作，由超市对志愿者购物给予优惠。通常是当志愿时数储蓄到 100 小时后，可享受若干折扣优惠。

2012 年，由于社区公众对“银行”一词实在难以接受，认为其本身叫法的商业气息被渲染得太过浓厚，于是将“爱心时间银行”一名更换为“邻里互助站”。经过改制后最大的变化就是时间记录被取消了。由于时间银行最关键的要素就是时间的“存储”和“支取”，因此，在石榴园南里一区取消了时间的“存储”后，本书认定为其时间银行模式彻底消失。

3.2.3 广州社区

广州市越秀区老龄人口近 20 万，占全区人口的 13%，而社会化退休人员达 12 万，其中孤寡老人 1859 个，独居老人 2193 个。庞大的社会化退休人群具有属地性强、组织性强等特点，非常适合推广养老储蓄模式。其“养老服务储蓄”被公认为是时间银行互助养老模式的应用典范。越秀区作为广州中心城区，老龄化和空巢化现象比较严重。2009 年 11 月，越秀区劳动保障局在全省率先创立养老服务储蓄机制，以洪桥街、广卫街、光塔街三个街道为试点铺开，以 1 年为期，建立起涵盖家政服务、膳食提供、娱乐教育、健康保健、心理慰藉等服务内容的养老储蓄服务体系。待成熟后再在全区各个街道、各社区全面铺开。而试点街道将逐步建立健全储蓄数据库、服务分级制度、支取兑现制度和监督管理制度，以确保机制有效、规范、长期地运行。在越秀区，“将来可以拥有一张像银行卡一样的 IC 卡”。

越秀区时间储蓄主要由保障局主导成立首善爱心服务总队，由越秀区退休职工联合会和省社区文化促进中心共同运作，以政府购买服务的形式引入社会养老机构、社会团体的力量资源参与服务。越秀区养老时间储蓄的运行机制见表 3-2。

表 3-2　越秀区养老时间储蓄的运行机制

主要业务	养老服务爱心工作时间的存、转和汇兑
存储方式	以服务时间折算为爱心工时的存储
汇兑方式	1. 换取自身享受服务 2. 转移给自己的亲属或提交困难申请的老人 3. 换取首善爱心服务队组织的各类活动、健康体检或被训课程等 4. 向其他志愿者购买和兑换服务，实现服务的买进与卖出
兑换比例	一个爱心工作时间＝服务时长/参加人数
服务地点	越秀区试点街道提供的均属于上门服务
服务方式	规定每次服务均由两名以上的志愿者参加

续表

主要业务	养老服务爱心工作时间的存、转和汇兑
服务内容	日常清洁和生活护理、日间照料、医疗康复治疗、探访聊天、精神慰藉、疾病重病的紧急救援和文化娱乐活动
服务模式	早期的低龄老人服务高龄老人；目前有志愿者、义工、低龄老人，参加主体多元化
质量评估	根据志愿者服务时间长短和服务级别记录，制定护理级别、爱心时间换算公式
评估单位	由相应的居委会负责（越秀区退休人员管理办公室）
服务培训	志愿者基本培训和养老专业化培训

越秀区养老服务时间储蓄模式中，主要由政府成立首善爱心服务总队，具有一定的政策性和保障性，对于专业的咨询服务则是政府通过购买服务的方式使专业化社会组织参与到时间储蓄模式中，所以在多元主体参与中主要是政府起发动作用，社会组织处于被动状态。另外，社会组织在专业培训、社区助老中起到相对重要的参与作用，相比其他地区基本由社区管委会负责志愿者组织的模式，越秀区的养老服务更显专业化，社会组织参与面广，这也是这几年越秀区时间储蓄模式发展势头良好的原因所在。但不足的是，关于劳务内容记录存档以及时间货币存储、评估、兑换等后期平台的业务主要由社区内部负责，工作人员大多由原有政府人员兼任。社会组织的缺席使得时间货币管理存在专业化水平不足、无法大区域通存通兑、保障性差等问题（储薇薇，吴飞，2015）。

中山大学社工系教授贺立平表示，养老服务储蓄机制在很大程度上鼓励更多社会人士参与志愿活动，整合了社区空置的退休老人资源，也有利于延续志愿精神。这其中，政府的支持相当重要，包括制定相关制度与提供活动经费。同时，贺立平也指出，机制存在一定困难，比如时间性问题，要保证长久性并非易事；又如存在转移成本问题，“爱心工时可以转换，这里面至少又要有一个机构来分配、核实与登记，也是一笔成本”。

3.2.4 温州市苍南县

2014年7月22日，温州苍南县首家时间银行正式运作，首批已有120名老人“开户”。与此前出现的各种时间银行不同的是，这是温州市首次尝试地区与高校合作并引入社会工作机构来开展日常运作的“银行”。“对尚能自理的低龄老人而言，他们仍是社会的资源而非社会的包袱”，苍南县民政局相关负责人说道。苍南时间银行选择在苍南县灵溪镇中兴社区和龙港镇湖前社区先行试验，这两个社区老年人口占比均在15%以上。以中兴社区为例，70周岁以下的老年人便占了社区老年人口的近一半。组织、动员老年人开展互助性养老服务，在减轻政府养老压力的同时，满足了老人的居家性需求和精神性需求，还能形成邻里守望的社会氛围。

在当时的温州，时间银行已经不算新鲜，但苍南此次的项目则创新性地与浙江师范大学社会工作系的教授团队合作，并联合当地社工机构开展日常运营。前者于2013年在金华两个社区成功主导时间银行项目并获成功。这一次与温州的合作过程中，还成立了当地第一家具有高校背景的专业社工机构，担任项目的专业督导，定期为项目提供技术指导和专业评估。同时，联合苍南县弘毅社工服务中心和苍南县民健社工事务所两家社会工作机构，负责项目的日常运营。此外，在借鉴之前“金华模式”中一些成功经验和保留其互助性养老的基础上，苍南时间银行项目还尝试引入多种支取方式。首先是“存时间、取服务”这一种传统支取方式，管理机构会协调其他老年人为有需求的“储户”提供服务；其次，老年人存储的服务时间可兑换成不同价值的生活日用品；最后，项目团队还会与相关医院或医疗机构合作，老年人所存储的服务时间可兑换成相应的医疗服务和医疗支出。

温州此前已有社区推行时间银行，在实际运行中，遇到难以实现通存通兑的问题，苍南县试点的时间银行与之相比，在成立前期主办方率先进入社区入户走访，让广大老年人知晓时间银行的运行模式。同时，社区还收集了300多份问卷，了解社区老年人的需求，发现精神陪伴、家政服务需求、医疗陪护、康复照顾及集体兴趣方面的需求最为迫切。拥有这些前期准备，这里的老年人参与时间银行的积极性不出所料地更高。同样的问题在金华花了2个月左右的时间才让“储户”达到120名，在苍南一个星期就完成了。另外，在苍南时间银行项目的运作方面，主要由相关负责人派驻社会工作系的研究生进社区，开展服务登记、回访和时间支取等工作，社会工作系的老师负责定期进行督导和项目评估，还计划在社区建立社会工作站，直接为老年人提供心理咨询、家庭关系调解、自我认知干预等服务。同时，项目主办方还承担着培育和孵化专业机构的工作，成立苍南县乐福社工服务中心，招募社工参与项目管理，并联合两家本土优秀社会工作机构，去链接更多社会资源，帮助他们向专业社会工作机构转型。毕竟随着项目的发展，未来更多的还是依赖地方本土的社会工作机构。

值得一提的是，社区推行时间银行过程中，面临项目层面小、难以实现通存通兑的问题，主办方在着力解决问题时，认为这类问题其实与普通商业银行并无太大差别，也就是说只有“储户”的基数足够大，才能发挥时间银行应有的作用，保证项目的运作。社区试点成熟后，如果更大范围地进行推广，协调工作也就变得很容易实现。另外，还增加了时间支取方式，可以兑换日常生活用品。此外，此次合作的当地社工机构中，也有医疗方面的资源优势，如果老人存储的时间不需要支取，那也可以相应地兑换成医疗支出，或是换取专业的医疗服务等。同时，这也能打破社区层面的时间银行服务项目窄，缺少专业队伍参与的局限。项目还考虑到低龄老人参与服务应该如何规避可能出现的风险，故与温州本土的保险行业进行接洽。为每一位参加时间银行的老年人购买人身意外伤害保险，费用为一人次一年100多元钱，从项目经费中支出。

可以说，无论是国外的缘起时，还是经历了在中国的实时演变后，时间银行都是极其典型又极容易流行起来的信用产品。时间货币在时间银行运行初期也被称作服务信贷（service credits），它也是一种以偿还为条件的付出，只是不同于普通的商品买卖。时间银行与互助养老服务结合起来后，更接近于一种延期支付的事先难以确定的时间信用支票（夏辛萍，2012）。

目前时间银行下的互助养老模式在我国已得到了一定的应用，如四川成都、江苏南京、广东广州、安徽黄山、山东滨州、浙江杭州、辽宁大连、北京等地先后开展了时间银行互助养老。国内该模式主要以社区中的高龄和病残老人为服务对象，以低龄和健康老人为主要服务者，提供日常生活照料和精神慰藉为主要服务内容的服务，但目前国内该模式的组织管理及运行尚未形成一个较成熟的体系，仍存在较多的不足，如组织管理机制尚不健全，资金来源较少，网络信息系统不完善，发展动力不足等问题（程成，2015）。因此，现阶段我国可借鉴国外时间银行下的互助养老模式的实践经验并与我国社区居家养老服务功能相结合，建立具有我国特色的互助养老模式。

3.3　我国互助养老时间银行的主要特点及面临的问题

20世纪90年代时间银行传入我国以来，主要被运用于社区养老服务，由于其自身具有的独特优势，受到了许多社区工作者的重视，上海虹口区晋阳居委会首先开展时间银行互助养老服务试点，随后全国许多地方的社区纷纷效仿，在自己的社区中开展了试点。

3.3.1　国内时间银行的主要特点

综合各地区的实践情况，目前国内时间银行互助养老模式主要有以下几个特点。

（1）分布范围广，以社区为依托。1998年，上海市虹口区晋阳居委会在国外已有经验的基础上，首创时间银行互助养老模式。而后广州、宁波、浙江、重庆、安徽、成都等地也纷纷出现了时间银行互助养老这种模式，分布范围十分广泛。因为老年人更喜欢待在自己熟悉的环境中养老，所以时间银行主要是以社区为依托建立起来的，以老年人为重点服务对象，从而促进社区居民之间互帮互助。浙江省金华市乐福社会工作服务中心在2013年11月建立了金华首家时间银行，该时间银行就是让社区内55到65岁身体健康的老年人与社区内的孤寡高龄老人结对，两者会签订《结对意向书》，然后身体健康的老年人会在力所能及的范围内为孤寡高龄老年人提供帮助，并且将帮扶时间存入时间银行。

（2）逐渐以信息技术为支撑。为了保证时间银行运行的高效性，国内许多时间银行组织都创新性地引入了互联网技术。上海市的“老年生活护理互助会”实行会员制，采用全市计算机网络管理，能够准确地记录服务的时间和内容，以保证会员的“劳务储蓄”能够兑现。广州“南沙时间银行”在 2014 年 2 月建立了自己的网上服务平台，仅半年时间实名注册会员的人数就达到了 2 万多人，有意向合作的企业有 10 多家。通过官网平台可以发布服务需求，看到服务动态、服务评价等，每项服务的定价可以自主调节，如果愿意也同样可以以 0 时间币提供服务。不会使用网络的老人也不用担心，社区服务站的工作人员可以为他们发布需求、评价服务。

（3）支取方式多种多样。20 世纪末，时间银行刚刚传入我国的时候，“时间币”能兑换的一般都是服务，但随着时代的发展，为了满足人们日益多样化的需求，时间银行组织尝试引入多种支取方式。浙江温州苍南县时间银行的“时间币”除了能兑换成相应的服务外，老年人存储的服务时间还可以根据时间的长短兑换成价值不同的日常生活用品，并且他们已经与相关医疗机构合作，老年人存储的服务时间还可以兑换成相应的医疗服务和医疗支出。广州南沙时间银行更是开通了时间币跨平台支付服务，南沙时间银行会员在其他电商平台的消费，可以使用时间币进行支付。2012 年广州天河沙东街道尝试推行“社区良票”，作为服务他人换回等价服务或物品的凭证，用现金和社区良票各 50%可以购买到社区市集生态产品和二手物品。

时间银行传入中国发展至今已逾 10 年，虽然已经取得了一些成效，但是随着时间的流逝，一些问题也逐渐显现出来，导致许多时间银行的发展难以为继，陷入随时破产的窘境。

3.3.2 我国时间银行面临的问题

时间银行在中国实践探索中的变异，不仅体现在其与志愿服务、养老工作相结合，还体现在交换的不对等上：开始享受服务的老人是不需要支付成本的，也就是免费享受服务，他们成为纯粹的免费享用者，后面享用者实际上就变成类似于“接力”模式，但在我国并没有长久影响接力者们热情的激励机制。长期来看，时间银行要在中国良好运行依然面临诸多问题。

1. 服务专业化及涉及观念等问题

时间银行的服务对象基本上是以老年群体为主，在为老年人提供服务的时候，尤其是对于失能老人，志愿者需要具备一些照顾老年人的专业技能，否则可能会导致身心疲惫，还让老年人感到不舒适，甚至让老人受到伤害。而参加时间银行的许多志愿者都是社区居民，没有接受过专业的知识和技能培训，可能会出现热情有余而专业不足的情况。专业人员的缺乏，必然导致事倍功半，大大降低服务的质量，从而影响时间银行的制度化进程，成为时间银行长久发展的一大阻碍。

时间银行不仅是将时间量化、物质化的结果，也是将爱心服务量化、世俗化的结果。时间银行在国内兴起后，兑换的方案也纷纷涌现。既然存在兑换也就意味着志愿服务不再是没有回报，而是可以根据服务时间的多少兑换实质的产品和服务。如杭州市下城区在兑换方案中设想：“志愿者的积分达到一定程度，在就医上，可以得到优先挂号的权利；在就学上，在同等情况下也可以被优先选择；包括在就业和落户方面得到优先照顾，还有可能将积分直接按比例进行转兑，充值到公共交通充值卡中，用于直接消费。”

将志愿服务直接与日常便利进行交换，会让中国人怀疑志愿服务的“纯粹动机”，在中国人的字典里可谓之为“功利”。

2. “劣币驱逐良币”的隐患与中国人的时间观反作用

很多学者在研究中质疑时间银行的计量问题。陈功等人认为时间银行作为经济问题，需要解决能否计量、谁来计量、如何计量等一系列复杂的问题。在他们看来，时间银行不同于货币，现在的劳动时间与将来的劳动时间即使相同也不等值，而且劳动时间难以正确地反映劳动的强度和服务的质量，如要进行换算，也会变得十分复杂。许加明也指出，目前在我国大部分地区建立的互助养老时间银行往往都是只记录服务时间和服务类型，而没有把劳动强度和劳动价值考虑进去。时间银行毕竟是一种交换载体，市场经济条件下交换的基本原则就是公平。从理性经济人的视角来看，相等时间内的不同劳动具有不同的强度和技术含量，不同强度、技术含量的劳动显然具有不同的价值，统一只用时间来计量并不公平，这极易造成志愿者在服务过程中挑肥拣瘦、拈轻怕重，变相挫伤了从事高劳动强度和高技术含量服务的志愿者的劳动热情和积极性。长此以往，可能导致实际价值较高的优质服务渐渐离开交换市场，使得实际价值较低的服务充斥市场，即引发“劣币驱逐良币”的现象。

“劣币驱逐良币”现象可能出现，不仅因为没有信仰作为支撑，也可能因为不同的时间观。有研究表明，中国人对时间的理解与美国人存在很大的差异。美国属于单向时间习惯，而中国属于多向时间习惯。美国人奉行“时间就是金钱”的观念。“能与最有影响的、人们永远感到紧缺的金钱相媲美的就是时间。对大多数美国人来说，在大多数时间内，时间和金钱永远是人类生存的基本问题中最紧缺和最珍贵的因素”。对美国人而言，时间具有特别的约束力，准时是一种不言而喻的社会规范。而中国人对时间的认识大都是模糊的，中国传统文化中，只关心事情是否完成，而不是很在乎耗时的长短，对失约和误时甚至也持宽容态度。尽管中国人的时间观念日渐“现代化”，守时或准时受到越来越多的推崇，但过于计较分秒会被认为不够通情达理。

时间银行的提出，是现代资本主义时间观的一种体现，其存在基础是用现代科学的量化计时方法来量度时间，包括钟表和精密的计时器等，强化时间的社会意义。而以时间为计量标准在中国具有非常大的弹性，而非准确性，由此，其反作用也造成实际服务时间的不对等问题。

3. 服务匹配与运营问题

时间银行将来要以时间作为兑现条件。今日之时间储蓄要日后兑现，不仅与日后的供给能力有关，还存在一个匹配问题。这实际上比纯粹的金融保险产品还要复杂。如保险产品兑现的主要是无差别的货币或可相互替代的商品，较少是劳务，大多是可以储存的，但时间不能储存。因此，这种信用产品的兑现条件更为苛刻，也更为困难。

作为理性人，其需求是多元的，每一个理性的人甚至同一个理性人在不同的时间点有不同的需求。例如，自愿有偿服务者早期向时间银行存储的是服务种类甲，现在想从时间银行支取的服务种类是乙，这就牵涉到时间银行存储的时间种类及其时间长度的匹配问题。小范围内时间银行存储与支付的服务种类与时间长度之间的匹配的回旋余地小，因而大多是失衡的，甚至是严重失衡的，但现实生活中小范围内的时间银行的存储与兑现的可行性相对要高一些。与小范围不同，大范围内的回旋余地可能更大一些，但大范围内的时间存储与兑现的匹配的可行性差。因为时间银行的就近支取才具有现实可行性。

任何管理与服务都是有成本的，其差异只在于成本究竟由谁来承担的问题。时间银行是一个极其复杂的信用产品，在实际运行中时间的存储与支取不仅存在匹配难问题，而且运营成本往往也是极高的。另外，在时间银行中，从提供服务到获得回报的时间周期可能是比较漫长的，而且可能是事先难以确定的，其信用属性决定了必须由公信力强的全国性大型机构来承接，显然，在我国最具公信力的机构自然是政府。

但目前的时间银行多由社会组织或者社区居委会来负责运营，实际上这些组织根本就不具备这样的能力，也绝无这样的信用保障。目前绝大多数的社会组织具有如下特点：规模小，10人以下的占绝大多数；少有资本积累；能力不足者占多数，甚至多是由被第一与第二部门淘汰下来的人在负责管理与运营。上海“因居民搬迁、居委会人员更迭、记录册丢失、缺乏后继参与者等各种原因而成为坏账无法支取”的现象也说明了时间银行由社区和社会组织运行面临着相当大的挑战与难度。

4. 操作过程及信息记录不准确问题

因为时间银行在国内实践的时间比较早，那个时候国内的互联网还不是很发达，所以当时时间银行还没有建立比较完善的互联网系统，对储户提供服务的时间、服务的内容、服务的水平还是以纯手工记录为主。又因为年代比较久远，许多志愿者的“时间存折”已经丢失，更重要的是，就算“存折”还在，可能内容也不会完整。还有一些志愿者可能会出现搬家的情况，一旦搬家，就算之前认真记录了“时间存折”，可能到时候也无法找原来所在的服务社区兑换了。

故缺少统一的信息平台，将成为制约我国互助养老时间银行发展的直接原因之一。一方面，一些社区建立的互助养老时间银行存储的服务时间仅能在一个相对固定的区域内使用，无法像银行那样实现全国各地储户的信息共享，通存通兑。有的地区甚至隶属同一街道的不同社区都不能“共享”资源。一旦“储户”迁移或流动离开原来居住的社区，时间银行的存储记录就“自动”失效，这对于储户的积极性是一种极大的打击。另一方面，从现有互助养老时间银行的运作经验来看，对于时间银行储户的服务内容、服务时间、服务质量等信息的记录方式基本以手工记录为主。在储户数量较少的情况下，还能保障信息记录和统计的时效性，一旦该模式要扩大应用范围，这种家庭作坊式的“经营方式”，在面对较大的供需信息时就会出现信息不对称、记录不准确、服务不及时等问题。

现在由于受到资金短缺的影响，许多时间银行虽然建立了信息管理系统，但有些地方还尚未引入电子信息记录系统，有些虽然已经引入了电子信息记录系统，但是还不够完善，还不能做到覆盖全国，所以随着时间银行互助养老模式在全国的不断发展，可能会出现数据不对称的问题，影响时间银行养老服务的可持续发展。

5. 制度保障与评价体系问题

我国现有的互助养老时间银行形式各异，从组织实施者角度来看，有的由街道或社区居委会牵头，有的由社会组织牵头；从管理指导者的角度来看，有的由民政部门管理，有的由精神文明办管理（夏辛萍，2017）；从经费来源角度看，有的能够获得政府少量经费支持，有的则四方求援，举步维艰。造成这一现状的主要原因在于政府没有进行有效的政策引导。除了浙江省政府在《浙江省老龄事业发展“十二五”规划》中首次明确提出建立时间银行制度，进行志愿服务储蓄，促进助老志愿服务持续健康发展外，我国至今尚未正式出台相关政策或法律来推动互助养老时间银行发展。互助养老时间银行要想充分发挥功效，获得长足发展，仅靠民间组织的力量自下而上地推动是远远不够的。必须依靠国家主导，通过制定相关的政策、法律，自上而下地全面推进时间银行建设，并运用一定的公共资源予以保障，互助养老时间银行才可能获得较好较快的发展，否则互助养老时间银行的发展将失去方向。

1999 年 6 月，南京鼓楼区倡导以规范化、制度化的运作模式推行助老服务“时间储蓄”，并出台了包含总则、服务志愿者、服务对象、管理机构 4 章 14 条的《社区助老服务储蓄》。这也成为其他互助养老时间银行制度设置的模板。然而，许多互助养老时间银行在设立之初，创设者着眼的是因养老问题引发的现实困难和互助养老时间银行有效运行的美好愿景，对于运行过程中可能出现的困境和风险未能进行有效评估。最突出的表现是，互助养老时间银行作为一种组织形式，必然涉及资金的管理、人员的管理、活动的管理，随着社会的不断发展，看似完美的制度没有做到与时俱进、不断完善更新，各种问题也会随之显现。

此外，缺少全面的评价体系，也是正在制约我国互助养老时间银行发展的不可忽略的原因之一。互助养老时间银行存储和兑换的主要内容是以时间为单位的服务，而各地互助养老时间银行针对服务内容、服务质量、服务时间的界定至今尚未形成统一的标准。在互助养老时间银行的实际运作过程中，如果单纯只用时间作为服务的计量标准，符合志愿服务“奉献”的精神内涵，但对于技术含量较高、劳动强度较大、服务质量较优的志愿者而言，极易形成懈怠心理。如果不完全以服务时间作为计量标准，那么如何区分和界定劳动强度、服务质量，就要求相关认定机构以相对统一的标准对储户的差异化劳动进行合理有效的判定。此外，当出现服务供求不平衡时，是否需要借助第三方力量予以周转，又以何种方式和标准进行转换等问题都迫切需要设置合理的评判体系，以应对出现的各种问题。

6. 其他方面的问题

在探索中不断发展起来的养老互助时间银行模式也存在其他阻碍。例如，志愿者担心付出后得不到社会的承认与回报、顶层设计不规范、专业管理人才缺失、激励机制回馈机制不完善、存取不平衡、世俗观念等社会政治因素。

3.4 进一步推进互助养老时间银行发展的思考

时间银行在我国的推广存在诸如政府支持不够、非政府部门参与程度不高、缺乏专业化服务队伍以及计量和兑换等诸多困境，探索合理有效的时间银行运作模式是值得我们思考的问题。鉴于时间银行互助养老模式在我国的发展还处于不断探索的阶段以及在发展中还存在一些问题，我们必须要采取一些针对性的措施加以突破，才能使其得到长足发展，从而发挥其积极效应。

邹振球曾在两会中提出“关于在全国推广‘时间银行’的建议”，他在建议中详细提到：①由国家民政部组织各地民政部门实地调研、座谈、研讨，对时间银行运作进行分析，总结提出较为完备的运作模式，制定规划向全国推广。②有关部门要做好制度的规划设计和运行保障，对如何参与、退出、评价、考核、奖励、惩罚等都要进行严格设计，充分听取专家学者和人民群众的意见，可以在运作过程中不断总结和完善。③政府设立一定的引导资金或专项扶持资金，委托具有较高公信力的社会组织参与，运用大数据、云计算、人脸识别、网络支付等先进技术手段，提高时间银行的信息化程度。④通过民政、社区、医院等机构了解老年人对提供和接受服务的意向需求，做好宣传解释，扩大时间银行的民意基础，让“年轻老人”打消后顾之忧，同时，通过广泛宣传、典型示范等举措充分调动“年轻老人”的积极性。⑤可以设立时间银行培训学校，先对志愿参加服务的“年轻老人”进行必要的心理素质、医护技能基础培训，考试后领到合格证方可上岗。

社区时间银行养老服务模式在国内的发展正处于优势与劣势并存、机会与威胁同在的阶段，已经受到各方的重视（韦佳杏，2016）。为了适应新的社会形势，积极应对经济新常态，养老互助的时间银行模式应依靠内部优势，积极利用外部机遇，在社会养老服务中充分发挥“拾遗补缺”的作用。面对劣势与威胁，要加强时间银行的顶层设计，明确规定试行项目的合法性、模式的运作规范、志愿服务双方的权利与义务等问题。

第一，明确时间银行的性质，提高全民意识。时间银行在我国建立之初，就有学者对其性质提出质疑，认为基于回馈而建立的时间银行改变了志愿服务事业的“无偿”本质。其实我们应该认识到，时间银行的本质就是志愿服务，志愿服务也是时间银行得以生存和发展的支柱。受中国传统文化的影响，许多人都有“未雨绸缪”的储蓄习惯和“施恩勿望报”的行善观念，人们加入时间银行的目的不一定在乎时数的积累和交换，而应该把它看成一种没有回报的志愿行为，更多的是自我价值的肯定和实现，否则将会违背时间银行建立的初衷。我们要明确时间银行的性质，并且在社会上进行宣传，形成“平等、互助”的志愿服务观念，从而提高全民意识。除此之外，应大力开发老年社区服务的人力资源，可与某些教育机构建立合作关系，培养社会工作方面的专业人才，加大专业服务人员的培训力度，提高服务人员的服务意识和水平，建设专业化的工作队伍。

第二，逐步完善时间银行的存兑和转让机制。时间银行如果仅仅把服务时间的长短作为换算的唯一标准将有失公平。如果把其他的因素也考虑进来，但是缺乏统一的换算标准，将会增加换算的难度。我国民政部发布的《老年人社会福利机构基本规范》根据老年人的身体状况，把老年人的护理等级分成三个级别：自理级、介助级和介护级。我们应该根据不同的护理等级来设置不同的存兑系数。并把存兑系数录入时间银行的信息管理系统内，志愿者在存储服务时间的时候系统能根据护理等级和存兑系数换算出相应的服务时间。现在大多数社区并不提倡志愿者将存储在时间银行的时间转让给第三人，很大程度上限制了时间银行的发展。我们应该借鉴日本 NALC 时间银行的做法，志愿者可以将存储的服务时间转让给父母、配偶和未成年子女，从而增加志愿者参与时间银行的积极性。

第三，政府部门应该提供更多的机会和空间。时间银行互助养老模式能够为居家养老和社会养老提供有效的支持，为了使该模式能够良性运行，减少其运行过程中可能出现的问题，在时间银行的发展中，政府应该扮演重要的推手，给予其一定的政策支持和制度保障。比如时间银行组织合法性的核实，服务者和被服务者双方权利义务的明确，时间银行储户时间兑换的相关规定，纠纷处理程序的规范，必要的资金支持等，这些都是推动时间银行发展的重要策略。并且在此过程中，政府应该遵循新公共服务理论，主要发挥政府的引导作用，协力而不介入，充分调动第三方社会主体的积极性，鼓励他们参与到时间银行互助养老模式中来，这样更能提高服务的质量和效率。

第四，有关责任部门进行有效的政策指导和制度保障。给予合理有效的政策引导和制度保障，保障时间银行的建立与发展秉持平等、互助、可持续的基本原则。政府应当充分发挥宏观指导作用，在整个养老政策体系的顶层设计之中，将互助养老时间银行纳入其中，并通过给予适当的政策引导和制度保障，为互助养老时间银行的发展建立良好的社会环境。

人们的认知存在巨大差异，需要通过政策和舆论进行引导，只有当公众认同互助养老时间银行的机制，其发展才会得到支持和肯定。互助养老时间银行作为一种老年人参与社会的途径，对于缓解养老压力有一定帮助，政府对于互助养老时间银行的功能应该有准确的定位，对其发展方向应该有清晰的引导。结合当前我国民政部门推动居家养老服务、大力开展标准示范化社区建设的背景，建议政府制定与互助养老时间银行组织、管理相关的政策制度，诸如对互助养老时间银行组织的合法性、资金来源、运作模式等都做出明确的规定。可以尝试以社区居委会为主导，鼓励社区居民及各类志愿者进行志愿服务储蓄，以此促进社区老年人互助养老服务和社区志愿服务相互融合，二者相得益彰，共同促进社区养老服务的持续健康发展。

有效的政策引导是互助养老时间银行获得发展的前提条件，只有制度完善，才能改变互助养老时间银行始终所处的“乡规民约”自发状态，才能保证其有效性和信誉度，才能避免一些管理上的随意和无序行为，才能确保互助养老时间银行制度化、规范化。欧美国家和地区时间银行的成功经验，可以作为我国互助养老时间银行发展的有益借鉴和参考，但由于社会制度、文化背景、现实困难不同，还应该结合我国人口老龄化实际状况，制定符合我国养老保障特点的制度。如在招募制度中，充分挖掘我国传统邻里文化中“守望相助”的精髓，增强社区居民的社区认同感和归属感，强化社区居民间互惠合作关系，在社区内倡导一种互助的理念。除了低龄健康老人外，要增强居民社区参与动力，吸纳不同年龄层次的社区居民参与，不断扩展社区志愿者队伍，确保互助养老时间银行对养老服务的有效供给。在激励制度中，着重考虑老年人的不同需求层次，整合社区内外各种资源，如将互助养老时间银行与机构养老服务结合，将机构服务纳入互助养老时间银行支取范围，对于有时间储蓄的特殊群体，经评估确认后，他们可在福利机构支取时间，以替代服务收费。

第五，完善服务评价体系，健全信息平台。互助养老时间银行的运行过程中，可能会出现各种各样的问题，科学合理的服务质量评价体系能够更好地协调互助养老时间银行储户的供需平衡，并切实保障储户的利益，即每个人的付出和回报是相对公平的（陈际华，姚云伟，2017）。互助养老时间银行要体现出较之传统的为老志愿服务的优势，必须对养老服务的需求和供给有严格统一的量化标准和操作流程，形成明确的责权利。根据目前我国开设时间银行的实际情况，储户能够储存的养老服务内容主要是以服务对象的身体功能状况所需要得到的外力支持进行划分的，因此，可以由社区工作者或专业社工机构结合当地实际情况，进一步细化社区养老服务内容或项目，制定服务满意度的评判标准，在促进储户提供力所能及的服务的同时，满足老年人不同层次的养老需求。

借鉴发达国家及我国香港地区的经验，可以建立统一的互助养老时间银行数据库，在尽可能大的范围内实现数据联网。结合当前社区信息化建设，开发与实物体系相应的时间银行管理信息系统，为互助养老时间银行管理提供技术支持。首先，信息平台的建设可以保证服务时间支取的可携带性，即保障储户可以跨时间、跨地域实现“通存通兑”。其次，根据“储户”性别、年龄、地域、职业、技能、健康状况、需求等差异实行分类管理，有利于促进储户根据个人的实际情况提供力所能及的服务，确保服务供求的有效匹配。

第六，深化资源整合，扩展志愿者队伍。时间银行的建立，在一定程度上增强了社区居民的社区认同感和归属感，而且通过这种模式建立的社区居民之间的互惠合作关系，不仅促进了社区关系网络的发展，对培育社区社会资本也有积极作用（邹辉明，2009）。因此，要充分利用这一模式，继续深入整合社区内有效资源，在社区内倡导一种互助的理念，广泛吸纳不同年龄层次的社区居民参与，让社区居民形成“今日我服务社区，明日社区为我服务”的统一思想，在完善当前的社区养老服务体系的基础上，最终形成多层次的社区服务体系，增强居民的社区参与动力。

在时间银行发展中，社区志愿者队伍的稳定性是保证时间银行模式良性运行的关键。在时间银行逐步发展的过程中，要通过不断完善社区志愿活动效益评价机制、志愿者利益保障机制、受益者志愿服务补偿机制等来鼓励社区居民和其他人员参与到志愿者队伍中来，并且要把青年志愿者作为社区志愿服务的主力军。扩展社区志愿者队伍，要特别注重年轻群体特别是高校学生的参与，时间银行是志愿服务模式的创新，创新则离不开年轻群体的加入。依托于年轻人的加入，现期已经有不少学校进行了时间银行的尝试，但是远远不够。在人口老龄化、高龄化和失能化的背景下，时间银行必须改变单纯由老年人助老的模式，转而探索和加强由青年人帮助老年人的模式，通过大力倡导和鼓励年轻人加入的方法来发展时间银行。另外，还应充分借鉴北京大学老年学研究所的创新和实践，加强促进高校学生的参与，把参与时间银行的志愿活动与高校思政课程或者课外实践相结合，促进社会代际融合（陈功，黄国桂，2017），让高校学生通过制度化的途径认识并参与到时间银行中，促进高校学生的时间银行认知度，鼓励高校学生依靠创造力加速时间银行的创新，促进时间银行的本土化发展。

3.5 本章小结

时间银行是在经济滞胀、失业增加背景下作为社区层面的一种应对策略被埃德加·卡恩所创造。其中，美国及英国的互助养老时间银行模式侧重于以医疗照护服务为特色，日本以丰富的组织文化为特色。为了积极应对人口老龄化的挑战，缓解老年人家庭照顾的压力与困难，20世纪90年代时间银行传入我国，主要应用于社区养老服务中，上海、南京、北京、广州、温州等地区通过民间互助等形式，开展时间银行互助养老服务试点，积极探索为老服务的新模式。从我国互助养老时间银行模式的发展特点和存在问题来看，时间银行在我国的推广存在诸如政府支持不够、非政府部门参与程度不高、缺乏专业化服务队伍以及计量和兑换等诸多困境，探索合理有效的时间银行运作模式是值得我们思考的问题。

第4章　互助养老引入社区时间货币的潜在需求与影响因素分析

在2018年7月举办的“中日共同应对老龄化社会：路径与未来”国际学术研讨会上，中国社科院世界社保研究中心主任郑秉文教授运用世界银行的相关数据指出，在社保设立之初，中国尚在人口红利之中，赡养比为5∶1，财政压力并不大。然而，2010年左右，中国跨过刘易斯拐点，人口老龄化开始显现，赡养比例一降再降。2016年赡养比为2.9∶1，2017年赡养比为2.73∶1，随着老龄化继续加剧，赡养比必将进一步下降，养老金所带来的隐形债务将会越来越严重，同时计划生育对人口增长的负效应也将显现。面对人口老龄化日益严峻的形势，从金融创新视角研究互助养老引入时间货币具有重要的理论价值和现实研究意义。

4.1　互助养老与时间货币相关概述

目前，我国的老年人照料负担比还处于较轻阶段，但是就未来趋势发展的情况分析，到2040年我国的老年人照料负担将处于超重负阶段，2080年，我国将成为全世界照料负担最重的国家（吴帆，2016）。随着我国人口老龄化程度不断加深，慢慢出现的各种困扰也越来越成为我国社会发展面临的重大难题，其中摆在人们面前的最大难题就是养老问题，小型化家庭及空巢老人的大量出现使养老形势更加严峻。由于人口老龄化严重，老龄人口的快速增长和我国人口结构的变化给社会中已经或者将要承担赡养义务的子女带来了时间和经济的双重负担，使得人们意识到代际反哺已经开始出现危机，只有不断探索社会养老模式才能将人口老龄化问题对家庭和社会造成的负担防患于未然。

4.1.1 互助养老与时间货币概念的提出

我国的养老模式主要由传统的家庭养老模式和社会养老模式组成。传统的家庭养老模式历史悠久，是中华传统美德的体现，但是随着“421”家庭结构的增多、大量空巢老人的出现以及生活方式的改变，家庭养老已经不能满足我国养老服务的需求。社会养老模式不断被赋予新的内容，主要包括养老保险、机构养老、社区养老等正式的社会养老模式，由志愿者以及邻里朋友等相互提供照顾的非正式的互助养老模式日益受到人们的关注。互助养老与家庭养老在劳动成果延期支付上的原理相同，都是通过代际交换实现养老行为，代际关系不仅具有表现为资源互换的功利性，更具有以亲情和利他为核心的情感性（吴帆，李建民，2010），但是在支付内容和保障方式上各不相同。家庭养老遵循“我养你小，你养我老”的传统方式，即父母年轻时为子女付出劳动和物质，等到年老时，曾经为子女付出的劳动和物质将会作为一种延期支付的媒介换取子女的照料和赡养，而这种支付方式的保障源于血缘和亲情。互助养老的支付内容和保障方式不再仅仅局限于家庭内部，而是通过整个社会的劳动代际交换，客观上需要以时间作为劳动成果延期支付的媒介，从而实现关爱老年人和缓解人口老龄化压力的目的，但是这种养老方式的保障必须来源于国家制度和社会信誉。

互助养老是居家养老的前提。首先，居家养老，就是老年人只需居住在家里，政府、社区或者服务机构会依据其具体需求提供其所需要的养老服务：包括生活日常照料、精神慰藉、文娱活动、医疗保健、法律服务等。在这些养老服务中，有些具有公益性，是政府为了照顾困难家庭而提供，不具有普遍性；由社区和服务机构提供的大多是付费服务，这在一定程度上阻碍了居家养老的推广，对化解我国老龄化难题没有比较明显的帮助。但是，如果在居家养老中加入互助的因素，互助养老就会有很大优势。首先，老人居住在家，既能享受到子女的日常关心和照顾，又能在子女不在身边时享受到以时间货币作为媒介的社区邻里的友好帮助。其次，引入存储时间货币这一激励机制，真正实现了“互助”。这一养老模式很大程度上消除了由于付费服务带来的阻碍，带动了老年人的使用热情，提高了老年人的社区参与性。

互助养老引入时间货币是应对人口老龄化的一种金融创新。时间货币这一概念的灵感来源于世界各地曾经或者正在应用着的社区货币和应用于世界各地的时间银行中的时间币的概念，最早由美国耶鲁大学埃德加·卡恩教授提出。在互助养老模式上，时间货币是一种交易媒介。时间货币将社区里闲置的人力资源和老年人的日常照顾服务需求联系起来，有效地化解了由于人口老龄化产生的高龄老人的照护问题。时间货币是一种价值尺度。传统的金钱货币是用来衡量一般等价物的价值尺度，但是时间货币是单纯用来衡量劳动服务时长的价值尺度，每个人提供的互助居家养老的日常服务劳动不分高低贵贱，都是等价的，可以避免因不同劳动具有不同价值而产生的计量麻烦，但在实际交易中，老人可以视情况决定具体支付额度，这有效地促进了社会养老代际交换。居家互助养老以时间货币作为劳动成果延期支付的媒介（陈功，杜鹏，陈谊，2001），并且这种养老方式的保障来源于国家制度和社会信誉。时间货币具有储藏功能，向老年人提供服务从而获得时间货币的人实质上是将自己现有的日常生活照护能力转化成了时间货币并储存起来，以备未来丧失了劳动能力时可以与提供服务的年轻人进行交换，从而提高人们对社会养老代际交换的信心，激发人们参与到居家互助养老这一社会性活动的热情。

以时间货币为媒介的互助养老给社会养老提供了新思路，为缓解我国养老负担指出了新方向。老年人支付相应时长的时间货币给提供日常照料服务的人，提供服务的人可以将所得时间货币存入本人时间货币账户中以备未来使用，也可以用来赠与他人，这种方式是对养老模式的创新，不但在一定程度上解决了我国养老资源稀缺的问题，而且必将会是我国未来养老保障体系的重要组成部分。人口老龄化的核心是养老问题，而养老的实质就是代际转移——代与代之间现金、服务与除现金外的资产的交换（陈功，徐铭蔚，王佳，2012）。一般认为，代价转移包括经济转移和时间转移。经济转移包括货币、实物和不动产，时间转移则包括家务劳动和生活照顾。传统意义上的代际转移主要发生在子代与父辈之间，除了父母对子女的向下转移，还包括子女对父母的向上转移，本章探讨的是互助养老问题，因此主要涉及代际转移中的向上转移概念。如果代际转移在家庭内部完成就是家庭养老，在整个社会中完成就是社会养老，现代社会中的社会保障制度就是社会范围内的经济转移，即社会养老中的经济转移。拿农村人口为例，以新型农村养老保险为基础的社会养老对家庭养老具有一定程度的替代作用，但是目前来看效果有限（张川川，陈斌开，2014）。家庭内部的时间转移是以血脉和亲情来维系的，而社会养老中的时间转移客观上需要以时间货币为媒介，靠制度和社会信用来保障。因此，为了应对人口老龄化问题，代际时间转移的对象范围应该不断扩大，必将扩展到整个社会，使其可以发生在低龄老人与高龄老人之间、邻里之间甚至是陌生人之间，进而使其社会意义更加广泛。

如何实现在整个社会范围内的时间转移，这是老龄社会亟待解决的重大课题。如果时间转移仍然以金钱货币为媒介，必然增加金钱货币的压力，增加政府的财政负担。根据社科院世界社保研究中心主任郑秉文教授的数据，1998—2015 年社保财政补贴高达 2. 5 万亿元，仅有 9000 多亿元来自于缴费。到了 2016 年，财政补贴高达 4190 亿元。当今社会，人们习惯于接受单一货币，但当单一货币面临较大压力或成本过高时，发行另一种货币与金钱货币并存可能是较为理想的一种选择。老龄化时代客观上需要发行另外一种真正意义上的货币作为社会互助养老服务的交易媒介和储蓄媒介，以推动社会互助养老服务的可持续发展。由此，时间货币就像一块“敲门砖”，打开了禁锢已久的代际转移之门。为实现时间转移走出家庭在整个社会范围内进行，时间货币冲破了上述养老模式的限制，一种新的社会养老方式——互助养老模式应运而生。在互助养老中，时间货币是作为时间储蓄的一种体现形式，也是对提供养老服务者的劳动成果进行延期支付的一种媒介。因此，互助养老服务可以由低龄老年人提供给高龄老年人，也应该尽量吸引全社会加入进来。

4.1.2 互助养老国内外发展的现状

目前的互助养老模式大多依托于时间银行。20 世纪 80 年代，时间银行由美国学者埃德加·卡恩提出，被定义为利用自己对别人一个小时的善举赚取一个单位的时间货币，从而换来别人对自己一个小时的帮助，以时间换取时间，在此基础上，他创造性地提出了“时间美元”的概念，后来演化为时间银行。

1. 国外的发展现状

目前时间银行下的互助养老模式已经在全世界很多国家有所应用，比如美国、日本、英国等，这些国家时间银行下的互助养老模式在管理模式和运作方式上都比较成熟，其成功经验值得国内时间银行学习和借鉴。第一，这些国家的时间银行下的互助养老模式都建立了较为完善的网络平台，拥有一整套明晰的平台运作流程，政府起主导作用并且有相应立法以保障时间银行下的互助养老模式有序、持久和有效地进行下去。第二，时间银行设立行长和专职雇员，这些工作人员通过设立的网络平台对互助养老模式下的日常服务进程进行管理和控制，他们也可以根据服务需求者的信息匹配符合要求的服务提供者。第三，时间银行下的互助养老模式有严格的规则支撑，包括经费来源、人员专业技能培训和互助双方的权利和义务。第四，有稳定的、多样化的资金支持，资源主要集中于医疗看护方面，能够帮助减轻社区老年人的医疗负担。

但是这些国家在互助养老模式的具体操作中各有特色。美国时间银行下的互助养老模式比较重视提供医疗服务，主要侧重的服务对象为社区中经济方面处于弱势的老年群体，达到减轻这些老年人的医疗负担的目的。美国密苏里州的时间银行的主要服务项目为社区低高龄老年人之间的临时照护，照护时长一般在 6 小时以内，低龄老年人可将提供服务得来的时间积分用于自己或者家人日后的照护服务。英国的互助养老模式以时间银行开展各项互助服务，主要侧重于医疗互助服务的供给。RGTB 是英国时间银行中提供医疗互助服务的典范，其有专业水平超高的医疗团队为社区老年人提供医疗互助服务。英国的莱西格林时间银行也重视医疗互助服务，但侧重于提升孤独患者的自我效能感，使其通过参加时间银行的团体活动发现自身的社区或者社会价值。不难发现，美国和英国的时间银行下的互助养老都侧重于医疗照护服务，但各有侧重点，且都重视服务提供者的专业知识培训。日本时间银行下的互助养老模式注重老年人的精神生活，通过开展老年研讨会、讲座等内容丰富的活动，提升老年人的生活质量和丰富老年人的生活方式。NALC 是日本以时间银行为基础建立的较大的全国性志愿互助组织，是日本时间银行下互助养老的典范，但与英美两国的时间银行不同，NALC 会根据服务的难度和质量赋予不同的积分。

2. 国内的发展现状

近年来，尽管时间银行下的互助养老模式在我国的应用还不普遍，但是已经有很多城市应用时间银行和“时间储蓄”的概念在探索新型的养老模式，并且在一些典型的应用案例中，我们发现，互助养老模式在我国的应用和发展有其独特的本土化创新。上海市虹口区晋阳居委会率先利用“时间储蓄”的概念建立起了时间银行，鼓励低龄老人利用闲暇时间和健康的体魄为高龄老人提供日常照料服务，使低龄老人意识到此时储蓄的时间货币就是对其未来的养老需求的未雨绸缪。北京市朝阳区松榆里小区是北京市率先利用“时间储蓄”的小区，使很多老人从中得到了精神慰藉。广州市越秀区在学习和总结了国内外关于“时间储蓄”的实例和经验后，积极探索和思考，建立“爱心银行”，是广州市内率先将“时间储蓄”的思想应用于缓解社会养老资源短缺问题上的社区，有效开发了老年人力资源。在“爱心银行”的具体操作中，社区还建立了关于服务时长、时间兑换标准、服务对象和内容以及服务经费和服务流程等内容的详细规定。上海市的时间银行成立于2014年，以O2O的方式吸引社会各界参与其中共同关爱空巢老人。上海时间银行有别于一般的时间银行，具有很多创新点，首先，参与者不但可以获得荣誉还可以得到利益，这种双驱动和互惠互利的模式将养老推向了一个新的高度。其次，上海时间银行借鉴企业管理模式，以传统时间银行为基础，优化了组织机构体系、互联网体系、志愿服务体系和时间币体系等。最后，上海时间银行创新性地建立了国内领先的IT运营平台，可以通过完整的时间币兑换体系进行时间币交易。将服务时间转化为时间币进行电子存储，保证用户间的公平交易，从而达到邻里互助之目的。在广州市A区的时间银行的运营和管理中，广州市A区时间银行采取时间币总量恒等的公式进行管理：时间币总量=专用账户存款+库存物资；且时间币的管理上，运用与传统银行相类似的专业级银行会计信息系统，从而使得时间币的安全性得以保障；另外，该时间银行的保证金系统成为能够确保服务高质量完成的坚实后盾（卢晓琳，2017）。时间银行作为一个第三方的时间储蓄平台，是社区互助养老的核心，也是在社区居民互助服务中双向激励制度形成的纽带。这种社区的循环互助养老模式是一种适度"嵌入型"的养老模式，不但满足了老年人的老年服务需求，而且最大限度地保持了老年人的社会参与性和独立性（孟艳，任飒，卞儒汉，2016）。

由此发现，国内有很多城市已经利用"时间储蓄"来解决养老问题，不论是在时间储蓄概念中还是在时间银行的应用中，时间货币都是具体的交易媒介，是真正连接需求和服务的纽带。时间货币在未来的应用中同样具有很广阔的应用前景。另外，结合我国已经实施时间货币进行互助养老的案例，有学者调查发现，这些社区具有几个共同点：首先，老年人在社区中占有较大比例，时间货币需求明显；其次，应用时间货币进行互助养老的社区大多都在老城区，邻里之间具有一定的亲情基础。再次，这些社区是将以往的帮扶形式套上"时间储蓄"的概念来提供养老服务。最后，社区居委会干部非常负责任，具有较高的威信和群众基础，从而可以促进时间货币应用的推进工作顺利进行（陈功，杜鹏，陈谊，2001）。然而在以上的案例中，即使社区时间银行运营状况良好，也会出现很多问题，首先是时间货币的计量问题，不同强度和质量的服务项目怎样合理配置时间货币时长才能使交易双方都能满意；其次是时间货币通存通兑问题，记录在不同社区、不同城市甚至是不同省份的时间货币如何有效兑换；最后是时间银行如何在较长时间跨度上合理且有效的运营问题。所以，时间银行下的互助养老模式还有很长的探索之路要走。

4.1.3 互助养老的社会效应分析

上述提到的时间银行下互助养老模式在国内外的发展现状可以发现，互助养老模式通过老有所为、互助互惠、积极老龄化，为老年人的晚年生活增添了色彩和价值，给予了老人发挥自身优势并实现社会价值的机会，同时减轻了家庭的生活负担，达成了高效的社会效益，在个人、家庭、社会三个层面起到了积极的作用。

1. 个人层面

随着时代的发展，我国的医疗条件、教育水平和社会保障逐步健全并不断完善，生活条件不断变好，所以老年人的身体状况和知识储备也较以往有所提升。虽然人口老龄化确确实实给社会带来了负担，但是老年人有自己的优势，其人生阅历、生活经验和闲暇的时间是这个社会宝贵的资源。所以在互助养老模式中，每位老年人都有机会进行角色转换，避免在步入老年队伍时中断其担任发挥社会价值的角色。老年人较强的社会参与意愿对其自身的健康和精神状态具有很大的积极作用，尤其对于刚刚步入老年队伍的老人来说，社会参与意愿更强。主要因为：第一，刚退休的老年人还没有与社会脱节，关于社会生活的知识储备较多；第二，这些老年人不能很快适应没有事情做的日子，渴望继续发挥自身价值，为社会做贡献；第三，这些老年人身体状况、心理状态都比较年轻化，有条件为高龄老人带去日常照护。可以看出，积极老龄化不单是社会的需要也是老年人的主动需求。

2. 家庭层面

中国老龄科学研究中心于2015年进行的“第四次中国城乡老年人生活状况抽样调查（个人问卷长表）”中问到，如果老年人需要照料，最希望接受照料的地点是哪里，结果显示，82.89%的老年人希望在家里接受照料，1.96%的老年人希望白天在社区，晚上回家，3.88%的老年人希望在养老机构，还有11.27%的老年人不确定，视情况而定。总体来看，老年人还是依赖家庭模式的养老。调查显示，大部分老年人是脱离子女生活的，而老年人的主要照料者除了配偶就是家庭子女，这说明老年人不能最大限度地接受来自家人的照顾，并且随着第一代独生子女父母步入老年，家庭照顾将面临巨大挑战。因此，对老人的家庭来说，互助养老模式既可以满足子女陪伴、照顾老人的需求，又不会造成过重的机构养老的经济负担，成为子女们的首要选择。

3. 社会层面

目前，我国人口老龄化严重，老年抚养比加快上升，中青年群体的压力倍增，这种情况很容易导致中青年群体产生消极的缴费情绪，加重老年群体的孤独感和无用感。而互助养老模式的出现是积极老龄化的有效途径，为社会养老保障系统添砖加瓦，重新整合了老年人力资源，提高了时间这一稀缺资源的配置效率，尤其是充分利用了健康的低龄老年人的闲暇时间，使老年群体之间形成一个循环互助养老照护系统，大大减少老龄化给社会造成的负担。此外，互助养老模式可使人们重新认识自立互助和志愿精神，使年轻一代通过老年群体的互助养老模式更深层次地理解人生的价值和意义，从而带给整个社会一种乐观向上、其乐融融的生活氛围。

4.2 互助养老引入社区时间货币的潜在需求分析

我国对互助养老的研究起步较晚、主题分散、视角单一并缺乏实证研究，国内文献的研究对象主要是空巢老人、独居老人和留守老人（张云英，张紫薇，2017），在现有文献中，直接针对类似于时间货币这一互助养老交易媒介实证研究的较少，从侧面进行实证分析的有一些。比如，有学者从老年人社会参与角度出发，研究城市老年人对时间储蓄的知晓度和参与意愿，研究结果显示，城市老年人在时间储蓄的知晓度和参与意愿上存在年龄差异和地区差异（史薇，2014）。我国城市退休的健康老年人的时间银行参与意愿较高，但是也受年龄、性别、教育程度、居住方式、婚姻状况等因素的影响（丁志宏，杜书然，裴臻，2018）。与以往文献不同的是，本章从时间货币的潜在需求上进行测算：高龄老年人对时间货币具有需求，以用来支付给低龄老年人提供的养老服务；低龄老年人对时间货币具有需求，以备未来换取相应时长的养老服务。本章认为，老年人养老服务项目的需求和社会活动参与意愿强度共同构成时间货币的潜在需求（见图 4-1）。

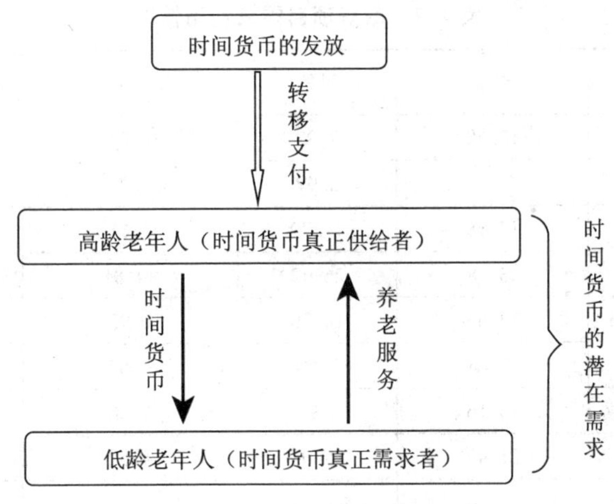

图 4-1　时间货币的潜在需求示意图

本章使用的是由中国老龄科学研究中心于 2015 年进行的“第四次中国城乡老年人生活状况抽样调查（个人问卷长表）”统计得来的数据。这项调查覆盖的范围是全国除港澳台以外的 31 个省、直辖市和自治区，主要调查对象为 60 岁以上的老年人。本章使用其中 10%的调查数据，共 2271 个样本。为了将调查数据的作用发挥到最大，本章将利用全部的样本信息，从两个方面简单地分析时间货币的潜在需求。第一部分主要是老年人的个人基本情况：包括服务项目需求利用情况、居住方式、主要照料者、期望照料地点等。第二部分主要是老年人的社会参与情况：参加公益活动、社会团体组织以及针对老年人自身的几种观点的赞同情况等。通过对两个角度的简单数据的分析，我们可以发现，总体上，我国老年人具有较大的养老服务需求和较强的社会参与意愿，这为互助养老的发展提供了数据支持。

4.2.1 从养老服务需求的角度看时间货币的潜在需求

表 4-1 列出了 9 项养老服务项目的供给以及在老年人中的需求和利用情况，并且给出了老年人在有需求的情况下对各项养老服务项目的利用情况，由此可以全面反映接受调查的老年人的需求和满足程度。

表 4-1 服务项目需求利用情况 (%)

服务项目	需求	供给	利用率	有需求的利用率
助餐服务	13.58	7.92	0.73	4.7
助浴服务	9.83	3.99	0.36	3.26
上门做家务	17.28	11.79	1.65	8.44
上门看病	43.28	26.42	14.81	30.65
日间照料	14.63	10.36	0.93	5.63
康复护理	17.08	7.90	0.67	3.48
老年辅具用品租赁	10.16	4.94	0.36	3.15
健康教育服务	21.43	15.07	4.57	18.94
心理咨询/聊天解闷	19.30	10.16	2.48	11.37

从表 4-1 可以看出，就需求方面来说，上门看病的需求最大，需求率远远超过其他几项服务，而且总体看来，这几个养老服务项目的需求均大于供给，除上门看病的利用率为 14.81%以外，其他服务项目的利用率很低。同样的，除了上门看病，老年人在有需求的情况下接受了相应项目服务的比例相对较低。这里健康教育服务和心理咨询/聊天解闷的比例分别为 18.94%和 11.37%，均超过了 10%，说明老年人在这两方面有较高的需求。总的来说，老年人对社区提供的养老服务项目有较高的需求，只是对不同服务项目的需求情况存在差异。另外，考虑到老年人会根据自身或者家庭的经济状况以及受到“节俭”等因素的影响，老年人对服务项目的需

求比例可能存在一定程度的低估。与以上需要付费的项目相比，以时间货币为媒介的互助养老可以消除人们在经济上有较大付出的忧虑，因此，单从这一方面可以发现，在较高的服务项目需求情况下，以时间货币为媒介的互助养老模式具有很大的发展空间，互助养老可以侧重发展医疗保健、康复护理和精神慰藉方面的养老服务，并对服务提供者进行专业知识培训。

表4-2显示，在老年人的居住方式上，只有与配偶居住和与小辈居住占比较高，尽管与小辈居住比例达到45.66%，但是独居和只有与配偶居住两种方式的占比之和为51.21%，说明大部分老年人是脱离子女而生活的。这种居住方式特点与表4-3显示的老年人主要照料者的情况一致，老年人大部分是配偶之间进行日常照料，其次是儿女照料。老年人的照顾形式单一。另外，老龄化问题的加重也使得老年人照顾自己父母的问题变得更加严峻，有调查发现，我国的老年人照顾自己父母的比例为8.9%，由于时间和居住地的限制，照顾父母往往使其力不从心，在一定程度上有可能导致老年人的抑郁（黄国桂，杜鹏，陈功，2017）。从表4-2显示的居住方式来看，与父母居住的老年人只有0.84%，根据时代发展的特点，我们可以认为未来社会将会有更多的老年人与子女分开居住，那么选择独居和与配偶居住的老年人的比例也将会上升，这必将导致老年人照护问题的出现，而互助养老模式可以化解老年人对未来自身照护问题的担忧。

表4-2 老年人居住方式

居住方式	人数	百分比（%）
独居	299	13.17
只与配偶居住	864	38.04
与父母居住	19	0.84
与小辈居住	1037	45.66
三代或三代以上同住	31	1.37
与其他人同住	21	0.92
总计	2271	100

表 4-3　主要照料者情况

主要照料者	人数	百分比（%）
配偶	141	41.47
儿子	93	27.35
儿媳	42	12.35
女儿	40	11.76
女婿	4	1.18
孙子女	3	0.88
其他亲属	4	1.18
家政服务人员	9	2.65
养老机构人员	4	1.18
总计	340	100

本次调查数据显示，绝大多数老年人不需要照料，生活能够自理，只有15.14%的老年人需要照料，在需要照料的老人中，年龄为75岁及以上的老年人占59.95%，教育程度为小学及以下的老年人占75.60%，没有职称的老年人占90.72%。说明年龄、教育程度和职称均会影响老年人的日常照料服务需求，且年龄越大、教育程度和职称越低的老年人越需要日常照料服务。在调查的选项里，朋友/邻居、志愿人员、社区工作人员和医疗护理机构人员均没有入选，但是由于抽样调查的数据的特点，所以这里不能绝对地认为所有的老年人都没有接受过以上提到的朋友邻居等人员的照顾（表4-3）。从而进一步发现，朋友邻居、志愿人员、社区工作人员和医疗护理机构人员这样的非亲属照料者在老年人的主要照料者中确实占据少数地位。所以结合老年人养老服务需求情况以及我国不断出现的小型化家庭这一背景，我们发现，存在较大需求的服务项目是家里人不能充分给予的，比如上门看病和康复护理等项目，需要较强的专业需求，即使是家里小辈可以做到的项目，也会因为工作等原因没有时间最大限度地满足老年人的照顾需求。由时间货币作为媒介的互助养老模式有很大的发展空间，老年人之间可以进行互相照护，既减轻了高龄老人子女的负担，又充

分利用了低龄老人的闲暇时间。

表 4-4 显示的是如果老年人需要照料，最希望接受照料的地点。82.89%的老年人希望在家里接受照料，1.96%的老年人希望白天在社区，晚上回家，3.88%的老年人希望在养老机构，还有 11.27%的老年人不确定，视情况而定。总体来看，无论是居住方式、主要照料者还是希望的照料地点，老年人还是依赖家庭模式的养老，由于上文提到的老年人居住方式特点和主要照料者情况，老年人不能最大限度地接受来自家人的照顾，并且随着第一代独生子女父母步入老年，家庭照顾将面临巨大挑战，这就产生了需求与供给的矛盾。1989 年英国颁布《社区照顾白皮书》，白皮书中介绍了最适合老年人的照顾和生活方式：首先，老年人应该居住在环境熟悉的家里或者是类似于家的环境里，使老年人尽可能地维持一直以来的正常化的生活方式。其次，在老年人保持独立自主的情况下，给予其充分而又适当的协助，将老年人自身的潜能发挥到最大。最后，老年人应该对自己的生活方式和需要的养老服务拥有充分的自主性。由此可见，互助养老模式高度遵从了老年人的意愿，并赋予了老年人较大的选择权和决定权。互助养老模式的前提就是居家，就是老年人在家里或者社区内接受养老服务，时间货币的需求者与供给者就是养老服务的供给者和需求者，这样老年人的照料者就不会仅限于家庭成员，上文提到的矛盾就在一定程度上迎刃而解了。

表 4-4　老年人最希望在哪里得到照料

照料地点	人数	百分比（%）
在家里	1860	82.89
白天在社区晚上回家	44	1.96
在养老机构	87	3.88
视情况而定	253	11.27
总计	2244	100

通过对 2010 年“中国城乡老年人口状况追踪调查”的城市老年人数据分析，我们发现城市老年人对于居家养老的各项服务需求很高，但是却

不能得到满足，调查显示，选择居家养老受多方面的因素影响（王琼，2016），但是，这其中最重要的因素就是经济因素，无论是经济社会地位高还是经济条件一般的老人，都会在居家养老上选择保守消费。然而，互助养老的应用无须使用金钱消费，只是利用“时间经济”的概念在老龄圈形成一个循环互助的养老照护系统。研究发现互助养老在城市老年人中的知晓度和参与意愿不高（史薇，2014），但是随着近几年社会对养老模式的不断探索，再加上政府和媒体的大力宣传，老年人对互助养老都会有更进一步的了解。

4.2.2 从老年人的社会参与角度看社区货币的潜在需求

近年来，有不少学者从老年人的社会参与角度研究老年人如何更好地融入社会。有学者提出“社会参与是指参与者在社会互动过程中，通过社会劳动或社会活动的形式，实现自身价值的一种行为模式”，并且提出社会参与包括三个方面：第一，社会参与是社会层面的；第二，社会参与是与他人联系的；第三，社会参与是体现参与者价值的。在互助养老中，老年人的社会参与表现为将自己的人力资源和时间资源贡献给他人，从而实现自我价值和社会价值。所以探究老年人的社会参与情况有助于我们了解互助养老的潜在需求（见表4-5）。

表4-5　社会参与角度的社区货币潜在需求

观点	赞同人次	百分比（%）
针对老年人自身的几个观点		
老年人应该发挥余热，参与社会发展	1233	22.34
老年人就应该享受生活，得到家庭和社会供养	1205	21.83
老年人是家庭的负担	183	3.32
老年人是社会的负担	215	3.89
老年人是国家和社会的宝贵财富	901	16.33
老年人应该自强自立，尽可能不给子女和社会添麻烦	1782	32.29
总计	5519	100

续表

观点	赞同人次	百分比（%）
是否参加公益活动		
维护社区治安	232	9.24
帮助协调邻里纠纷	446	17.77
维护社区卫生环境	497	19.80
帮助邻里	922	36.73
关心教育下一代	343	13.67
参加文化科技推广活动	70	2.79
总计	2510	100
是否参加组织或团体		
社区治安小组	63	17.12
人民调解委员会	48	13.04
社会公益组织（志愿/慈善等）	50	13.59
文体娱乐组织（书画/歌唱/舞蹈等）	89	24.18
民俗/民间文化组织	53	14.40
专业技术团体或组织	9	2.45
老年合作组织（自愿养老团体/老年经济组织等）	47	12.77
其他组织	9	2.45
总计	368	100

表 4-5 中的问题在调查问卷中都是多选，所以各表列出的是人次情况。表 4-5 中主要包括三个方面：针对老年人自身的几个观点，是否参加公益活动，是否参加组织或团体，反映了老年人社会参与的总体情况。

调查显示，绝大多数老年人认为他们应该自立自强，尽量不给子女添麻烦，他们赞同老年人应该积极参与社会发展，与此同时还应该得到老年人应该得到的来自家庭和社会的照顾。老年人的观点反映了他们社会参与意愿的程度，总体来看，老年人的社会参与意愿很强烈。

从参加公益活动和组织或团体方面看，参加公益活动的人数较多，占比较大，其中，帮助邻里，维护社区卫生环境和帮助协调邻里纠纷比例相对较高，说明老年人的社会参与主要表现在公益活动上，且主要活动范围体现在邻里之间和社区内部。但是，两项调查结果显示，持有的样本中分别有 1137 人和 1999 人并没有参加任何项目，这反映出老年人的实际社会参与度并不高，这与表 4-6 中提到的老年人的观点赞同度出现反差。社会参与意愿与实际参与度不符，说明老年人缺少可以将其社会参与意愿和实际参与行动搭建起来的平台和制度。

互助养老模式需要老年人的积极参与和密切配合，老年人的社会参与程度会对老年人的健康状况和生活满意度产生积极的影响，因此，这里要考虑老年人的社会参与情况是否影响老年人对互助养老服务的需求。有学者指出，城市老年人获取社会资源、参与社会生活的主要社会场所和现实落脚点是社区（李宗华，高功敬，2009）。所以我们可以认为，老年人越愿意参加社区或者社会团体组织的集体活动，说明其社会参与意愿越高，那么其愿意选择居家互助养老的可能性就越大，尤其对于低龄老年人来说，其愿意利用闲暇和劳动为高龄老年人提供服务的意愿就越大。

目前，应对人口老龄化问题的平台和制度有很多，随着社会的进步也会有更多的创新。但是，目前摆在我们面前的一个最直接并且前景广阔的平台就是基于时间银行的互助养老模式，其以时间货币为媒介，以社区为依托，低龄老年人只需要利用其闲暇的时间对高龄老年人进行日常照料，就可以获得相应时长的时间货币，用来支付其日后的照料服务。这既使老年人的社会参与意愿在现实中得以实现，满足了老年人自立自强的愿望，又减轻了老年人所在家庭的养老负担，具有强大的社会意义。

4.3 社区时间货币潜在需求的影响因素分析

本章主要探讨的是以时间货币为媒介，以时间银行为依托的互助养老模式的潜在需求和影响因素，但是现实中无法获取具体而又完整的时间货币的实际交易情况，居家养老服务项目的需求以及志愿性和公益性的社会参与意愿又能在很大程度上反映目前我国老年人的日常照料需求情况和互助养老模式发展潜力，因此使用中国老龄科学研究中心于 2015 年进行的第四次中国城乡老年人生活状况抽样调查（个人问卷长表）得来的数据进行潜在需求及影响因素的实证分析。

由于时间货币的需求和供给分别对应于服务项目的供给和需求，而服务项目的供给和需求共同构成对时间货币的总体需求，本部分将对时间货币的潜在影响因素进行实证测算，本章从时间货币的总体需求上进行测算：高龄老年人对时间货币有需求，以用来支付给低龄老年人提供的养老服务；低龄老年人提供服务体现出对时间货币具有需求，以备未来换取相应时长的养老服务。本章认为，老年人养老服务项目的需求和社会活动参与意愿强度共同构成时间货币的潜在需求，因此本部分的实证分析也相应地从两方面出发：第一，潜在需求在养老服务项目中的影响因素分析；第二，潜在需求在社会参与角度的影响因素分析。我们首先用二元选择模型分析老年人对9项不同方面的养老服务项目的需求，从而分析时间货币作为服务的媒介在老年人中的需求程度。然后用普通最小二乘回归模型分析老年人带有志愿性和公益性的社会活动参与的影响因素，进而分析以时间货币为媒介的互助养老在目前老年人的社会参与情况下的发展潜力和发展动力。与市场经济类似，时间经济中互助养老模式下时间货币的供给和需求也应该由老年人的养老服务需求和供给共同决定。本部分探讨的内容可以作为有关部门进行养老服务项目设置以及相关专业知识培训的重要参考。

4.3.1 变量选取和描述性统计

4.3.1.1 因变量选取

1. 居家服务项目需求

由表4-1可知，第四次中国城乡老年人生活状况抽样调查（个人问卷长表）共涵盖9项社区老年人养老服务项目的供需和利用情况，根据国务院办公厅印发的《社会养老服务体系建设规划（2011—2015）》，本次调查的服务项目中，助餐服务、助浴服务、上门做家务和日间照料属于生活照料方面的服务，上门看病、康复护理和老年辅具用品租赁属于医疗保健和康复护理方面的服务，健康教育服务和心理咨询/聊天解闷属于精神慰藉方面的服务。本章将这 9 项养老服务项目作为因变量，且因变量的取值只有 1 和 0，因此选用 logit 模型。

2. 社会参与意愿的需求

互助养老模式需要老年人的积极参与和密切配合，老年人的社会参与程度会对老年人的健康状况和生活满意度产生积极的影响，因此，这里要考虑老年人的社会参与情况是否影响老年人对互助养老服务的需求。老年人获取社会资源、参与社会生活的主要社会场域和现实落脚点是社区（李宗华，高功敬，2009）。老年人越愿意参加社区或者社会团体组织的集体活动，说明其社会参与意愿越高，那么其愿意选择居家互助养老的可能性就越大，尤其对于低龄老年人来说，其愿意利用闲暇和劳动为高龄老年人提供服务的意愿就越大。当然，志愿服务意愿也是反映老年人是否愿意选择互助养老的一个重要因素。现如今，老年志愿者已经成为志愿活动当中不可或缺的一部分，其志愿活动大多基于社区层面，又因为互助养老以社区为载体，因此，将志愿服务意愿作为衡量老年人是否愿意参加互助养老的一个重要因素是非常必要的。因此，本章将带有志愿和公益特征的社会参与活动进行赋分，并且将加总后的得分形成新的变量——社会参与得分，分数越高表明志愿服务参与意愿越强烈。然后将该变量作为因变量进行回归，分析影响社会参与的影响因素，从而进一步分析时间货币需求的可能影响因素（见表 4-6）。

表 4-6　社会活动参与意愿的赋分标准

赋分变量	赋分标准（分）
经常往来的亲属/朋友人数	1 人=1
	由调查数据决定，没有上限
现在是否还在从事有收入的工作？	“是”=1
	“否”=0

续表

赋分变量	赋分标准（分）
您与邻居关系属于哪种情况？	“不了解”=1　“仅限于打招呼”=2
	“必要时相互帮助”=3　“经常走动”=4
经常参加以下公益活动吗？	1 项=1
	将每个个案参与公益活动项目汇总
参加下列哪些组织或者团体？	1 项=1
	将每个个案参与组织或团体项目汇总
您是否愿意帮助社区有困难的老年人？	“是”=1
	“否”=0
老年人应该发挥余热，参与社会发展	“是”=1
	“否”=0
老年人是国家和社会的宝贵财富	“是”=1
	“否”=0
老年人应该自立自强，尽可能不给子女和社会添麻烦	“是”=1
	“否”=0

4.3.1.2　自变量选取及描述性统计分析

（1）身体机能：慢性病种类和年龄。由于年龄的增长和生活环境的变化，中老年群体易患有慢性病，而慢性病常伴有并发症，严重时很可能导致残疾（宋新明等，2013），这无疑给我国应对不断加深的人口老龄化带来了严峻考验，因此，本章将慢性病作为衡量老年人身体机能的一个因素，根据样本将慢性病分为 3 组：无慢性病、1~3 种慢性病和 4 种或以上慢性病。另外，老年人的年龄越高，其身体机能也会相应衰退，对养老服务项目的需求也就越大，本章参考已有文献将年龄分成 6 组，每 5 岁为一个年龄段。

（2）经济社会地位：家庭人均年收入、是否存有养老钱，是否有房产、是否党员、职称和受教育程度。老年人在经济情况和社会地位方面的差异是影响其是否选择社区养老服务项目的重要因素，经济条件好的老年人其消费能力相对较高，而社会地位的高低也会反映老年人在医疗护理方面是否有社会或单位为其提供保障。

（3）家庭因素：儿子数量、女儿数量、居住方式和子女孝顺程度。由于儿子和女儿在家庭中扮演的角色有所不同，一般认为，女儿会给予父母更多的精神慰藉，而儿子给予父母更多的是日常照料和经济上的付出。所以，子女数量也会是影响老年人如何选择养老服务和是否愿意参与社会活动的重要因素。由上文分析发现，老年人的居住方式以与配偶居住和与子女的家庭居住为主，而且主要是配偶之间进行日常生活照料，传统的家庭养老模式和当前的居住方式已经开始出现矛盾，老年人的养老需求自然也会发生一定的变化。子女的孝顺程度也会影响老年人对服务项目的选择，但是选择的方向是不确定的。因此，表 4-7 为本章变量的简单描述性统计。

表 4-7　变量的简单描述性统计

变量	均值	标准差	变量	均值	标准差
身体机能（患慢性病种类）			文化程度		
无慢性病	0.1611	0.3677	未上过学	0.2789	0.4485
1~3 种	0.7323	0.4428	小学	0.4064	0.4913
4 种或以上	0.1065	0.3086	初中	0.1992	0.3995
年龄			高中/中专/职高	0.0783	0.2688
60~64 岁	0.3415	0.4743	大学专科	0.0233	0.1508
65~69 岁	0.2117	0.4086	本科及以上	0.0139	0.1170
70~74 岁	0.1701	0.3758	家庭因素		
75~79 岁	0.1280	0.3342	儿子数量	1.5210	1.0601
80~84 岁	0.0998	0.2998	女儿数量	1.4400	1.1661
85 岁以上	0.0488	0.2155	居住方式		
经济社会地位			独居	0.1325	0.3391
家庭人均年收入	1.4379	1.6102	只与配偶居住	0.3827	0.4862

续表

变量	均值	标准差	变量	均值	标准差
是否有养老存款	0. 3428	0. 4747	与父母居住	0. 0085	0. 0918
是否有房产	0. 6567	0. 4749	与小辈居住	0. 4530	0. 4979
党员	0. 1249	0. 3307	多代同堂	0. 0139	0. 1170
职称			与其他人同住	0. 0094	0. 0965
没有	0. 9123	0. 2830	子女孝顺程度		
技术员级	0. 0148	0. 1207	孝顺	0. 8245	0. 3804
初级职称	0. 0134	0. 1151	一般	0. 1656	0. 3718
中级职称	0. 0354	0. 1847	不孝顺	0. 0098	0. 0988
高级职称	0. 0242	0. 1536	其他因素		
			男性	0. 4852	0. 4999
			样本个数	2234	

4. 3. 2 时间货币潜在需求影响因素的实证分析

4. 3. 2. 1 潜在需求在养老服务项目中的需求影响因素分析

本章将老年人对养老服务项目的需要取值为 1，不需要取值为 0，因此，在这部分选择 logistic 回归分析，为二值结果模型。根据多重共线性结果显示，每一项的方差膨胀因子都没有超过 3，平均的方差膨胀因子为 1. 40，都远小于临界值，说明变量间不存在多重共线性。表 4-8 是时间货币供给方面的估计结果。

表 4-8 互助养老潜在需求——社区养老服务项目需求的 logistic 估计结果

变量	助餐服务 (1)	助浴服务 (2)	上门做家务 (3)	上门看病 (4)	日间照料 (5)	康复护理 (6)	老年辅具用品租赁 (7)	健康教育服务 (8)	心理咨询聊天解闷 (9)
身体机能									
患慢性病种类（无）									

续表

变量	助餐服务（1）	助浴服务（2）	上门做家务（3）	上门看病（4）	日间照料（5）	康复护理（6）	老年辅具用品租赁（7）	健康教育服务（8）	心理咨询聊天解闷（9）
1~3 种	1.2064	1.1694	1.2187	1.4954 ***	1.1101	1.2583	0.9979	1.2097	1.1329
	(0.2323)	(0.2577)	(0.2132)	(0.1982)	(0.2054)	(0.2206)	(0.2082)	(0.1865)	(0.1804)
4 种或以上	1.3426	1.3040	1.5511 *	1.7247 ***	1.3667	1.4155	1.4406	1.1188	1.2712
	(0.3423)	(0.3835)	(0.3554)	(0.3255)	(0.3342)	(0.3345)	(0.3933)	(0.2467)	(0.2805)
年龄（60~64 岁）									
65~69 岁	0.6645 **	0.6967 *	0.7596 *	0.7717 **	0.6785 **	0.7095 **	0.6938 *	0.8393	0.7560 *
	(0.1282)	(0.1519)	(0.1318)	(0.0997)	(0.1266)	(0.1213)	(0.1439)	(0.1254)	(0.1176)
70~74 岁	0.6172 **	0.6415 *	0.7563	0.9633	0.5956 **	0.8134	0.6404 *	0.9247	0.7170 *
	(0.1317)	(0.1619)	(0.1411)	(0.1353)	(0.1237)	(0.1487)	(0.1511)	(0.1514)	(0.1256)
75~79 岁	0.8376	0.9967	0.9464	1.0064	0.9495	1.0476	0.8795	0.8332	0.8236
	(0.1897)	(0.2576)	(0.1953)	(0.1701)	(0.2065)	(0.2079)	(0.2176)	(0.1621)	(0.1648)
80~84 岁	1.0891	1.5008	1.0449	1.0707	1.2475	0.9009	0.6144	0.7563	0.8287
	(0.2486)	(0.3850)	(0.2281)	(0.1926)	(0.2750)	(0.2010)	(0.1826)	(0.1576)	(0.1746)
85 岁以上	1.2647	1.5309	1.2969	0.9685	1.2978	1.1296	0.8491	0.7527	0.8731
	(0.3664)	(0.4996)	(0.3494)	(0.2263)	(0.3746)	(0.3132)	(0.3124)	(0.2196)	(0.2511)
经济社会地位									

续表

变量	助餐服务 (1)	助浴服务 (2)	上门做家务 (3)	上门看病 (4)	日间照料 (5)	康复护理 (6)	老年辅具用品租赁 (7)	健康教育服务 (8)	心理咨询聊天解闷 (9)
家庭人均年收入	1.0731	0.8934	1.1006 **	0.8750 ***	0.9891	1.0252	0.9776	0.9816	0.9749
	(0.0460)	(0.0796)	(0.0460)	(0.0399)	(0.0548)	(0.0504)	(0.0654)	(0.0420)	(0.0459)
是否有养老钱（否）	0.9529	0.7966	0.9133	0.7777 **	0.8881	0.7920 *	0.8293	1.1306	0.9635
	(0.1390)	(0.1421)	(0.1228)	(0.0805)	(0.1282)	(0.1103)	(0.1458)	(0.1357)	(0.1239)
是否有房产（否）	0.7876 *	0.8291	0.8418	0.8767	0.8026	0.8874	0.8232	0.7943 *	0.8538
	(0.1106)	(0.1315)	(0.1090)	(0.0888)	(0.1086)	(0.1130)	(0.1293)	(0.0938)	(0.1043)
党员（否）	1.1762	0.9906	1.5120 **	0.8224	0.8785	0.9077	1.5147 *	1.2682	0.9758
	(0.2506)	(0.2654)	(0.2885)	(0.1340)	(0.2000)	(0.1876)	(0.3499)	(0.2292)	(0.1895)
职称（无职称）									
技术员级	0.5741	0.6372	0.4189	0.4436 *	1.4938	0.7278	0.8312	0.6089	0.2635 *
	(0.3543)	(0.4867)	(0.2615)	(0.1980)	(0.7103)	(0.3931)	(0.5083)	(0.3029)	(0.1956)
初级职称	0.6739	0.8366	0.6689	0.3529 *	0.5358	0.7320	0.2608	1.0842	1.6999
	(0.4193)	(0.6392)	(0.3740)	(0.2032)	(0.3921)	(0.4365)	(0.2648)	(0.5006)	(0.7576)
中级职称	0.7952	0.5320	0.7521	0.5659 *	0.7374	0.4496 *	0.6735	0.4237 **	0.3241 **
	(0.2991)	(0.3240)	(0.2681)	(0.1829)	(0.3415)	(0.2155)	(0.3085)	(0.1673)	(0.1450)

续表

变量	助餐服务 (1)	助浴服务 (2)	上门做家务 (3)	上门看病 (4)	日间照料 (5)	康复护理 (6)	老年辅具用品租赁 (7)	健康教育服务 (8)	心理咨询聊天解闷 (9)
高级职称	0.8361	0.5021	0.6850	0.7210	0.5868	0.8394	0.6903	0.6365	0.6302
	(0.3633)	(0.4384)	(0.3237)	(0.3317)	(0.3414)	(0.3902)	(0.4092)	(0.3284)	(0.3350)
文化程度（未上过学）									
小学	0.8228	1.0323	0.8401	1.0745	0.7813	0.9640	0.8501	1.1652	1.0300
	(0.1343)	(0.1850)	(0.1260)	(0.1259)	(0.1205)	(0.1407)	(0.1557)	(0.1593)	(0.1441)
初中	0.6403 * *	0.7475	0.7964	0.7035 * *	0.5981 * *	0.6816 *	0.5594 * *	0.6610 * *	0.8244
	(0.1423)	(0.1876)	(0.1540)	(0.1056)	(0.1259)	(0.1351)	(0.1407)	(0.1231)	(0.1522)
高中/中专/职高	1.3372	1.4482	1.0650	0.8679	0.9538	0.8908	1.1939	1.3329	1.1822
	(0.3690)	(0.4876)	(0.2757)	(0.1872)	(0.2812)	(0.2504)	(0.3797)	(0.3231)	(0.2985)
大学专科	1.1642	0.8829	1.2385	0.7974	0.8630	0.7500	1.7836	1.1087	1.6412
	(0.5667)	(0.6954)	(0.5642)	(0.3513)	(0.5065)	(0.4024)	(0.9184)	(0.5169)	(0.7634)
本科及以上	1.0329	2.6573	0.4197	0.8845	0.5745	0.8680	0.3865	0.8487	0.5637
	(0.5692)	(1.9664)	(0.2770)	(0.5131)	(0.4575)	(0.5071)	(0.4163)	(0.6204)	(0.5027)
家庭因素									
儿子数量	1.0982	0.9944	1.0957	1.1285 * *	1.0475	1.0701	1.1106	1.0583	1.1077 *
	(0.0716)	(0.0736)	(0.0683)	(0.0550)	(0.0703)	(0.0627)	(0.0827)	(0.0595)	(0.0622)

续表

变量	助餐服务(1)	助浴服务(2)	上门做家务(3)	上门看病(4)	日间照料(5)	康复护理(6)	老年辅具用品租赁(7)	健康教育服务(8)	心理咨询聊天解闷(9)
女儿数量	1. 1442 * *	1. 0625	1. 1055 *	1. 1111 * *	1. 0660	1. 0546	1. 0667	1. 0720	1. 0658
	(0. 0654)	(0. 0663)	(0. 0570)	(0. 0472)	(0. 0589)	(0. 0553)	(0. 0683)	(0. 0509)	(0. 0519)
居住方式（独居）									
只与配偶居住	1. 0843	1. 1245	1. 1478	1. 0641	1. 1915	1. 2554	1. 3329	1. 0471	0. 7809
	(0. 2325)	(0. 2727)	(0. 2189)	(0. 1602)	(0. 2431)	(0. 2450)	(0. 3451)	(0. 1826)	(0. 1389)
与父母居住	1. 6496	1. 7081	1. 3967	1. 4340	0. 9870	0. 3840	1. 7602	0. 7662	0. 7546
	(1. 0840)	(0. 8957)	(0. 9347)	(0. 7012)	(0. 7246)	(0. 4037)	(1. 3354)	(0. 4972)	(0. 4884)
与小辈居住	1. 1671	1. 1287	1. 2815	1. 1113	1. 2493	1. 4535 * *	1. 6412 * *	1. 0721	0. 9467
	(0. 2398)	(0. 2589)	(0. 2353)	(0. 1619)	(0. 2406)	(0. 2711)	(0. 4072)	(0. 1815)	(0. 1601)
多代同堂	0. 9172	1. 2085	1. 0260	0. 7006	1. 1948	0. 7309	1. 4927	0. 7781	0. 5543
	(0. 6092)	(0. 8008)	(0. 5936)	(0. 2912)	(0. 7001)	(0. 4678)	(1. 0259)	(0. 4162)	(0. 3187)
与其他人同住	3. 0291 * *	1. 7050	0. 7925	1. 1430	2. 7483 *	1. 6874	1. 5433	1. 1876	1. 7248
	(1. 5170)	(1. 1352)	(0. 5284)	(0. 6197)	(1. 4320)	(1. 0068)	(1. 1517)	(0. 6938)	(0. 9069)
子女孝顺程度（孝顺）									
一般	1. 2558	1. 2262	1. 2734	1. 5204 * * *	1. 2138	1. 0544	1. 2359	0. 8986	0. 9977
	(0. 2111)	(0. 2355)	(0. 1907)	(0. 1853)	(0. 1970)	(0. 1622)	(0. 2320)	(0. 1322)	(0. 1483)

续表

变量	助餐服务（1）	助浴服务（2）	上门做家务（3）	上门看病（4）	日间照料（5）	康复护理（6）	老年辅具用品租赁（7）	健康教育服务（8）	心理咨询聊天解闷（9）
不孝顺	3.6674 * * *	6.3791 * * *	3.9558 * * *	2.0991	2.0504	2.7146 * *	2.6891 *	2.0579	2.6794 * *
	(1.6968)	(2.8574)	(1.8311)	(1.0078)	(0.9826)	(1.2217)	(1.4436)	(0.9651)	(1.1842)
其他因素									
男性（女性）	1.0959	1.0037	0.9440	1.0104	1.0437	1.1059	1.0268	1.2247 *	1.1086
	(0.1547)	(0.1534)	(0.1217)	(0.1023)	(0.1423)	(0.1414)	(0.1654)	(0.1437)	(0.1314)
样本个数	2163	2160	2162	2178	2156	2159	2154	2161	2156
正确预测百分比	86.41%	90.09%	82.61%	61.71%	85.20%	82.82%	89.74%	78.39%	80.52%

注：*，* *，* * *分别代表 P<0.1，P<0.05，P<0.01，表中数据分别为回归系数和稳健标准误（括号内），变量括号内表示参照组。

从上表的估计结果可以发现：在身体机能方面，慢性病对需求的影响表现为正向影响，其中对上门做家务和上门看病表现为显著影响，尤其是上门看病，老年人只要患慢性病就对上门看病显著需求。但是在年龄上，74 岁之前的老年人对其中的 7 项服务表现出显著的负相关，本次调查数据也显示，在需要照料的老人中，年龄为 75 岁及以上的老年人占 59.95%。出现这种情况的原因可能是，首先，随着社会的发展，生活水平和医疗卫生环境发生了很大的变化，低龄老年人的身体状况良好。再加上由于老年人身上有着节俭和为子女着想的特质，所以低龄老年人表现出来这样的反向需求也是可以理解的（王琼，2016）。其次，除了身体的原因，家庭经济状况的提高使得老年人可以通过正常的医疗途径或者雇佣保姆等进行日常护理和日常照料。根据相关研究，年轻人受传统文化因素的影响相对老年人较弱，当年轻人步入老年阶段，其消费观念会有所不同，对这些项目的需求应该也会增加（郑红娥，2006）。最后，高龄老人对生活照料方面服务的需求表现为正向需求，结果并不显著，但不能说明老年人对这些服务没有需求，考虑到年龄反映出的高龄老年人所处年代和生活环境导致的习惯不同等原因，可能是老年人需求不显著的原因。

在经济社会地位方面，除了党员对上门做家务和老年辅具用品租赁两项服务表现出正向的显著需求，老年人对个别服务项目表现出反向的显著需求。家庭人均年收入对上门做家务和上门看病表现出一正一反的显著需求，是否有养老钱对上门看病和康复护理表现出反向的显著需求，而是否有房产也表现出对助餐服务和健康教育服务具有反向的显著需求。经济因素会对某些项目造成影响，并没有对总体的服务项目造成影响。职称也会对其中的某些项目产生影响，教育程度的影响主要体现在初中文凭上，表现出反向的显著需求，根据本次调查数据统计的结果发现，在需要别人照顾的老年人中，教育程度为小学及以下的老年人占75.60%，没有职称的老年人占90.72%，总体来看，经济社会地位越低其对养老服务项目的需求越高。

在家庭因素方面，主要表现为正方向的显著相关关系，子女越不孝顺，老年人对各项服务的需求越大，与小辈居住表现为对康复护理和老年辅具用品租赁的显著需求，与其他人同住表现出对助餐和日间照料的显著需求。辅助用具的使用是受很多因素影响的，无障碍环境建设得不充分和老年人惧怕异样眼光的影响，会导致老年人较少使用（张旭，陈功2016）。而与小辈居住表现为对辅助用具租赁的正向显著需求，是因为辅助用具的使用是需要人工和社会支持的，与小辈居住在一起的老年人会得到更多的人工支持，这会增加老年人对于辅助用品的使用。女儿越多，老年人更需要日常生活照料，儿子数量越多，越需要心理咨询和聊天解闷，说明子女在日常生活中扮演不同的角色，但同时，无论子女数量如何，老年人都表现出对上门看病的显著需求。整个家庭因素表现出对服务的显著需求，这说明老年人受家庭的影响越来越大。

综上，低龄老年人表现出对服务项目的反向需求，经济社会地位表现出对不同的服务项目具有不同方向的需求，而在家庭因素方面，子女数量、居住方式、孝顺程度都对老年人是否需要养老服务产生影响。

4.3.2.2 潜在需求在社会参与角度的影响因素分析

为了更好地分析不同年龄段老年人的社会参与情况如何影响老年人对时间货币的需求，本部分将老年人分成3个年龄段，每10岁为一个年龄段；并且，为了将不同特征的老年人进行比较，本部分将设置不同的参照组：慢性病种数4种或以上、年龄为80岁及以上、孝顺程度为一般的组别。

表4-9分析影响社会参与的影响因素从而影响互助养老模式潜在需求的可能影响因素的回归结果。可以看出：在身体机能方面，患慢性病种数没有表现出显著地影响老年人的社会参与；但是在年龄方面，年龄为70~79岁的老年人的社会参与意愿是年龄为80岁及以上的老年人的1.77倍，年龄为60~69岁的老年人的社会参与意愿是80岁及以上的老年人的3.98倍。可以发现，低龄老年人的社会参与意愿要明显高于高龄老年人，这与上文提到的低龄老年人对养老服务反向需求的情况相吻合。说明低龄老年人有健康的体魄还没有较高的养老服务的需求，也有较多闲暇的时间参与到社会活动中来，这为时间货币的应用提供了年龄上的参考。

在经济社会地位方面，存有养老钱的老年人的社会参与意愿比没有存养老钱的老年人高1.93%，有房产的老年人的社会参与意愿则是没有房产老年人的74.73%，党员身份的老年人的社会参与意愿比群众要高40.40%。在职称和教育程度方面，职称和教育程度越高其社会参与意愿越强烈。由此可以发现，经济状况良好和社会地位较高的老年人其社会参与意愿越高。原因可能是，经济状况良好说明老年人的基本生活可以得到保障，其在闲暇的时候需要追求精神上的满足来发挥自己的社会价值；社会地位较高的老年人除了经济生活得到满足外，其眼界开阔接受新事物的速度较快，所以，即使年龄渐长，他们还是希望自己能够跟上时代步伐，将自己的社会价值发挥到最大。

在家庭因素方面，由回归结果可以发现，无论儿子还是女儿，子女数量越多老年人的社会参与意愿越高。并且子女的孝顺程度也是影响老年人是否参与社会活动的重要因素，由系数可以发现，子女越孝顺，老人社会参与的意愿越强烈，子女越不孝顺，老人社会参与的意愿也就越低。本次的调查数据显示，认为子女孝顺的老年人占 82.47%，一般孝顺的占 16.56%，不孝顺的占 0.97%，所以总体来看，受中华优秀传统文化的影响，我国子女绝大多数比较孝顺，那么老年人总体的社会参与意愿也就很少受到来自子女不孝顺的限制。老年人的居住方式也是影响老年人社会参与意愿的重要因素，结果显示，只与配偶居住、与小辈居住和三代及三代以上同堂居住的老年人的社会参与意愿与独居的老年人相比较高，可以看出，有照料者或是有子女经济支持的老年人其社会活动参与意愿更强烈。

表 4-9 互助养老潜在需求——社会参与度的影响因素回归结果

变量	系数/（robust）	P 值/（t 值）
身体机能		
患慢性病种类		
无	0.4141	0.614
	(0.8210)	(0.50)
1~3 种	0.7550	0.244
	(0.6478)	(1.17)
年龄		
60~69 岁	3.9792	0.000 * * *
	(0.6235)	(6.38)
70~79 岁	1.7681	0.003 * * *
	(0.5909)	(2.99)
经济社会地位		
家庭人均年收入	0.1248	0.471
	(0.1731)	(0.72)
是否有养老钱	1.0193	0.031 * *
	(0.4733)	(2.15)
是否有房产	0.7473	0.081 *
	(0.4279)	(1.75)

续表

变量	系数/（robust）	P值/（t值）
党员	1.4040	0.058 *
	（0.7407）	（1.90）
职称		
技术员级	-1.2433	0.503
	（1.8562）	（-0.67）
初级职称	0.1818	0.911
	（1.6202）	（0.11）
中级职称	-1.8005	0.133
	（1.1992）	（-1.50）
高级职称	4.0341	0.057 *
	（2.1150）	（1.91）
文化程度		
小学	0.5130	0.354
	（0.5537）	（0.93）
初中	0.6075	0.412
	（0.7402）	（0.82）
高中/中专/职高	1.6986	0.080 *
	（0.9686）	（1.75）
大学专科	1.1011	0.571
	（1.9448）	（0.57）
本科及以上	-3.2076	0.239
	（2.7229）	（-1.18）
家庭因素		
儿子数量	0.4293	0.032 * *
	（0.1997）	（2.15）
女儿数量	0.4610	0.011 * *
	（0.1810）	（2.55）
居住方式		

续表

变量	系数/（robust）	P 值/（t 值）
只与配偶居住	1. 9512	0. 001＊＊＊
	（0. 5850）	（3. 34）
与父母居住	0. 7219	0. 685
	（1. 7786）	（0. 41）
与小辈居住	1. 8885	0. 001＊＊＊
	（0. 5561）	（3. 40）
多代同堂	4. 8285	0. 044＊＊
	（2. 3929）	（2. 20）
与其他人同住	-1. 7725	0. 336
	（1. 8425）	（-0. 96）
子女孝顺程度		
一般	2. 5792	0. 000＊＊＊
	（0. 4971）	（5. 19）
不孝顺	-2. 8010	0. 006＊＊
	（1. 0274）	（-2. 73）
其他因素		
男	0. 5105	0. 308
	（0. 5005）	（1. 02）

注：＊，＊＊，＊＊＊分别代表 P<0. 1，P<0. 05，P<0. 01，括号内分别为稳健标准误和 t 值。

互助养老模式旨在提高时间这一稀缺资源的配置效率，尤其是要充分利用健康的低龄老年人的闲暇时间。根据以上分析发现，我国老年人的社会参与意愿较高，主要表现在低龄老年人的社会参与，尤其本章探讨的是老年人带有志愿和公益特征的社会活动参与意愿，因此，时间货币在低龄老年人中具有较高需求，这为充分利用低龄老年人的闲暇时间提供了可能，也为时间货币的应用提供了动力支持和潜力印证。

4.4 本章小结

解决养老问题不仅需要年轻的人力资源，还需要老年人通过自身的老有所为在最大限度内实现其老有所养。老年群体是非常宝贵的人力资源，他们不仅拥有丰富的人生阅历，而且在退休之后有较多的闲暇时间，他们可以利用这些闲暇时间继续实现价值。这种老有所为的行动既为社会节省了人力培训的费用，优化了社会资源配置，又提高了老年人社会参与的程度，从而促使老年人充分发挥智慧、才能和经验，进而实现其自我价值和社会价值的共同发展。利用时间货币作为互助养老的交易媒介，整个社区将闲置的社会资源利用起来满足高龄老人的日常照料需求，促进社会养老代际时间转移。

本章针对时间货币的供需特点和运作特点进行了双向探讨，通过两个互补角度的实证分析，可以发现，互助养老模式下时间货币具有较高的潜在需求；影响老年人对养老服务项目需求的因素和影响老年人社会参与意愿的因素在总体上的影响方向是可以互补的，研究结果可以对有关部门找准互助养老模式的目标人群具有参考和引导作用。得出如下结论：

（1）高龄老年人和低龄老年人在引入时间货币的互助养老体系中扮演的角色确实不同，高龄老年人表现出对服务项目的较高需求，对公益性和志愿性的社会活动参与意愿不高，而低龄老年人的表现与高龄老年人恰恰相反，具有强烈的公益性和志愿性的社会活动参与意愿。这种年龄上的异质表现恰好适合引入时间货币的互助养老模式的运作理念，低龄老年人是养老服务的潜在提供者，高龄老年人是养老服务的潜在需求者。

（2）通过数据分析和实证研究，我们发现，目前城乡基础上的社区养老服务项目的供给和需求是不匹配的，实际需求远远大于实际供给，具有较大的潜在需求。而且，以时间货币为媒介的互助养老模式在养老服务项目上应该更加侧重医疗保健、康复护理和精神慰藉方面的服务，那么也就更应该注重服务提供者相应方面的知识和技能培训。

（3）经济社会地位对老年人在服务项目的需求与公益性和志愿性社会活动参与上表现出相反的方向，经济社会地位较低的老年人更需要互助养老服务，而经济条件良好的老年人有充足的经济实力和资源去享受正规的、传统的和优质的医疗体系救治和养老服务保障，于是他们将更多精力和时间放在精神生活上，并不太关注互助养老。

（4）家庭是影响老年人是否选择引入时间货币的互助养老模式的重要影响因素。子女数量正向影响老年人选择引入时间货币的互助养老模式，可见子女对老年人的经济支持和精神支持尤为重要。与老人同住的家庭成员正向影响老年人参与公益性和志愿性的社会活动，而对互助养老服务的选择没有太大影响。总之，家庭是老年人选择引入时间货币的互助养老模式的强大支撑。

由于时间货币体系的公益性和互助性，以时间货币为媒介的互助养老模式可以平衡服务与需求，化解消费习惯和实际需求的矛盾，也是在短时间内解决养老问题的良药。引入时间货币的互助养老模式能够有效化解代际反哺危机，如果整个社会慢慢达成一种默契，开始相信时间货币的购买力，将时间货币的交易作为互助养老引入时间货币的纽带，将政府的支持作为后盾，则互助养老引入时间货币得以持续。

第 5 章　发行与引入社区时间货币的必要性分析

养老是根本目的，金融是手段。应对老龄化离不开金融的媒介融通作用，通过创新金融工具和技术更好地增加社会照顾服务供给，促进闲置社会资源有效利用和合理配置，是在传统家庭养老面临挑战的背景下，大力倡导社会养老的必由之路。

5.1　为什么要发行社区时间货币

老龄社会为什么要发行社区货币？相对于富有的发达国家，充分利用国内资源对发展中国家来说尤为重要。如何充分利用闲置的社会资源，让这些闲置的社会资源最大限度发挥效用，是摆在发展中国家面前的重大课题。社区货币作为一种金融创新工具，能够让闲置资源（闲暇时间）得到有效利用和合理配置，实现老有所养的社会目标。发行社区货币作为社会养老代际交换的支付媒介和交易工具，调动民间已经雄厚壮大起来的人力资本、社会资本，以及越来越完善的公益机构、志愿者组织的积极性，发挥各方的优势和特长，形成应对人口老龄化、与世界文明发展相通，又和本国特色对应的社会养老互助新模式，为发展中国家充分利用国内闲置资源、应对人口老龄化开辟了一种新的思路和途径。

5.1.1 社会养老代际交换的需要

一个社会首要责任是要满足其成员的基本生存需要，它们包括生理的、社会的、情绪的和精神方面的成分（Ponsioen，1962）。所有社会服务都是社会交换的内容。社会交换源于经济交换的概念，但二者在内涵上存在明显的差异。经济交换是一种基于利益考虑的对等性的商品或服务交换，它以金钱货币为主要计量方式；而社会交换是一种基于社会道德、情感支持或维护公义的资源的重新流动或分配，它是从给予者或提供者流向接受者的不对等交换（Pinker，1973）。互惠和有限交换是社会交换的两个本质特征。交换是指一种人们在日常生活中依赖他人回报的自愿的社会行为，一旦回报中断，这种交换活动就停止（BLau，1964）。自愿者服务的无私奉献精神固然可贵，但只讲付出、不求回报的价值单方面转移在市场经济条件下很难持续。社会的发展不仅需要对等性的经济交换，更需要不对等的社会交换，每个人生活在社会中都渴望爱的给予和回报，渴望亲情、友情、自我价值的实现和尊严，特别希望到老年时身边能有人照顾。人类社会的发展规律就是通过新老代与代之间的互助实现的，新一代的成长离不开老一代的抚育，而老一代在年老体弱时则必须得到年轻一代的照料，代际交换的方式从家庭范围转变到社会范围，依靠社会资源实现的社会化养老已经成为当今社会不可回避的重要话题。

在中国几千年的文化里，代际交换一直在家庭内部进行，老人依赖儿女的照顾维持晚年的生活，养儿防老是最有效的老年保障。计划生育及独生子女政策彻底打破了中国几千年的养老文化，家庭范围的代际交换将被迫扩展到在整个社会范围进行，这是不以人的意志为转移的。家庭养老是以亲情为纽带的直接劳务交换，社会化养老客观上需要以货币为媒介。著名经济学家萨缪尔森指出，货币是代际交换的媒介，货币的发明使代际交换成为可能，老人可以不依靠儿女，通过货币购买他人子女的劳动来达到养老的目的。由于货币是代际交换的媒介，人们自然想到给老人发钱购买服务，但如果通过增发金钱货币的方式解决，一方面会加剧通货膨胀的压力，而且这种以前不需要金钱货币媒介的家庭照顾老人的服务属于非专业性和非技术性的劳动，其价值很难确定；另一方面，年轻人会预期自己年老时也会得到增发的货币，而不愿意提供照顾服务，照顾人员短缺问题依然得不到缓解，服务价格将进一步攀升，老年人更加买不起所需的照顾服务，必然要求进一步增发货币，增发货币又导致通货膨胀，形成恶性循环。如果我们陷入既存的货币范例中，可能毫无希望解决既存问题，金融创新将为解决人口老龄化过程中的一些关键问题提供了广泛的可能性。

社区时间货币作为一种新的认识社会根本属性的新的思维方式，有可能成为一种从根本上改变养老金融本质的金融创新。西方国家有志愿服务的传统和意识，所以时间货币是在服务中自动产生，也就是先提供服务，然后自动产生时间货币，所以很少有国家政府人为地发行时间货币。在我国，虽然人们参与自愿互助服务的意识比以前有较大的提高，但是总体来说，参与者仍然数量少且不稳定，单纯依靠人们之间的自愿互助来提供足够、稳定的社会照顾人力资源供给，在当今的中国还很难实现。社区货币作为化解人口老龄化的重要工具，已被国际社会广泛认可和接受。发行社区货币作为日常生活照料（精神慰藉）的媒介，高龄老人凭社区货币得到日常生活照料服务，年轻人通过向老人提供日常生活照料服务获得社区货币，等到年老丧失劳动能力时利用社区货币得到其他人向自己提供的社会照顾服务。以社区货币为媒介促进互助养老的代际传承和交换，有助于化解高龄老人无人照料的社会风险，满足高龄老人日常生活照顾需求。

5.1.2 发展社会照顾服务的需要

发展以社区货币为媒介的社会照顾服务，可以实现在无私奉献和市场等价交换之间搭建桥梁和纽带，使照顾服务具有长效性、稳定性和制度化，为现在的老年人和将来的老年人提供切实可行的照顾服务保障。从某种意义上说，发展社会照顾服务是推行居家养老的前提条件。我国第一代独生子女父母已步入老年，家庭养老面临严峻的挑战。居家养老在解决我国现阶段的养老困境方面有家庭养老和机构养老所没有的优势。居家养老是指老年人在家中居住，但由社会提供社区照顾服务的一种养老方式。其基本内容是劳务养老由社会承担，精神养老由家庭承担，物质方面养老由国家、集体和个人共同承担。居家养老最早起源于社区照顾，是英国政府为使老人留在社区和家庭，帮助家庭照顾有需要人士而采取的一种政策措施。社区照顾作为一种理念和服务推展模式，具有深厚的英国传统。社区照顾是由社会中非专业人员为社区内有需要人士提供家务活动或工作场所以外的支持和帮助，它是相对于院舍照顾而言的社会照顾的一种（Abrams，1977）。国外社会照顾服务一般由非营利机构、宗教团体或家庭服务机构提供，所提供的服务是帮助老人料理比较轻松的家务。目前，我国空巢家庭逐渐增多，家庭养老功能不断弱化，老人的生活照顾、精神慰藉方面的需求极为迫切，已成为当前亟待解决的社会问题。如何既能满足老人的需求、突破传统家庭养老功能日渐弱化的国情，又能破解居家养老困局，探索适合我国国情的社会照顾服务是当务之急。

社区照顾是由正规服务、社会志愿者及社会支持网络为有需要的人员提供帮助，使他们能够在熟悉的社区环境下维持自己的生活，避免不必要的住院和隔离。社区照顾起源于英国。20世纪60年代，英国针对当时机构养老存在的财政支付压力，提出“去机构化”和“在适合环境中养老”政策，倡导回到社区和家里养老的理念。源于英国的“社区照顾”，可以分为两类：一是在社区内接受照顾。“在社区内接受照顾”是针对有需要，并且依赖外来照顾的人，在社区内设的小型服务机构或家庭住所中，接受专业人员的照顾。二是由社区负责照顾。“由社区负责照顾”是针对有需要的人的照顾服务，其一部分服务是由家庭、朋友、邻居及社区内志愿者为其提供，这种照顾模式强调的是动用社区内的非专业人士提供照顾服务。1982年联合国维也纳老年问题国际会议提出“应该设法使年长者在自己家里和社区独立生活”。1991年《联合国老年人原则》强调，“老年人应该得到家庭和社区根据每个社会的文化价值体系而给予的照顾和保护”。当前，以家庭为基础，支持社区照顾服务已成为发达国家迎接人口老龄化挑战的一项重要举措。

社会照顾服务（社区照顾服务）与一般市场化服务一样，也有供给者和需求者，但与一般市场化服务不同，一般市场化服务属于专业性、技术性服务，以金钱货币为媒介由正式服务者提供，而社会照顾服务承担的是过去由家庭成员提供的日常生活照顾或精神慰藉服务，是以亲情为纽带的劳动直接交换，属于非专业非技术性服务，由非正式照顾者提供。非正式照护属于一种低成本、低技术的劳动密集型服务，就其服务内容本身而言很难用市场价值来衡量，但如果用提供劳动的服务时间来衡量则比较容易，而社区货币正是以服务时间作为记账单位和价值尺度的一种时间货币，其优势在于不必区分不同服务的市场价值，强调每个人提供的服务都是等值的，只要提供的服务时间相等，价值就相同。也就是说，每个人都可用自己 1 小时提供的服务与其他人 1 小时提供的服务相交换，不存在服务的价值歧视。但社区货币只是以时间（小时）为计量单位的支付媒介和交易工具，不同强度的服务同等时间可以对应不同数量的社区货币，如家政服务 1 小时对应 1 小时社区货币，生活护理 1 小时对应 2 小时社区货币，日常代购、精神慰藉 1 小时对应半小时社区货币，具体服务价格可以由服务提供者和接受者自行协商确定。

当家庭成员难以承担家庭照顾责任时，客观上需要整个社会提供社会照顾服务，以弥补家庭照顾不足和缺失。而日常照顾服务与精神慰藉服务等社会照顾服务如果仍以金钱货币来衡量，一方面其市场价值难以估价，另一方面用冷冰冰的金钱货币来衡量这种服务也不恰当，因为它们本身代表爱心、关怀和奉献，本身是无价的。爱心虽然无价，但这种善行却需要得到回报，社会照顾服务客观上需要有一种交易媒介来度量不同服务的价值。社区货币作为交易媒介，相当于在供给者和需求者之间搭建了一座桥梁，能够有效避免搜寻成本和额外信息成本，引入社区货币是降低交易成本、促进社会照顾服务发展的一种有效手段。根据社会照顾资源的供给来源，社区照顾可分为正式照顾服务和非正式照顾服务。一般正式照顾服务是由组织或团体提供，以金钱货币为媒介由正式照护体系中的照护者以有组织的方式来输送服务；非正式照顾服务则意味着由家人（亲属）、朋友、邻居或志愿服务者担任照护者。一般来讲，非正式照护供给一直占有极其重要的地位，就发达国家而言，非正式照护提供85%~90%的照护服务，而正式照护仅提供10%~15%的失能者所需的服务（Higgins，1989）。鉴于85%以上的照护服务是由子女、亲属、朋友、邻居等非正式照护者提供，国外发达国家非常重视给予非正式照护者以必要的金融支持，以支持非正式照护的可持续发展（施巍巍，2012）。引入社区货币作为非正式照顾服务的媒介，相当于给予非正式照护者以一定的金融支持，必将有效促进社会照顾服务的健康发展，以弥补家庭照料功能不足带来的非正式照护的缺失和不足，吸引更多人参与社会照顾服务，有效降低社区照顾的制度成本。

5.1.3 应对人口老龄化形势的迫切需要

1. 未富先老的国情需要引入社区货币

发达国家是在人均国民生产总值5000~10000美元进入老龄化的，我国则是在1000美元就进入老龄化，与其他国家相比我国老龄化的特点是基数大、速度快、负担重。我国老年抚养比将由目前的接近5个劳动力供养1个老人发展到2050年前后的1.5个劳动力供养1个老人。社会保险潜在缴费者不断减少，领取者不断增加，养老保障体系压力日益沉重。社区货币作为金融创新，能够在不增加财政压力的情况下满足老年人的长期照护需求，有望成为化解长期护理风险的关键点。一方面，社区居民可以在其正式工作劳动时间之外，利用自己的技能和闲暇时间，照顾老人，得到社区货币；另一方面，越来越多的缺乏传统货币收入的老人可以得到社会照顾，获得更高质量的养老服务。而且社区货币不会带来通货膨胀，不影响现有的福利水平，对居民而言能够贮藏未来的购买力，为自己未来能够老有所养解除后顾之忧。对政府而言，大大减轻了财政压力，解决了人口老龄化严重、货币资金短缺等棘手问题，有利于社区的和谐和稳定（刘金山，2007；陶士贵，2009）。

2. 家庭照护不足和缺失需要引入社区货币

我国现阶段的社会保障只能提供收入保障，老年人所需的日常照料、生活护理和精神慰藉等服务保障传统上还必须通过家庭内部的直接劳务交换解决。随着家庭结构的核心化、家庭规模的小型化及空巢化使得家庭养老照护功能不断弱化。以“孝”为核心的中国传统文化只能调节家庭内部资源的配置，对社会资源的配置却无能为力（彭希哲，2011）。随着人口老龄化程度的加深，社会将更多地担负起向老年人提供养老服务的责任，社会化养老是一种趋势，强化家庭养老不能扭转这一趋势（杜立军，1990）。中国有句老话叫“远亲不如近邻”，但在市场经济、金钱社会的冲击下，很多人早已感觉不到邻里之间相互照顾的亲情和温暖。政府和社会虽然鼓励邻里之间相互照顾，但却没有为邻里之间相互照顾提供必要的交易媒介和制度安排。引入社区货币，是对这种非正式福利提供的认可和鼓励，使非正式的福利提供与正式的福利提供一样纳入社会福利产值的计算，形成互补关系，更好地实现老有所养，提高老年人的生活质量。

3. 养老照顾服务能力不能储存的特点需要引入社区货币

“老龄办”数据显示，从现在开始到2030年是我国人口老龄化急速发展阶段，到2030年我国将到达人口老龄化高峰期，2030—2050年将是我国老龄化最严重的时期，到那时光靠家庭已难以满足老年人的长期照护问题，迫切需要倡导服务储蓄，将照顾老人的服务时间储存起来，留到年老时使用，如果年轻时不能及时将照顾服务能力储存起来，年老时可能得不到必要的照顾服务。对整个社会来说，需要大力提倡将现在相对富足的养老照护能力储存到照护服务不足时使用，以减轻家庭和社会的负担。由于照顾服务能力不能储存，现在拥有的照顾服务能力到年老自然消失，那么怎样才能将不能储存的养老照护能力储存起来呢？引入国外流行的社区货币作为养老服务储蓄媒介，今天照护老人1小时可以得到1小时社区货币，明天等我需要别人帮助时利用社区货币得到我所需要的服务，以社区货币支持邻里之间相互照顾，鼓励人们及早储存服务，在原有金钱储蓄的基础上增加一种新型的照顾服务储蓄，为将来养老多一份照顾服务保障。

5.2 为什么要由政府发行社区时间货币

与国外流行的社区货币不同，我们是在人口老龄化日益严重的背景下引入社区货币，以社区货币作为非正式照护服务的交易媒介和支付工具，可以带动邻里之间相互照顾，促进自愿者服务的发展，以弥补家庭照护的不足和缺失。要完成这一重任，必须要由政府发行和引入社区货币，才能实现对非正式照护的金融支持，实现以社区货币为媒介构建非正式照护支持系统，以金钱货币为媒介构建正式照护系统，以应对人口老龄化的严峻挑战。

5.2.1 克服传统社区货币项目局限性的需要

国内外社区货币试验大多是自下而上由民间非营利组织推动，以非营利机构为中心，以义工和志愿者为载体建立起来的社区货币组织，由政府制定一系列政策以扶持社区货币试验的推广，形成一些全国性社区货币项目。但迄今为止，社区货币并没有大规模使用，社区货币项目规模都很小，并没有推广普及，表明社区货币项目在理论上和实践上依旧有一定的缺陷。理论上虽然提出社区货币、时间货币的概念，但这些社区货币或时间货币只有货币之名而没有货币之实，只是借用了货币的概念而实质并不是真正的货币。按照现代货币理论，货币是便利交易的工具，以国家信用为基础。所谓信用就是偿还能力，国家信用就是国家的偿还能力。有偿还能力才能发行货币，没有偿还能力就不能发行货币，不管对国家还是非营利机构都是如此。国内外社区货币项目大多依托于非营利机构，由于非营利机构没有偿还能力，当然没有资格发行社区货币，这是现行社区货币项目在国内外实践中发展受阻的最根本原因。

货币用于促进交换已成为共识，社区货币作为非正式照护的媒介能够有效促进整个社会的代际交换。在人类历史的大部分时间都是多种货币并存，单一货币只在近代出现。当今社会，人们习惯于接受单一货币，但当单一货币面临较大压力或成本过高时，发行另一种货币与金钱货币并存可能是较为理想的一种选择。老龄化时代客观上需要发行另外一种真正意义上的由国家信用担保的货币作为非正式照护的交易媒介和储蓄媒介，以推动非正式照顾的可持续发展。根据萨缪尔森的定义，货币（money）是由各种交换手段或支付方法所构成的。货币是为促进交换而产生。如果说货币的发明是打开一般社会代际交换的钥匙，那么，政府发行社区货币可能是打开老龄社会养老代际交换的钥匙。传统的社区货币项目由于缺乏国家的信用担保，很难发行让公众广泛接受的社区货币，导致大多数社区货币项目很难可持续发展。而政府作为信用最高的发行主体完全有能力发行让广大社会公众接受的社区货币。

社区货币作为非正式照护的媒介首先需要得到社会的认可，如果不是社会性的约定，社区货币就无法得到广大社区居民的普遍认可和接受。社区货币作为非正式照护的交易媒介和储蓄媒介，要求社区货币的发行主体必须具有很高的信用，只有政府或社会公共机构才能有资格作为发行机构承担社区货币的发行任务。发行社区货币主要解决由谁发行、为谁发行、怎样发行的问题。为化解计划生育政策导致的家庭照护等非正式照护的缺失和不足，客观上需要政府为老人设计和发行社区货币作为非正式照护的交易媒介和记账单位，以促进邻里之间相互照顾、自愿者服务等非正式照护服务的可持续发展。政府运用传统经济方法发展社区照顾服务由于成本过高是不明智的，解决老龄化问题需要社会创新。如果政府创新性的发行社区货币作为催化剂，必然能够扩大社区照顾服务的需求，促进社会闲置资源提供社区照顾服务，有效降低社区照顾的制度成本，满足高龄老人不断增长的日常生活照料服务和精神慰藉需求。

5.2.2　扩大社会照顾服务产出的需要

社会照顾领域存在大量未满足的需求和大量未利用的资源，社区货币作为催化剂能够有效配置未满足的需求和未利用的资源，产生增加社会照顾服务供给、满足社会照顾服务需求、扩大社会照顾服务产出的作用效果。发行社区时间货币是一种低成本、高效率的战略选择，必将促进非正式照护的可持续发展。如果按照社会照顾服务的供给能力发行社区货币，1 小时社区货币对应着 1 小时社会照顾服务，现在拥有社会照顾服务能力的人为了在年老时能得到所需的照顾服务，必然会放弃消费当前的一部分闲暇时间，利用这些闲暇时间主动去照顾身边的老人，赚取社区货币，为未来老有所养提供照顾服务保障，这样不仅能化解养老风险，缓解人到老年身边无人照料的窘境，也能使闲置资源有效利用和合理配置，提高整个社会的福利水平。

下面运用宏观经济学 AS—AD 的分析框架研究发行社区货币对社会照顾服务产出的影响。

根据传统宏观经济学理论，总供给和总需求相互作用决定社会总产出。为简化起见，本文仅考虑社会照顾服务的总产出。社会照顾服务的总供给（Aggregate Supply）是指一定时期内一国社区居民所愿意提供的社会照顾服务总量。总供给（通常记为 AS）取决于一定时期内能够提供服务的人口数量以及愿意提供的服务量。社会照顾服务的总需求（Aggregate Demand）是指一定时期内一国社区居民希望获得社会照顾服务所愿意支出的总量。总需求（通常记为 AD）取决于一定时期内需要接受服务的人口数量以及所希望获得的社会照顾服务量。当总供给与总需求达到均衡时，也就是需求方所需要的服务量与供给方愿意提供的服务量相等时，相应的社会总产出为均衡的总产出。应用 AS—AD 这个工具，可以分析发行和引入社区货币，如何扩大社会照顾服务的总需求和总供给，使社会照顾的总产出得到巨大增长。

图 5-1 表示发行和引入社区货币前后社会照顾服务的总供给曲线和总需求曲线。横轴 Q 表示一定时期内能够提供或接受服务的人口数量。纵轴 H 表示社区居民愿意提供或接受的服务量，向下倾斜的曲线是总需求曲线（Aggregate Demand Schedule），简称 AD 曲线。它代表在一定的货币供给条件下需要接受服务的社区居民愿意得到的社会照顾服务量，根据边际效用

递减规律，随着所接受的服务越多，愿意支付的服务支出越少。向下倾斜的总需求曲线表明在一定的货币供给条件下，实际需要的服务量随着接受服务的增多而减少。向上倾斜的曲线是总供给曲线（Aggregate Supply schedule），简称 AS 曲线。它代表在一定的货币供给条件下能够提供服务的社区居民所愿意提供的社会照顾服务量。向上倾斜的总供给曲线表明随着能够提供服务的社区居民的增加，社区居民愿意提供的社会照顾服务量也增多。

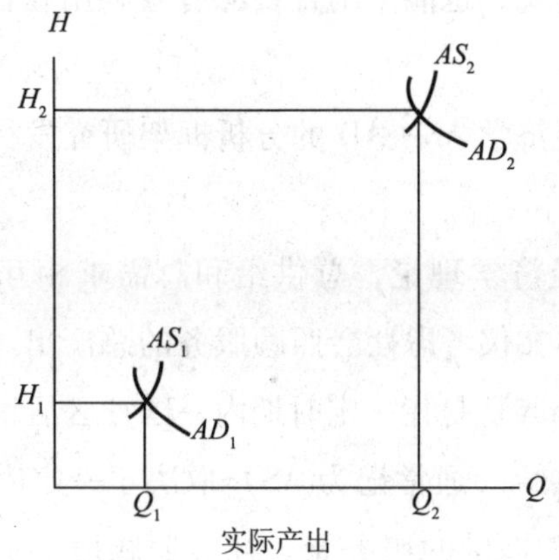

图 5-1　发行社区货币对社会照顾服务产出的影响

在发行和引入社区货币之前，社会照顾服务仅限于家庭提供的非正规照顾和由政府、非营利组织、社区提供的正规照顾。但一般正规照顾局限于“三无老人”，广大中高龄老人的照顾主要源于家庭，从政府、非营利组织和社区得到的正规照顾很少。从图中反映的情况来看，以金钱货币为媒介的正规照顾服务无论从服务提供者还是服务接受者两方面来看都非常有限，社会照顾服务在极低水平下实现均衡（图 5-1 中 AD_1 和 AS_1 相交形成的均衡）。由于计划生育政策使几千年来以家庭为核心的非正式照顾服务难以持续，客观需要将照顾老人的社会责任从家庭转向社会，将以家庭为核心的非正式照顾服务发展到以社区为核心的非正规照顾服务。由家庭提供的非正规照顾以血缘关系为纽带，不需要以货币为媒介，而由社会提供的非正规照顾服务客观需要以货币为媒介。社区货币作为便利交易的工具，作为非正规照顾服务的媒介可以发挥扩大社会照顾服务供给、满足社会照顾服务需求，极大扩大社会产出的社会效果。

如果政府以国家信用为担保发行社区货币，社区货币作为非正式照顾服务的媒介得到社会的普遍认可和接受，必然扩大能够提供社会照顾服务的人员供给，扩大希望接受社会照顾的老人需求，有效扩大社会照顾的社会产出，满足中高龄老人不断增长的日常生活照料和精神慰藉需求。运用AS—AD模型可以描绘政府发行社区货币可以带来社会照顾产出量的巨大增长。社区货币投入使图中需求曲线从AD_1到AD_2大幅右移，同时需求带动供给曲线从AS_1到AS_2大幅上移，总的结果是社会照顾总产出大幅提高。从图形反映的情况来看，以社区货币为媒介的社会照顾服务无论从服务提供者还是服务接受者两方面都得到了极大提升，社会照顾服务在较高水平下实现均衡（图5-1中AD_2和AS_2相交形成的均衡）。这是因为，一方面，由于引入由政府发行的社区货币，社区居民发现，当自己有劳动能力时去照顾身边的中高龄老人可以得到社区货币，年老时可以凭社区货币得到来自邻里之间的非正式照顾服务，可以免除自己和儿女的后顾之忧，必然激励能够提供服务的社区居民积极投身于照顾身边老人的社会大潮中。另一方面，社区内需要得到照顾的中高龄老人得到政府通过转移支付发行的社区货币，必然释放自己被压抑的社会照顾需求，积极使用社区货币获得所需的日常生活照顾服务，获得极大的满足。社区货币的发行和引入，极大地提高了总需求水平，使大量闲置或潜在的社会资源得以有效利用，从长远来看，总供给水平的提高是社会照顾产出增长的主要决定因素。

5.2.3 保持社区货币币值稳定的需要

政府发行社区货币的动机是将传统家庭的直接代际交换发展成为整个社会的间接代际交换，使照顾老人不仅是家庭的责任，更是整个社会的责任，在这个重大转变过程中，政府将发挥主导作用。社区货币的本质是作为一种便利交换的工具方便人们使用，对人们的有用性不在于其本身拥有的直接效用，而在于能够便于交换到对其有效用的服务。币值稳定或购买力不变才是人们愿意持有社区货币的主要原因，因为若持有的社区货币在下一期无法换回至少是同等时长的服务，无论出于何种理由，都不会再有任何人愿意持有任何数量的社区货币。每单位货币所代表的边际效用量保持固定不变，即为货币购买力保持不变的含义。持有社区货币的动机一是为满足当期交换服务所需的货币量，二是为满足未来交换服务所需的货币量。人们需要货币是因为货币拥有购买力，货币的效用源于人们对货币的需求，而货币之所以为人们需要是因为它可以储存起来以备将来之用。这一需要产生价值的思想是主观效用论在货币领域的简单应用。

社区货币是一种能够准确度量不同服务边际效用的工具，该工具的良好运行需要一个机制作为保障，那就是社区货币的存量必须时刻与社会照顾服务的生产能力保持动态的固定比例关系，即社区货币购买力保持不变。为实现这一机制，需要政府有效地控制社区货币的供给，才能确保社区货币购买力不变，进而为社区货币度量不同服务的边际效用量，继而为促进交换的发生和市场发挥资源配置作用奠定基础。社会照顾服务需求无限而供给有限，如果社区货币的总价值等于以社区货币形态保持的社会照顾服务的生产能力，也就是社区货币的存量始终将与社会照顾服务的生产能力保持一个动态固定比例，这将导致人们对社区货币的需求与社会照顾服务的供给始终保持在一种均衡水平上，这就是货币购买力或货币价值保持不变的基本原理。在每一时点上与社区货币长期积累所形成的存量相对应的应该是社会照顾服务的当期生产能力。社区货币购买力用公式表示为

$$P = (dQ/dt)/Q_m$$

其中，dQ/dt 表示 t 时刻社会照顾服务的生产能力，Q_m 表示截至 t 时刻的社区货币存量。如果开始时社区货币供给量不足，社区货币的购买力上升，将诱使更多的人提供社区照顾服务获得社区货币；随着社区货币供给量增加，超过 t 时刻社会照顾服务产出的生产能力，社区货币的购买力开始下降，人们将不愿意提供社会照顾服务获得社区货币。因此，只有政府才有能力控制社区货币的供给，确保所发行的社区货币与明天形成的社会

照顾的服务产出相对应。

5.3 政府发行社区时间货币的优势及其作用效果

社区货币的发行目标是实现闲置社会资源的有效利用，推动家庭养老向社会养老转化，实现老有所养的公共目的。没有使闲置资源发挥作用的机制，很难完成这一伟大的事业。在老龄社会，只有使闲置社会资源发挥最大效用，才能让老人得到最好的照顾，发行社区货币可以帮助政府实现这一社会目标。社区货币是一种费用最少的媒介，使用一种费用最少的媒介进行流通可以达到最大经济效益和社会效益。

5.3.1 经济效应

引入社区货币是人口老龄化压力下一种低成本、高效率的做法，有效避免未来发生类似欧债危机的社会福利风险，降低居家养老的社会成本。由于私营养老金不发达，以希腊为代表的欧债危机国家，只能由公共财政负担巨额的养老金支出，随着欧洲老龄化的加剧，各国养老待遇逐渐成为政府沉重的财政负担，养老金支出成为欧洲债务危机的最重要来源之一。本书研究表明，引入以服务社会目标为宗旨的社区货币，与服务经济目标为宗旨的法定货币并行流通，可以促进非正式部门的养老福利提供与正式部门的养老福利提供形成互补关系，有效减少财政负担。非正式养老福利来源包括邻里、亲属或其他形式的社会网络互助，一直并未纳入福利产值的统计之中，但据西方估算，这部分福利供给相当于纳入社会福利产值的一半以上。年轻人自愿照顾年长老人，自愿者的劳动付出同样为整个社会创造了新的价值，然而长久以来社会并不重视这些人的劳动成果，更没有相应的福利政策来激励这种福利行为，导致照顾老人的护理人员严重短缺。引入以时间为衡量标准的社区货币，是对这种非正式福利提供的认可和鼓励，使非正式的福利提供与正式的福利提供一样纳入社会福利产值的计算，形成互补关系，更好实现老有所养，提高老年人的生活质量。

此外，引入社区货币可以改变金融机构过度追求经济效益而忽略社会效益的弊端，更好地履行社会责任。金融机构参与社区货币发行、流通和回笼，使营利性不再是金融机构唯一目标，金融机构将利用其独特地位与其他非营利性组织一道更好地承担起社会责任，在经济社会和谐发展中做出更重要的贡献。虽然以营利性为主的特征决定了商业银行无法成为以福利性为本位的社会照顾服务主要资金供应者，但金融机构可以通过促进社区货币的发行和流通，一方面增强老年人对社会照顾服务的支付能力，提高人们抵御未来养老风险的能力，为养老服务发展提供内生动力。另一方面，增强人们对社区货币的信心。信用货币的价值不取决于任何商品的价值，而主要取决于货币发行方的信用。根据本书设计，政府委托央行发行社区货币，城市和农村商业银行作为流通银行承担社区货币的发放、流通和回笼任务，这些金融机构在经营金钱货币的同时经营社区货币业务，促使城市和农村商业银行等中小金融机构更加贴近社区居民，在服务社区居民的同时扩大它们原有业务，在与大型金融机构竞争中找到自己的位置。

5.3.2 社会效应

引入社区货币可以促使闲置资源的有效开发、利用，重塑互帮互助的邻里关系，构筑社会资本。人和人之间的关系不应是简单的金钱关系，人和人之间也渴望亲情、友情，渴望彼此信任，相互关爱，社区货币作为一种爱心储蓄货币有望重构这种和谐、相互照顾的邻里关系。在市场经济洪流中，所有商品和服务都用市场价值来衡量，传统邻里之间的相互照顾已不多见。无论科技如何发展，对老人的照顾归根到底是要人来完成的，当今社会许多人还没有认识到养老问题的紧迫性，也没有多少人愿意提供互助养老服务。政府和社会虽然鼓励邻里之间相互照顾，但却没有为邻里之间相互照顾提供必要的媒介。引入社区货币可以作为邻里之间相互照顾的媒介，使中华民族敬老爱老的传统文化和志愿者服务精神得以延续和传递，有效鼓励社区居民为老年人，特别是高龄老人提供力所能及的关爱和帮助，有利于整个社区形成尊老爱幼、互帮互助的家园文化。

发行有国家信用担保的时间货币，可以将家庭照顾老人的责任一部分转移给社会，使社会承担一部分照顾老人的责任，弥补人口老龄化，特别是计划生育政策引起的家庭照护的不足和缺失，满足中高龄老人日益增长的照护需求，实现家庭养老向社会养老转变。人类社会的发展规律就是通过新老代际之间的互助实现的，新一代的成长离不开老一代的抚育，而老一代在年老体弱时则必须得到年轻者的照料，代际交换的方式从家庭范围转移到社会范围，依靠社会资源实现社会化养老已经成为当今社会不可回避的重要话题。引入时间货币作为日常生活照料（精神慰藉）的媒介，高龄老人凭时间货币得到日常生活照料服务，年轻人通过向老人提供日常生活照料服务获得时间货币，等到年老丧失劳动能力时利用时间货币得到其他人向自己提供的互助养老服务，以时间货币为媒介促进家庭养老向社会养老转化，有助于化解高龄老人无人照料的社会风险，满足高龄老人的照护诉求。

5.3.3 文化效应

时间货币作为一种爱心货币，体现“我为人人，人人为我”的互助服务精神，反映的是邻里互助关系的一种扩大化和制度化，是相互关爱的人道主义精神的表现形式之一，是爱心储蓄的形式之一，可以纳入社会主义精神文明和道德伦理建设的范畴，形成互助养老的文化氛围。引入时间货币，可以实现将不能储存的服务能力以时间货币为媒介贮存起来，留到老年时使用，激励年轻人向同时代老人提供日常生活照料服务，获得时间货币，以时间货币为媒介实现服务能力与时间储蓄，为未来老有所养提供服务保障。在传统以金钱货币支付正式的专业护理服务的基础上，如果全社会达成协议以时间货币作为互助养老代际交换的媒介，人们自愿接受以时间货币作为日常生活照料（精神慰藉）服务的支付媒介，实现以时间货币为媒介构建非正式照护支持系统，以金钱货币为媒介构建正式照护支持系统，必将达到降低长期照护成本，有效增加护理人员的特殊效果。以时间货币作为互助养老代际交换的媒介，有助于弘扬雷锋精神，倡导“我为人人，人人为我”的社会文化。我国从古至今就崇尚邻里互助、互相帮助，中国乡土社会中一直存在人情，你付出了人情，在你需要时可以回收，类似于民间互助保险的功效。中华传统文化具有强烈的现实性、变异性，它无时无刻不在影响、制约着今天的中国人，为我们开创新文化奠定历史的根据和现实的基础。

通过引入社区货币倡导“时间就是金钱”的价值理念，改变当今社会对金钱货币财富的穷尽极致的追求，而对时间财富的大量浪费，时刻提醒资源稀缺性，更好地理解和判断财富地位和人生价值，积累和培育养老服务社会资本，弘扬中华民族的传统美德。时间与金钱是当今社会的两大财富，照顾老人占用年轻人的时间，这些时间是有效用的，将养老服务能力货币化，可以将年轻人的闲置时间转变为养老服务供给，改变年轻人的效用函数，促使年轻人将一部分闲暇时间留出来照顾老人，提高整个社会的福利水平。引入社区货币不增加政府、社会和家庭负担，不影响现有价格水平，不是复制金钱货币的所有功能，而是执行特殊功能的货币，旨在提供养老服务代际交换媒介，鼓励人们将闲置的时间利用并储存起来，为未来老有所养未雨绸缪。相对于金钱货币，以“小时”为单位的社区货币，具有创造财富和扩大财富的功效。

5.4 本章小结

社区货币可以成为促进社会养老代际交换的动因。现有的国内外社区货币项目（包括时间银行项目）缺乏必要的信用保障，很难可持续发展。在家庭养老功能不断弱化、社会保障体系不够健全，而老年人日常生活照料需求不断增长的情况下，面对严峻的人口老龄化形势，发展社会照顾服务是符合我国国情的现实选择。社会化养老的关键在于如何以老年人需求为中心，动员闲置社会劳动力资源自觉投入到照顾身边老人的行动中，照顾今天的老人就是照顾明天的自己。只有政府才有能力将社区、家庭、非营利组织、志愿者等主体组织起来开展社会照顾服务，实现正式照顾服务与非正式照顾服务的有机结合。政府发行社区货币的动机是将传统家庭成员之间的劳务代际交换发展成为整个社会的代际交换，照顾老人不仅是家庭的责任，更是整个社会的责任，在这个重大转变过程中，政府将发挥主导作用。由政府发行社区货币可以克服传统社区货币（时间银行）项目的局限性，实现家庭养老向社会养老转化。

第6章　引入社区时间货币的探索性试验及其影响因素分析

为验证理论研究思考，东北大学国家自然科学基金项目“社区货币对养老服务代际交换的作用机制”课题组，在沈阳市民政局的支持下，于2015年成立非企业性社会组织“红金时养老服务储蓄中心”，性质上是一种新型时间银行，并以东北大学为申请人申请了三项国家专利，分别是面值为2小时、1小时、半小时的“社区时间货币”专利，得到一家专业管理公司“辽宁久久养老管理公司”的支持，在沈阳市大东区富强居家养老服务中心开展试点引入社区货币（时间货币）的试验探索，通过为期1年的探索性试验，系统记录并分析了老人领取时间货币的基本情况，以及时间货币在社区中发放、领取、使用情况，找出存在的问题，以期为各地开展时间银行模式提供一些借鉴。

6.1　社区居家养老中心引入社区时间货币的探索性试验

近年来，全球人口老龄化问题日益加深，人口老龄化、社会互助养老成为各界关注的焦点。基于我国人口老龄化的独特背景，我国明确提出要建立以居家养老为基础，以社区为依托，以机构为支撑的功能完善、规模适度、覆盖城乡的养老服务体系。从我国“未富先老”的国情和国际经验来看，社区居家养老符合多数老年人的养老偏好和养老意愿，社区居家养老已成为政府大力倡导的养老模式。

6.1.1 引入社区货币试验的理论基础与实践准备

1. 理论基础

为支持居家养老，一种互助养老模式——时间银行备受关注，即在时间银行的模式下通过低龄存时间，高龄取服务的方式，引导、吸引更多人参与爱老助老，自愿帮助社区内需要照顾的老人，缓解养老护理人员不足等问题。目前广州、上海、南京、天津等地以时间银行提供社区服务的模式已经得到试点运行，取得了一定成果，但也存在一定的局限性。表现在：其一，现行时间银行只有银行之名，并没有银行之实，表现为时间银行并没有发行自己的信用媒介，虚拟的时间货币是在劳动中自动产生，由于没有明确的发行者，虚拟的时间货币并不属于真正意义上的货币。正因为目前在各社区试点的时间银行尚未引入真正意义上的货币，虚拟的时间货币不具备权威性，导致很多人担心时间货币在想要使用的时候失去效力，严重影响了人们参与互助养老的积极性。其二，现有时间银行模式需要先提供服务才能得到时间货币，对于那些年老体衰的中高龄老人来说由于很难为他人提供服务获得时间货币，当然很难使用时间货币获得所需服务，而这些人才是时间货币最重要的需求者和使用者，也是最需要得到社会照顾的人。现在社区中高龄老人只能压抑自己的这方面需求，或者等待志愿者的施舍才能被动接受服务，而在接受服务的时候由于自己不能给予志愿者直接回报，无法支付服务的对价，总觉得是欠了别人的人情，自己无法偿还而心中有愧，以致影响他们主动提出照顾需求。因此，现有时间银行模式压抑了中高龄老人的社会照顾需求，并没有真正满足中高龄老人迫切需要得到的生活照顾。

引入社区货币的可行性在于：①中高龄老人有巨大的潜在需求；②当今社会存在大量的闲置劳动力资源，人们的社会参与度较高；③互助养老有广泛的群众基础，人们自愿参与互助养老的意识不断增强；④政府有强大的信用，致力于实现老有所养的社会目标；⑤现代货币理论为发行和引入社区货币提供理论基础。如果政府以国家信用为担保发行社区货币，社区货币作为社会照顾服务的媒介得到社会的普遍认可和接受，必然能够扩大愿意提供社会照顾服务的人员供给，满足中高龄老人的日常生活照顾需求，有效扩大照顾服务的社会产出。这是因为：一方面，引入由政府发行的社区货币，社区居民将发现，当自己有劳动能力时去照顾身边的中高龄老人得到社区货币，当自己年老时可以凭社区货币得到来自其他人的社会照顾，可以免除自己和儿女的后顾之忧，那么必然激励能够提供服务的社区居民积极投身于照顾身边老人的社会大潮中；另一方面，社区内需要得到照顾的中高龄老人得到政府通过转移支付发放的社区货币，必然释放自己被压抑的照顾需求，积极使用社区货币获得所需的照顾服务，获得极大的满足。因此，社区货币的发行和引入，极大地提高了社会照顾的总需求水平，同时使大量闲置或潜在的社会资源得以有效利用，极大地提高了总供给水平，而从长远来看，社会照顾的总供给水平的提高是社会照顾产出增长的主要决定因素。

与以往研究不同，本文尝试从现代货币理论视角出发探讨现行时间银行模式存在的局限性。现代货币理论认为，第一，货币作为支付的一般性承诺，这些承诺只有在官方的货币账户中才能成为货币，只有国家才能有权威定义货币账户（Ingham，2004）。根据这一理论，只有政府才有资格发行货币，时间银行作为非营利性机构是没有资格发行货币的。现行时间银行记账使用的虚拟时间货币虽然被冠以货币之名，并不是真正意义上的货币。第二，货币作为发行者的借据必须有明确的发行人，当发行人收回自己发出的借据时，也就偿还了债务。现行的时间银行没有明确的发行人，时间货币是在劳动中自动产生，由于没有明确的发行人，也就没有人愿意承担时间货币的兑现责任，用时间货币换取所需的照顾服务很难得到保证，当然不能被人们广泛接受。货币为发行者的借据，理论上任何人或者机构皆可发行自己的借据，重点在于所发行的借据会不会被大众所接受。由代表政府的央行发行的法币之所以能被大众所接受并在全国流通，主要是因为央行代表着国家的信誉并且法币由国家法律保障实施而被强制接受。由于时间银行作为非营利性机构没有偿还能力，当然没有能力发行让整个社会接受的时间货币，这是现行时间银行项目在国内外实践中发展受阻的最根本原因。

政府通过发行社区时间货币相当于为整个社会创造了新的社会财富，可以实现老有所养的社会公共目标。根据现代货币理论，货币是政府的负债，是持有者的资产，政府通过负债创造时间货币，相当于为整个社会创造了金融财富。为实现老有所养的公共目的，如果政府发行区别于金钱货币的另类货币——时间货币，并将这些新创造的金融财富转移支付给需要照顾的中高龄老人。其他社会成员为得到这些金融财富，自然会牺牲一部分闲暇时间（休息娱乐时间）主动去照顾身边需要照顾的老人，将这些照顾老人的时间以社区货币为媒介储存起来，等到年老丧失劳动能力时，使用社区货币得到其他人的照顾服务，这样政府通过发行社区货币作为互助养老代际交换媒介，可以实现将照顾老人的社会责任一代一代向下传递。综上，政府发行社区货币必将在老龄社会发挥特殊贡献和积极作用。

2. 引入社区货币试验的实践准备

针对时间银行模式的现存问题，东北大学国家自然科学基金项目“社区货币对养老服务代际交换的作用机制”课题组，在沈阳市大东区民政局的支持下，在相关社区开展引入有政府担保的社区货币探索性试验，希望通过实践探索验证理论方面的思考。为更好地在实践中推广有政府担保的社区货币试验，在民政局的建议下，课题组于2015年成立非企业性社会组织“红金时养老服务储蓄中心”，性质上是一种新型时间银行，并以东北大学为申请人申请了三项国家专利，分别是面值为2小时、1小时、半小时的“社区时间货币”专利，得到一家专业管理公司“辽宁久久养老管理公司”的支持，在试点社区开展引入社区货币试验。

在试点初期由“红金时养老服务储蓄中心”向社区年满75岁以上老人发放面值为2小时、1小时、半小时的社区货币，投放量原定为每人每月20小时，社区75岁以上老年人凭身份证免费领取。老人得到社区货币后可以使用社区货币获得由社区居民提供的日常生活照顾服务，也可以在社区获得所需服务，而其他社区居民自愿照顾身边需要照顾的中高龄老人获得社区货币，以后需要帮助时利用社区货币得到所需的服务。由此社会照顾服务的提供者范围进一步扩大，不只限于低龄老人，还包括大学生志愿者、有工作但休息时想做志愿服务以及有闲暇时间愿意利用闲暇时间奉献爱心的所有人士。虽然试点阶段社区货币只在试点社区内使用，但社区货币却是非常有前途的信用媒介，如果探索性试验成功，有望获得政策试点在各社区先行先试，为社区居家养老探索一条新的途径。

课题组选择以沈阳市大东区富强居家养老中心为探索性试验试点。大东区富强居家养老中心目前设立日间托管照护站、设有打羽毛球的锻炼室，打麻将的娱乐室，以及由社区志愿者提供服务的康复理疗室。在大东区民政局的支持下，富强居家养老中心专门为课题组开辟一间独立的工作室，作为时间银行工作站，由久久养老公司派出工作人员负责经营社区货币的日常发放、流通、借贷和管理。课题组以“红金时养老服务储蓄中心”的名义向符合条件的年满 75 岁以上老人每月发放社区货币，社区货币包括半小时、1 小时和 2 小时面值，秉着老人自愿领取自愿使用的原则，只在社区内部流通使用。老人免费领取的社区货币、社区居民通过参与志愿活动获得的社区货币，根据自己的需要和兴趣可以在学习中心学习乐器、太极、瑜伽等课程，也可以在康复理疗室使用。由于社区人手和服务能力有限，原定每月发放 20 小时改为每月发放 5 小时。在发放时，由于还没有建立电子档案，所以由纸质文档记录老人的基本情况以及社区货币的领取情况，年末将纸质文档数据输入电脑进行整理统计，下文将从领取社区货币的老人基本情况和社区货币的使用情况进行统计分析，找出存在的问题，为以后政策试点提供借鉴。

6.1.2 试验结果的统计分析与存在不足

1. 引入社区货币试验的总体情况

在大东区民政局的支持下，探索性试验在沈阳市大东区富强居家养老服务中心展开，课题组从 2017 年 2 月到 2018 年 2 月进行为期 1 年的探索性试验。首先是关于社区货币的发放和领取。时间银行工作站每月 25 号发放下一个月的社区货币，年满75岁以上老人自愿领取；其次是领取社区货币的老人情况和赚取社区货币的服务人员情况。初期有258人到时间银行工作站进行登记，剔除不符合年龄的老人、未到社区领取的老人，实际领取社区货币的老人有205人；在服务人员方面，除去在社区工作的工作人员外，有4名志愿者除去休息日每天都在社区工作7小时，有10名志愿者除去休息日每天在社区提供服务2小时，有24名志愿者每周在社区志愿服务2小时；最后是社区货币实际的领取和发放情况。根据时间银行工作站记录的数据，截至2017年底，一年内共发放2095小时的社区货币，年末统计时共收回631小时的社区货币，根据时间银行工作站记录的基本信息，对老人的基本情况进行简单统计，包括老人的性别、年龄、婚姻状况、月收入情况及居住情况的分析（见表6-1）。

2. 老人基本情况的统计分析

从统计数据得出，领取社区货币的老人男女比例为1.2∶1，年龄相对集中在75岁到84岁，已婚、与配偶居住、月收入在2000~2999元的老人相对更多。其中75岁以上老人中男性有112人，女性有93人，男性参与度相对较高。另外，将年龄分为75~80岁，80~85岁以及85岁以上三个阶段，通过分段统计显示75~80岁的老人有98人，80~85岁的老人有89人，85岁以上的老人有18人，通过图6-1可以更加直观地看出领取社区货币的各年龄段老人分布情况：其中75岁到85岁之间的老人占91%，这个年龄阶段的老人占比较高，可能是这个年龄段老人自身的健康状况良好，身体情况允许他们更多地到社区参加活动，在社区也较为活跃，愿意接受新事物；而85岁以上老人可能由于身体原因，到社区的频率较少，对社区货币的了解程度不高，因此这个年龄段领取社区货币的老人相对较少。

表 6-1　领取社区货币老人基本情况

基本情况	特征	人数	比重（%）
性别	男	112	54.6
	女	93	45.4
年龄	75~79 岁	98	47.8
	80~84 岁	89	43.4
	85 岁以上	18	8.8
月收入情况	1000 元以下	3	1.5
	1000~1999 元	20	9.8
	2000~2999 元	131	63.9
	3000~3999 元	40	19.5
	4000 元以上	11	5.3
婚姻状况	已婚	98	62.9
	丧偶	58	37.1
居住情况	独自居住	48	23.4
	与配偶居住	119	58.1
	与子女居住	38	18.5
总计		205	100

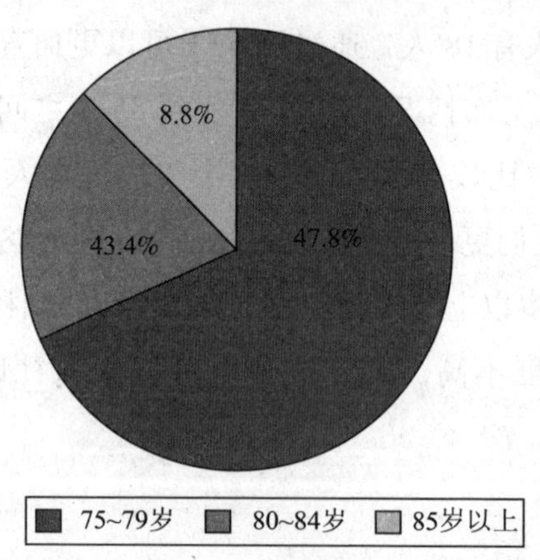

图 6-1　领取社区货币的老人的年龄段分布

为进一步了解领取社区货币老人的基本情况，根据老人的婚姻状况和居住情况交互统计分析参与探索性试验的老人情况。在登记的 258 人中，剔除未登记以及无法获知的信息，有 98 人已婚，58 人丧偶，以此为基础将老人的婚姻状况和居住情况进行交互统计（表 6–2）。由表 6–2 可看出更多的已婚老人都选择与配偶居住，而丧偶的老人大多数选择独自居住，在这两种情况下，老人和子女在一起生活的很少，只有 7 人。在当今中国独特的家庭结构下，很多独生子女在外地工作生活，而老人不愿意离开自己生活已久的地方，加之很多老人不想让自身的养老问题成为子女的负担，所以大多数的老人都选择独立生活在自己熟悉的社区。统计显示，有配偶且与配偶居住、丧偶且独自居住的老人领取的社区货币占比为 87%，也就是说，未与子女一起居住的老人更多地选择去社区领取社区货币。

表 6–2　社区老人婚姻状况与居住情况的交互统计

	已婚	丧偶
与子女居住	7	13
独自居住	0	42
与配偶居住	88	0

此外，收入情况是关乎老人养老生活质量的重要因素，在登记的时候我们将老人的每月收入分为三个层次，分别为 2000~2999 元、3000~3999 元及 4000 元以上。在统计的 205 位老人的收入情况中，除去未填写的老人，具体的收入情况如图 6–2 所示。根据统计了解，老人的每月收入来源基本为退休金，在领取社区货币的这些老人中，每月收入 2000~2999 元的老人有 93 人占 77%，每月收入 3000~3999 元的老人占 15%，每月收入 4000 元以上的老人较少为 8%。可以看出，每月收入较低的老人更倾向于在 时间银行领取社区货币，他们通过使用社区货币比以往得到更多的社区服务，也从侧面说明社区货币的发行可以增加低收入老人的福利。在社区货币已经发放一年的情况下，根据统计分析，大致可以总结出，75 岁到 85 岁的老人，未与子女一起居住的老人，以及每月收入偏低的老人更倾向于在社区领取社区货币，也在一定程度上说明大部分老人是接受和认可在社

区使用社区货币获得照顾服务的。

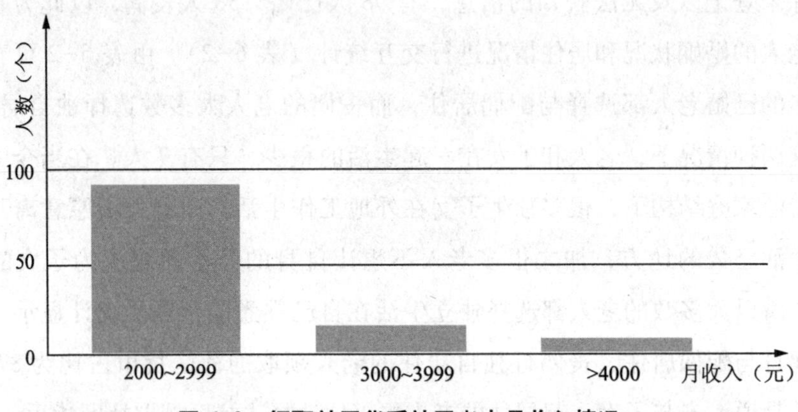

图 6-2　领取社区货币社区老人月收入情况

3. 社区货币发放、领取、使用情况分析

试点期间，时间银行大东区分理处每月 25 日开始发放下一个月的社区货币，中高龄老人凭有效证件每月自愿领取，其他年龄社区居民如果临时需要社区服务，暂时还没有赚取到社区货币，可以凭身份证在时间银行免费借出一定数量社区货币（每人每次 5 小时，只有到期如数归还才能再借），但在试点运行 1 年以来，没有居民主动到时间银行进行借贷。由于社区居民照顾老人或参与社区志愿活动获得的社区货币并没有到时间银行储存起来，而是选择在学习中心直接消费使用，导致这部分交易量没有留下记录，社区货币的实际流入量和流出量无法准确计量，本书只能统计时间银行每月发放社区货币的情况、老人领取社区货币的情况以及社区提供社区服务回收社区货币的情况。

从统计数据显示，社区货币在试点开始的上半年发放比较多，下半年发放数额有一定减少，但仍能保持每月发放量 140 小时左右，意味着每月至少有 28 人到时间银行领取社区货币（见表 6-3）。根据时间银行记录的领取社区货币老人的原始数据，领取社区货币的老人共有 205 人，按每人每月领取 5 小时，一年内每人最多可以领取 60 小时的社区货币（见表 6-4）。由表 6-4 可计算出时间银行一共给老人发放了 2095 小时的社区货币，领取 5 小时时长的老人人数占总人数的 60%，领取超过 5 小时时长的人数占总人数的 40%。

表 6-3　时间银行按月发放社区货币情况

发放时间	发放数额（小时）
2017. 2. 25～3. 24	150
2017. 3. 25～4. 24	245
2017. 4. 25～5. 24	210
2017. 5. 25～6. 24	195
2017. 6. 25～7. 24	205
2017. 7. 25～8. 24	140
2017. 8. 25～9. 24	165
2017. 9. 25～10. 24	155
2017. 10. 25～11. 24	160
2017. 11. 25～12. 24	175
2017. 12. 25～1. 24	155
2018. 1. 25～2. 24	140
合计	2095

表 6-4　试点社区老人领取社区货币情况

领取时长	人数
5 小时	116
10 小时	28
15 小时	13
20 小时	9
25 小时	7
30 小时	7
35 小时	4
40 小时	3
45 小时	1
50 小时	1
55 小时	0
60 小时	2

社区货币目前主要在学习中心和康复理疗室使用。学习中心和康复理疗室的服务人员都是社区的志愿者，他们利用自己的闲暇时间为社区老人提供学习帮助和其他服务，但在学习中心收取的社区货币随时被消费并流通使用，无法统计社区货币的具体流通使用量，目前只有康复理疗室的服务人员在为老人服务的同时收取社区货币。通过服务人员的记录，可以获知从初始到年末统计时共收回 631 小时的社区货币，收回的社区货币占发放的社区货币的 30%。发放的社区货币多于回收的社区货币，出现这个问题的原因，通过询问社区服务人员了解到，很多老人由于生病住院、走亲访友或是出门旅游等原因，就只在社区领取了一次社区货币而且也并没有使用。而领取时长多的老人认为每月只发放 5 小时的社区货币太少，所以他们很多人先将社区货币存起来，等到自己需要的时候再在社区使用。此外，社区工作人员反映，还有一些志愿者在社区提供志愿服务，通过参与志愿活动赚取的社区货币用来听课消费或直接赠与他人，社区货币直接在社区内部流通使用，并未有相关回收的记录。

以上是社区货币发放、领取和使用情况，可以看出虽然社区货币的普及度还不高，但还是有相当一部分老人在持续使用社区货币，老人对于试验发放社区货币支持社区居家养老也是接受的，并且愿意在社区服务中使用社区货币。

4. 存在的问题与不足

尽管试验取得一定成效，但从试验开展，以及领取社区货币的老人基本情况和社区货币的使用情况可以看出，探索性试验还存在很多的问题。

首先，时间银行发放社区货币还是人工记录，还没建立相应的电子信息记录系统，而人工记录有很多弊端，如数据可能丢失、可能漏记、记录错误等，而且人工记录的效率较低，也不易保存。建议开发社区货币信息管理系统，与社区货币的发放、存储、流通、借贷相配套，志愿者基本情况和老人的基本情况都可以通过社区货币信息管理系统进行全面系统的记录和保存，社区货币也有望逐渐成为量化志愿者提供服务的尺度，更方便调动社会各界为老人提供服务，更好地满足老人的实际需求，志愿服务效率也更高。

其次，从社区货币的领取情况可以看出，领取45小时以上的老人还很少，社区货币在社区使用的持续性还较差。可能由于在社区能够使用社区货币的服务项目还很少，社区也没有建立规范化的服务项目，多数老人目前只能在社区的康复理疗室使用社区货币进行理疗，使用社区货币实际能获得的福利还很少，社区货币的价值并没有真正体现。未来社区可以根据社区货币的领取情况和志愿者数量设立更多的规范化服务项目，提高服务质量，如上门为老人打扫卫生获得社区货币、上门送餐获得社区货币、陪同老人去医院挂号看病获得社区货币等服务项目。

最后，社区货币的权威性还没有建立，社区居民对社区货币的认知度依然较低。目前社区货币还只是在试点社区使用，社区居民与志愿者对社区货币还没有明确的认识，一些社区居民和志愿者虽然为老人提供服务，但未将社区货币存储起来，而是选择即时消费掉或赠与其他人马上转手，这样社区货币并没有作为交易货币、支付货币以及储蓄货币而得到更多人认可。要使社区货币真正成为人们信任的除了金钱货币的另一类货币，还需要政府全面介入发挥主导作用，单靠社会力量还很难让社区货币得到更多人的认可和接受。

6.1.3 结论与思考

本书将理论研究成果直接应用到社区实践中，为验证理论研究结论，在试点社区开展引入社区货币探索性试验，试验结果部分支持了理论思考。研究表明，75岁到85岁的老人，未与子女一起居住的老人，以及每月收入偏低的老人更倾向于在社区领取社区货币，证明大部分老人是接受和认可在社区使用社区货币获得社区服务的。此外，虽然社区货币的普及度还不高，但还是有相当一部分老人在持续领取、使用社区货币，老人对于试验发放社区货币支持社区居家养老也是接受的，并且愿意在社区服务中使用社区货币。但试验结果与预期相比还有很大差距，社区货币在社区居家养老中的流通使用还存在很多问题，社区货币的认可度和接受度还有待进一步提升。

综上分析，引入有政府担保的社区货币可以支持时间银行可持续发展，成为支持社区居家养老的有效补充，但在其发展成熟之前还有很多不完善之处，需要理论与实践共同努力逐步地解决面临的问题，条件成熟时在更多社区试验推广。虽然在社区试点使用社区货币并没有解决目前时间银行模式在我国社区居家养老运行中存在的全部问题，但引入有国家信用保障的社区货币是改进时间银行模式的一种新的探索，希望对各地试点开展时间银行模式提供一些借鉴和一种新的思路。

研究的不足之处在于本次试验参与的试验对象较少，由于样本量太少，回归结果都不显著，无法进行实证研究，一定程度上影响本书研究结论。如果未来能够获得政策支持，在更多社区进行政策试点，社区货币有望得到更多的人接受，得到更多人的认可，那么我们将获得更多试验数据支持，后续可以进行实证研究，为政府发行有国家信用保障的社区货币提供理论支撑。

6.2 引入社区时间货币试验调查及其满意度分析

基于以上理论分析和试验情况，采用问卷调查的方法收集数据，尝试研究引入社区货币对互助养老供求的影响，以下介绍问卷调查设计与调查过程。

6.2.1 调查方法设计

为调查引入社区货币对互助养老供求的影响，在对引入社区货币满意度调查的基础上，分别从老人角度和年轻人角度研究引入社区货币对养老服务供给和需求的影响。对于在社区引入社区货币对养老服务需求影响的实证研究进行特别说明，因为在社区试点发放社区货币一年，所以这部分实证数据的来源为社区记录的领取社区货币的老人的相关信息。此外，通过问卷调查获得所需数据，在调查对象的选择方面，因为社区货币以沈阳市大东区富强居家养老中心为试点进行发放，所以老人对引入社区货币的满意度的数据是以富强居家养老中心的老人为随机抽样的对象，考虑到可以进行分析的样本量，调查对象标准：一是55岁以上老人，二是在社区中了解、领取和使用社区货币的人。以这些老人为调查对象，是因为他们通过自身的了解和体验能更好地反映出社区货币的优势和存在的弊端，以及社区货币的发放是否可以影响互助养老服务。

另外，不仅老年人关注养老问题，年轻人也关注自己父母的养老问题和自己以后的养老问题，年轻人的态度关乎社区货币后续发展，所以也作为随机抽样的对象，以获得引入社区货币对社区居家养老服务供给影响的实证研究数据。调查对象标准：一是55岁以下年轻人，二是受调查者没有地域限制。因此针对不同的调查对象，共设计了两种调查问卷，向老人发放的调查问卷内容包括：老人基本情况、对社区养老服务的诉求、影响养老服务供给不足原因、老人使用社区货币对养老服务的需求影响满意度等方面；向年轻人发放的调查问卷内容包括：年轻人基本情况、是否考虑父母养老问题、以社区货币为媒介向老人提供服务的可能性等。

以下对调查问卷的设计进行简单的说明，首先在发放调查问卷之前，明确了发放问卷的目的是调查老人对发放的社区货币的满意度以及老人和年轻人对社区货币的需求情况及其影响因素。其中，设计以老人为调查对象的问卷是为了获得老人对引入社区货币的满意度实证研究数据；设计以年轻人为调查对象的问卷是为了获得年轻人对社区货币的需求及其影响因素；引入社区货币后老人对社区货币的需求情况可以反映老人对互助养老服务的需求情况，这些实证研究数据由社区所记录的相关信息获得。其次，根据调查问卷发放的目的，采取随机抽样的方法，并明确调查对象，以此设计调查问卷。最后，调查问卷问题的设置由易到难，具有一定的逻辑性。

6.2.2 问卷调查（及个案访谈）过程

1. 问卷调查情况

首先是针对老人的调查问卷，本次调查自2017年11月3日开始进行准备工作，调查步骤是：与社区工作人员沟通确定好去社区的时间，在社区时间银行工作处随机抽选了解、领取和使用社区货币的老人进行调查，问卷调查的方式是现场问答式，75 岁以下老人在领取到问卷后自行填写，填写完成后由调查员统一收取，考虑到 75 岁以上老人对问卷的阅读和理解存在一定困难，所以由问卷调查负责人向老人复述调查问卷问题和选项，让老人理解问题和选项的意思，然后由老人做出选择，因为每一份调查问卷都是由课题组亲自完成，所以 75 岁以上老人问卷的有效率是 100%。第一次去社区时间为 2017 年 12 月 4 日，共完成问卷 8 份，第二次去社区时间为 2017 年 12 月 13 日，共完成问卷 6 份，每次调查耗时一天时间。在第一份调查问卷的基础上设计完成第二份调查问卷，第三次去社区的时间为 2017 年 12 月 19 日共发放调查问卷 300 份，到 2017 年 12 月 27 日共收回问卷 286 份，其中有效问卷 264 份，加总所有调查问卷，此次调查共发放 314 份调查问卷，有效问卷为 278 份。

其次，在以老人为调查对象问卷的基础上设计完成以年轻人为调查对象的问卷，使用问卷网软件，在线设计、发放调查问卷，在 2018 年 1 月 29 日发出调查问卷，在线发放两个星期时间，共收集 203 份调查问卷。最后，从发出两种类型的问卷到最后全部收回共历时 71 天，有效问卷共 481 份。在此基础上进行调查问卷的分析。

2. 个案访谈

个案访谈对象是在社区领取社区货币的 75 岁以上的老人以及社区工作人员，选择了 2 位经常领取社区货币的老人和 2 位社区工作人员，共访谈 4 人，以研究发放社区货币基本情况、引入社区货币满意度及引入社区货币后养老服务需求情况。访谈内容大致包括目前领取社区货币的老人在 1 年中是否持续到社区领取，未持续领取的原因；社区目前提供哪些养老服务项目，可以使用社区货币的有哪些；老人对社区养老服务项目的总体评价，对社区工作人员评价及对社区货币的满意度等方面。在访谈前，征得访谈人员同意，将问题拟定提纲；访谈中，将访谈内容简明扼要地记录；访谈后将访谈内容整理成文字资料，作为研究目前养老服务供给不足原因、社区货币满意度及引入社区货币对社区居家养老服务需求影响的定性分析的依据。选取一名老人和一名社区工作人员的访谈内容做介绍。

与老人的访谈记录如下：

调查人员：您对社区养老服务是否满意？对发放社区货币是否满意？

老人（甲）：社区养老服务总体不错，但是还不能提供上门修理这些服务；社区时间银行照护站每月都发放社区货币，可以在社区使用社区货币做理疗服务，我很满意。

调查人员：目前您通过使用社区货币都获得了哪些服务？还有哪些服务您想获得，但社区还没有提供？

老人（甲）：使用社区货币可以在社区做理疗、按摩，可以到社区听一些课程，我比较喜欢来听书法课和英语课。另外，我希望可以有人帮我修理一些家用电器，或者有人定期探访一下，这些都能用社区货币，但是目前还不行。

调查人员：您对社区货币的使用还有哪些建议吗？

老人（甲）：我有一些建议，第一是我们社区现在使用社区货币能获得的服务项目有些少，社区可以多增设一些服务；第二是每月发放 5 小时社区货币有些少，我有时要在社区多领几个月再使用，所以社区可以计算一下每月发放多少比较合适；第三是有些面值，比如说 2 小时，不太好使用，可以调查一些我们经常使用的、比较喜欢的面值有哪些，社区对发放的面值进行调整；第四是我们小区里的很多老人都不知道社区货币是什么，我认为社区工作人员可以多做一些宣传。

与社区工作人员的访谈记录如下：

调查人员：社区货币的发放是否顺利，老人是否持续每月到社区领取社区货币，没有持续领取的原因您是否清楚？

社区工作人员（乙）：社区货币从开始发放到目前还比较顺利，持续 6 个月以上到社区领取社区货币的老人有 30 人左右，另外我们了解到很多老人没有持续领取是因为自身原因，有的老人生病住院，有的老人出去旅游或是走亲访友，所以没有到社区持续领社区货币。

调查人员：您获得老人（或您）对社区服务和社区货币的发放情况有

怎样的评价？

社区工作人员（乙）：老人总体上对社区的服务工作是满意的，对于社区货币的发放他们大部分也很满意。我个人认为我们还有很多不足的地方，受到很多因素的限制，能使用社区货币的服务项目还很少，很多老人也反映过这个问题，但我们目前还没有能力解决这些问题。

调查人员：您觉得目前社区养老服务供给方面还有哪些问题和困难？

社区工作人员（乙）：虽然目前我们能为老人提供一些服务项目，但毕竟有限，总的来看，我们缺乏资金和服务人员，也缺乏专业的指导，这些都制约了时间储蓄的发展。虽然社区货币在一定程度上能缓解目前的一些问题，但是由于没有权威保障，人们的参与程度也不高，另外很多人也不了解社区货币，害怕使用社区货币出现一些问题。

综合以上访谈内容，老人对社区提供的服务和发放社区货币总体满意，社区工作人员对社区老人所需服务比较了解，对社区货币的领取情况比较清楚，但由于社区目前提供的养老服务项目有限，社区工作人员短缺，及社区货币使用的局限性，老人的很多需求还无法满足，居家养老时间储蓄模式和社区货币的试点使用还存在一定问题，社区工作也有待改进。

3. 问卷质量控制

首先，问卷的设计符合此次调查的目的，在反复修改的基础上精简问题数量，有逻辑地安排问题，最大程度上避免提出使受访者感到抵触的问题。其次，调查员作为访问人员已经了解相关专业知识，在调查过程中逐个问题进行调查，遇到老人不理解的情况没有引导老人回答相关问题，在设计调查对象为年轻人的问卷时，对于专业名词问卷中附有相关解释。最后，在做问卷调查时为了让社区老人更加配合，每个老人回答完问卷后我们都将准备的礼品赠与老人，以期再次合作。

4. 问卷内容设计概况

问卷分为以老人为调查对象的问卷和以年轻人为调查对象的问卷，以老人为调查对象的问卷大致分为四个部分，以年轻人为调查对象的问卷大致分为三个部分。

第一部分被调查者基本情况，包括性别、年龄、月收入、受教育程度、居住情况，以老人为调查对象的问卷中涉及老人喜欢的养老模式，以年轻人为调查对象的问卷中涉及社区货币的基本概念、是否考虑父母的养老问题。

第二部分为对社区货币的相关态度，包括对目前影响社区居家养老服务供给不足的主要原因的看法、社区货币是不是支持社区居家养老的一种好的方式、社区货币是否可以在一定程度上缓解养老服务供给困难、老人对在社区发放社区货币的满意度。

第三部分在引入社区货币的背景下，老人对社区居家养老服务的诉求和年轻人可以提供的社区居家养老服务，在这里社区居家养老服务包括日常照料服务、生活护理服务、精神慰藉服务。

第四部分邻里关系调查，以老人为调查对象的问卷涉及了与邻里相关问题，虽然这部分没有在论文中体现，但为以后进一步研究提供一些依据。

总的来看，问卷调查从设计到收集、整理统计数据、进行相关分析相对合理，但是由于时间和调查人员较少等客观原因，使得样本量较少，对老人的调查集中在社区，调查范围受到一定限制，综合以上原因还有很多不完善之处，这为接下来的实证研究会产生一定影响。

6.2.3 引入社区货币满意度调查分析

调查引入社区货币的满意度及其对社区居家养老服务的影响，根据所获得的数据，选择 Probit 模型和多元 Logit 模型，利用 stata 软件进行分析。结合调查目的和能掌握的数据，主要从调查引入社区货币后老人的满意度、引入社区货币后养老服务的供给和需求情况三个方面进行分析。具体分析情况以下进行详细介绍。

在分析试点社区老人对引入社区货币的满意度前，先要了解老人对社区货币的态度，通过问卷做简单的统计，问卷问题为“通过以上对社区货币的大致了解，您认为它是支持居家养老的一种好的方式吗?”问卷共调查278位老人，其中64.7%的老人认为社区货币是支持居家养老的一种好的方式，32.7%的老人认为有没有社区货币都可以，2.5%的老人认为它不是支持居家养老的一种好的方式（见图6-3）。

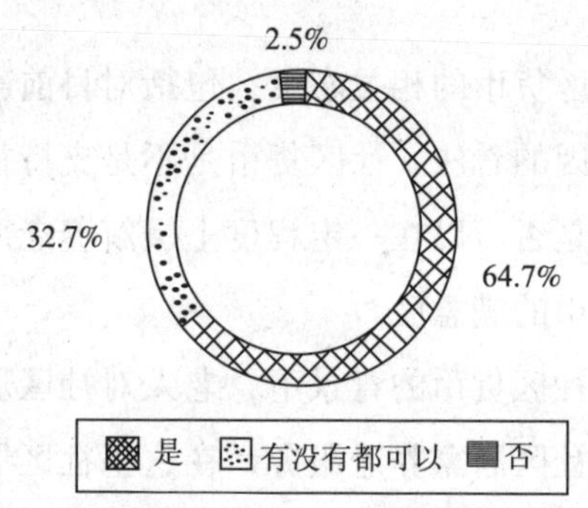

图6-3　对社区货币是否支持居家养老的态度

在此基础上，进一步了解在社区居家养老中引入社区货币后，老人对它的满意度。

在模型选择方面，根据此次调查的目的，我们要研究的是人们对引入社区货币的满意度，其含义是在社区养老服务中引入社区货币，人们是否感到满意，包括非常满意、比较满意、一般、比较不满意、非常不满意，将满意度调查数据进行归类处理，将“非常满意”“比较满意”两类调查结果统一归为“满意”一类，取值为1；将“一般”“比较不满意”“非常不满意”调查结果统一归为“不满意”一类，取值为0。另外，通过定性分析，不同年龄、性别、受教育程度以及收入情况和居住情况等都在一定程度上影响人们对引入社区货币的满意度，因此采用有序probit模型对引入社区货币的满意度进行分析，以求更客观地分析影响人们对社区货币满意度的各因素的作用方向以及更准确地测定其影响程度。

$$Y^* = \beta_0 + \beta_1 X_1 + \cdots + \beta_k X_k + \varepsilon \tag{6-1}$$

以及

$$Y = \begin{cases} 1，当Y^* > 0 时，人们为满意 \\ 0，当Y^* \leqslant 0 时，人们为不满意 \end{cases} \quad (6-2)$$

（6-1）式中假定 ε 独立于解释变量，且呈标准正态分布，从而 probit 模型可以表示为

$$\begin{aligned} Pr = (Y = 1 \mid X_1, X_2, \cdots, X_k) &= Pr(Y^* > 0 \mid X_1, X_2, \cdots, X_k) \\ &= \Phi(\beta_0 + \beta_1 X_1 + \cdots + \beta_k X_k) \end{aligned} \quad (6-3)$$

其中 $X = x$，因此（6-3）式可写成

$$Pr = (Y = 1 \mid X = x) = Pr(Y^* > 0 \mid X = x) = \Phi(\beta_0 + \beta_1 x_1 + \cdots + \beta_k x_k) \quad (6-4)$$

其中，Φ 为标准正态累计分布函数；Y^* 是不可观测的潜在变量；Y 则是实际观测到的因变量，表示人们对引入社区货币是否满意，0 为“不满意”，1 为“满意”；X 为影响因素向量；x 为实际观测到的影响因素；k 为影响满意度因素的个数，$k = 1, 2, \cdots 5$。从而 y 的分布函数就为：

$$P(y) = \Phi(\beta_0 + \beta_1 x_1 + \cdots \beta_k x_k)^y [1 - \varphi(\beta_0 + \beta_1 x_1 + \cdots + \beta_k x_k)]^{1-y},$$
$$其中（k=1，2，\cdots 5） \quad (6-5)$$

如上，可以通过似然函数最大化来估计参数值。

在数据处理方面，本次问卷调查在社区向老人共发放 314 份问卷，其中有效问卷 278 份。观察不同因素对老人对引入社区货币的满意度的影响有何不同。为了保证样本量，使调查相对合理，此次调查选择 55 岁以上的老人为调查对象，另外调查中涉及一些定性的变量，这里将定性数据转化为定量数据（见表 6-5）。

表 6-5 老人组变量及其含义

变量（影响满意度的因素）	变量含义
性别 x_1	女性=0；男性=1
年龄 x_2	55~64 岁=1；65~74 岁=2；75~84 岁=3；85 岁及以上=4
月收入情况 x_3	1000 元以下=1；1000~3000 元=2；3000~5000 元=3；5000 元以上=4
受教育程度 x_4	小学以下=0；小学=1；初中=2；高中=3；高中以上=4
居住情况 x_5	独居=0；与配偶住=1；与子女住=2

在数据分析结果方面，将引入社区货币满意度及主要变量进行简单的统计分析，对调查数据分类与汇总。从表 6-6 统计结果可以看出，在总样本中，有 90 人选择“非常满意”，有 91 人选择“比较满意”，所占比例共为 65.2%，其余人选择了“一般”“比较不满意”和“非常不满意”，比例分别为 24.8%，8.6%和 1.4%，整体来看大部分老人对居家养老引入社区货币是满意的，这也从侧面说明社区货币对老人养老问题有一定的影响。

表 6-6 老人对引入社区货币的满意度统计结果

满意度	非常满意	比较满意	一般	比较不满意	非常不满意	观察值
总样体及占比（%）	90	91	69	24	4	278
	32.4	32.8	24.8	8.6	1.4	100

老人性别、年龄、受教育程度、月收入情况、居住情况等如表 6-7 所示，在调查的 278 位老人中男女比例约为 1∶1，性别分布比较均匀；65~74 岁的老人居多有 118 人占 47.4%；在受教育程度上，有 99 位老人受过高中以上的教育，占比为 35.6%。

通过原始数据计算，老人平均月收入为 3315.5 元，对老人来说可以维持生活，但在问卷中包含一部分未退休的老人，这在一定程度上会拉高老人的月收入。月收入在 1000~5000 元之间的老人有 243 人，占总人数的 87.4%，其中月收入在 2000 元左右的老人有 90 人。从数据来看，老人的月收入情况基本可以满足老人的日常生活需要。

将老人的居住情况简单地分为独居、与配偶居住及与子女居住，在居住情况方面，独居老人有 39 人，与配偶居住的有 172 人，与子女居住的有 67 人。选择与子女居住的老人占 24.1%，相对较少，这与老人不想给自己的子女增添麻烦以及不想离开自己生活已久的居住环境有一定的关系（表 6-7）。

表6-7 老人基本情况调查

变量	特征	频数	比重（%）
性别	男	135	48.6
	女	143	51.4
年龄（岁）	55~64岁	86	30.9
	65~74岁	118	47.4
	75~84岁	63	22.7
	85岁以上	11	4.0
受教育程度	小学以下	8	2.9
	小学	31	11.2
	初中	61	21.9
	高中	79	28.4
	高中以上	99	35.6
月收入情况	1000元以下	6	2.2
	1000~3000元	90	32.4
	3000~5000元	153	55.0
	5000元以上	29	10.4
居住情况	独居	39	14.0
	与配偶居住	172	61.9
	与子女居住	67	24.1

下面将量化数据引入Stata中，利用有序Probit模型对在社区居家养老服务中引入社区货币后老人的满意度进行分析，表6-8汇报了老人对引入社区货币满意度的回归结果。如表6-8所示，Prob>Chi2=0.0000，表示模型整体显著性P值远低于5%，似然比统计量LR为66.38，准R2为0.1846，表6-8计算了有序Probit模型准确预测的比率，此次正确预测的比率为71.94%，说明除常数项外，整个模型的显著性较高，具有统计学意义。由表6-8可看出，性别对满意度影响在统计上不显著，系数为负说明相比于男性，女性的满意度更高，在控制其他变量不变的情况下，从边际效应可看出，女性相比于男性，满意度概率会上升8.43%。年龄显著影

响老人满意度，且为正向作用，这说明引入社区货币的满意度随着老人年龄的增长而增加。受教育程度对老人满意度影响是正向显著的，说明文化程度越高相对来说对于新事物的接收程度更快、更好，更愿意接受社区货币在社区居家养老中使用，在其他变量不变的情况下，从边际效应可看出，受教育程度每上升一个程度，满意度增加 9.57%。月收入对老人满意度影响是正向显著的，因为月收入与老人的受教育程度、所从事的工作以及退休时长有一定的关系，退休时间越长、老人年龄越大退休金也就越多，此外，受教育程度越高，所从事的工作带来的收入就越多，所以从年龄和受教育程度上也就可以说明月收入对老人满意度影响是正向显著的。居住情况对满意度影响显著性较低，呈反向关系，在控制其他变量的条件下，从边际效应可看出，与子女居住的老人相比于独居的老人的满意度会下降 13.77%，说明独居的老人对引入社区货币更满意。

表 6-8　老人对居家养老引入社区货币满意度的有序 Probit 模型回归结果

	系数	标准差	Z 值	P>|Z|	边际效应
X_1（性别）	-0.2381095	0.1734658	-1.37	0.170	-0.0843353
X_2（年龄）	0.5366475	0.1138365	4.71	0.000	0.1900737
X_3（月收入情况）	0.4660437	0.1553248	3.00	0.003	0.1650667
X_4（受教育程度）	0.270441	0.875969	3.09	0.002	0.0957867
X_5（居住情况）	-0.3888124	0.1611377	-2.41	0.016	-0.1377124
LR chi2（5）	66.38				
Prob>chi2	0.0000				
Pseudo R2	0.1846				
Log likelihood	-146.61316				
Correctly classified	71.94%				

6.3 社区时间货币需求的影响因素分析

6.3.1 老年人对社区货币需求的影响因素分析

1. 老人对社区居家养老服务的需求调查

通过问卷调查，简单了解了社区老人对居家养老服务的需求情况，并在此基础上，将进一步分析社区货币的引入对居家养老服务需求的影响。为了了解老人对居家养老服务的需求情况，主要调查了老人的养老模式的选择以及通过社区货币想要获得的养老服务有哪些。

首先是老人养老模式的选择，调查目的主要是想了解目前老人更倾向于哪种养老方式，问卷中的问题为“下面的养老模式中，您更喜欢哪种?”(见表6-9)。在278位老人中共有236位老人选择家庭养老和社区居家养老，占比达84.9%，说明老人更喜欢在自己生活的地方度过自己的晚年生活，这为在社区居家养老中引入社区货币提供了一定的支持。

表6-9 老人养老模式选择情况

分布情况 模式选择	人数（个）	百分比（%）
家庭养老	179	64.4%
社区居家养老	57	20.5%
老年公寓	30	10.8%
福利院、敬老院	12	4.3%
其他	0	0

其次是老人对养老服务的需求有哪些，调查目的主要是想要了解在使用社区货币的情况下老人的主要诉求有哪些，依据《社会养老服务体系建设规划（2011—2015）》，居家养老服务主要包括生活照料、家政服务、康复护理、医疗保健、法律服务等，根据目前社区货币大致可以使用的范围，这里将居家养老服务需求大致分为日常照料方面、生活护理方面和精

神慰藉方面，问卷中的问题为“通过社区货币，在日常照料方面，您希望获得的服务有哪些?”在这里将日常照料服务具体分为卫生清洁服务、送餐服务、日常代购、其他家政服务。“通过社区货币，在生活护理方面，您希望获得的服务有哪些?”将生活护理服务具体分为居家陪护、上门服务、陪同就医、其他护理服务。“通过社区货币在精神慰藉方面，您希望获得的服务有哪些?”将精神慰藉服务具体分为聊天解闷、读书读报、心事倾诉、定期探访（见图 6-4）。

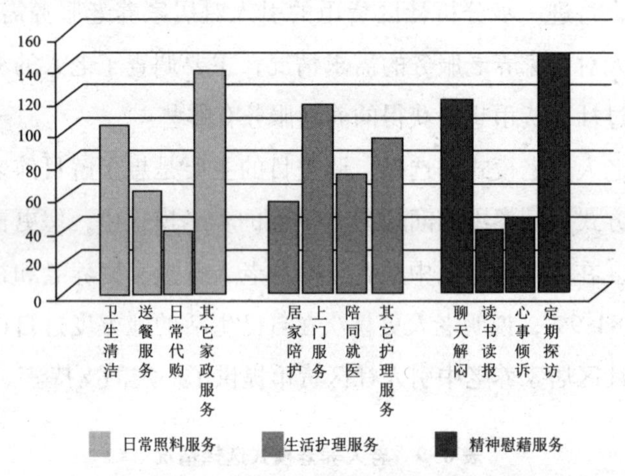

图 6-4　社区居家养老服务需求分布情况

通过图 6-4 大致了解老人的日常照料服务需求诉求情况，在可以使用社区货币的前提下，在 278 位老人中，对于日常照料服务，有 104 位老人选择卫生清洁服务，有 64 人选择送餐服务，有 40 人选择日常代购，有 135 人选择其他家政服务。其中其他家政服务，包括为有需要的老人修理东西、搬运重物、上门做饭、卫生清洁等。对于生活护理服务，有 58 位老人选择居家陪护，有 117 人选择上门服务，有 74 人选择陪同就医，有 96 人选择其他护理服务。其中其他护理服务，包括理疗服务、按摩服务、免费测量血压、上门陪护、日常购物等。对于精神慰藉服务，有 120 位老人选择聊天解闷服务，有 40 人选择读书读报，有 45 人选择心事倾诉，有 148 人选择定期探访。以上老人对于养老服务的选择或是出于自身身体原因，或是自己独自居住身边无人照顾，因此在社区居家养老服务中老人对于卫生清洁服务、上门服务与定期探访服务的需求诉求比较强烈，此外老人对于可以有人上门修理东西、搬运重物及可以在社区做理疗等这些服务也有强烈的需求。以上分析对以后社区开展养老服务有一定的借鉴作用。

通过以上调查了解老人的养老服务模式选择以及大致的养老服务需求情况，但在调查过程中通过对老人的询问，我们了解到目前社区还没有提供全面、多样的养老服务项目，老人的需求选择还受到一定限制，所以社区货币还没有大范围使用。但是通过问卷调查我们了解到在278位受调查者中，有180人认为社区货币是支持社区居家养老的一种好的方式。因此我们调查目前社区货币在社区小范围的使用能否在一定程度上支持社区居家养老服务需求，使老人获得相对多一些的服务。

2. 老年人对社区货币需求的影响因素分析

接下来介绍社区货币试引入社区内，对居家养老服务产生的影响。首先，了解影响老年人养老服务需求的影响因素。影响因素主要有老人自身的身体状况、家庭情况、年龄、婚姻状况、居住状况、经济情况以及老年人口数量等。如老人的身体状况越差、年龄越大，相应地对养老服务的需求就越高，老人子女越孝顺老人对养老服务的需求越低，另外独居的老年人相对来说对养老服务的需求较高。其次，了解目前我国养老服务的需求情况，基于我国老年人的数量，以及特殊的家庭结构，我国养老服务需求巨大。老人养老服务需求较高，但实际被满足程度较低，原因是用于支持养老服务的资金和社会服务组织存在不足、居民用于养老服务的支出较低、提供的养老照顾服务与需求不匹配等。因此针对老年人养老服务需求问题，在居家互助养老的基础上，以时间银行为依托，在社区内引入社区货币，观察社区货币是否会在一定程度上缓解目前养老服务需求受到抑制的问题。

选取试点社区试期一年的数据信息，2017年1月到2017年12月年满75岁老人每月在社区领取5小时社区货币，在试点社区老人使用社区货币可获得理疗服务，也可在一些娱乐项目中使用。社区工作人员记录了共有

205 位老人到社区领取过社区货币，在领取社区货币之初老人会在社区登记自己的基本信息，如性别、年龄以方便社区工作人员对其领取的情况进行记录，我们将可获得数据进行整理分析，利用卡方检验来分析引入社区货币对养老需求的影响，即分析社区货币会不会对抑制养老服务需求的因素产生影响。

根据社区记录的基本信息，对老人的基本情况进行简单统计，包括老人的性别、年龄、婚姻状况、月收入情况及居住情况等，具体情况如表 6-7，领取社区货币的老人男女比例接近 1∶1，年龄相对集中在 75 岁到 84 岁的老人中，此外，已婚、月收入在 2000~2999 元、与配偶居住的老人相对更多一些。

在了解基本情况后，将社区货币作为影响因素，社区记录的老人情况作为因变量，并把影响因素和因变量进行交互分类统计。通过 χ^2 检验，判定变量之间是否有相关性，为进一步分析其影响程度及原因提供依据。χ^2 检验的统计量：$\chi^2=\sum\frac{(O_{ij}-E_{ij})^2}{E_{ij}}$，其中 O_{ij} 是变量交互分类表中每一个的实际次数，E_{ij} 是交互分类表中每一格的理论次数，其中 $E_{ij}=\frac{n_i\,n_j}{n}$。根据变量显著性水平为 $\alpha=0.05$（置信度为 95%），自由度为（r-1）（c-1），其中 r 是因素，c 是变量，通过查卡方 χ^2 分布表，得到 $\chi^2_{1-\alpha}$ 的临界值，当 $\chi^2>\chi^2_{1-\alpha}$ 时，说明影响因素与变量之间具有相关性，二者不是独立变量；当 $\chi^2<\chi^2_{1-\alpha}$ 时，说明影响因素与变量之间没有相关性，二者是独立变量。

（1）将领取社区货币老人年龄与社区货币的领取情况进行交互统计，数据见表 6-10。

表 6-10　老人年龄与社区货币领取情况交互统计

小时数＼年龄	75~79 岁	80~84 岁	85 岁以上	合计
5 小时	55	50	11	116
	(55.45)	(50.36)	(10.19)	
10~20 小时	28	21	4	53
	(25.34)	(23.01)	(4.65)	
25~35 小时	13	11	3	27
	(12.91)	(11.72)	(2.37)	
40 小时以上	2	7	0	9
	(4.30)	(3.91)	(0.79)	
合计	98	89	18	205

通过χ^2检验判断老人领取社区货币与年龄之间是否有相关性。N=205，r=4，c=3，自由度（r-1）（c-1）=6，其中表中括号内的为理论次数E_{ij}。计算统计量χ^2：

$$\chi^2 = \frac{(55-55.45)^2}{55.45} + \frac{(50-50.36)^2}{50.36} + \frac{(11-10.19)^2}{10.19} + \cdots + \frac{(0-0.79)^2}{0.79} = 5.29$$

进行卡方检验，显著性水平为$\alpha = 0.05$，即95%置信区间，自由度为6，查χ^2分布表，得到$\chi^2_{1-\alpha} = 12.59$，$\chi^2 < \chi^2_{1-\alpha}$，因此判定老人领取社区货币与年龄之间不具有相关性。

（2）将领取社区货币老人婚姻状况与社区货币的领取情况进行交互统计，数据见表6-11。

表 6-11　老人婚姻状况与社区货币领取情况交互统计

小时数＼婚姻状况	已婚	丧偶	合计
5 小时	69	47	116
	(72.99)	(43.01)	
10~20 小时	36	17	53
	(33.35)	(19.65)	
25~35 小时	21	6	27
	(16.99)	(10.01)	
40 小时以上	3	6	9
	(5.66)	(3.34)	
合计	129	76	205

通过χ^2检验判断老人领取社区货币与老人婚姻状况之间是否有相关性。N=205，r=4，c=2，自由度（r-1）（c-1）=3，其中表中括号内的为理论次数E_{ij}。计算统计量χ^2：

$$\chi^2 = \frac{(69-72.99)^2}{72.99} + \frac{(47-43.01)^2}{43.01} + \frac{(36-33.35)^2}{33.35} + \cdots + \frac{(6-3.34)^2}{3.34} = 7.09$$

进行卡方检验，显著性水平为$\alpha = 0.05$，即95%置信区间，自由度为3，查χ^2分布表，得到$\chi^2_{1-\alpha} = 7.81$，$\chi^2 < \chi^2_{1-\alpha}$，因此判定老人领取社区货币与老人婚姻状况之间不具有相关性。

（3）将领取社区货币老人月收入与社区货币的领取情况进行交互统计（见表 6-12）。

表6-12　老人月收入与社区货币的领取情况进行交互统计

小时数＼月收入	1000元以下	1000~1999元	2000~2999元	3000~3999元	4000元以上	合计
5小时	1 (1.69)	1 (11.32)	73 (74.13)	33 (22.63)	8 (6.22)	116
10~20小时	1 (0.78)	12 (5.17)	36 (33.87)	1 (10.34)	3 (2.84)	53
25~35小时	1 (0.39)	7 (2.63)	16 (17.25)	3 (5.27)	0 (1.45)	27
40小时以上	0 (0.13)	0 (0.88)	6 (5.75)	3 (1.76)	0 (0.48)	9
合计	3	20	131	40	11	205

通过χ^2检验判断老人领取社区货币与老人月收入之间是否有相关性。N=205，r=4，c=5，自由度（r-1）（c-1）=12，其中表中括号内的为理论次数E_{ij}。计算统计量χ^2：

$$\chi^2=\frac{(1-1.69)^2}{1.69}+\frac{(1-11.32)^2}{11.32}+\frac{(73-74.13)^2}{74.13}+\cdots+\frac{(0-0.48)^2}{0.48}$$

$=45.73$

进行卡方检验，显著性水平为$\alpha=0.05$，即95%置信区间，自由度为12，查χ^2分布表，得到$\chi^2_{1-\alpha}=21.03$，$\chi^2>\chi^2_{1-\alpha}$，因此判定老人领取社区货币与老人月收入之间具有相关性。

（4）将领取社区货币老人居住情况与社区货币的领取情况进行交互统计（见表6-13）。

表6-13　老人居住情况与社区货币的领取情况进行交互统计

小时数＼居住情况	独自居住	与配偶	与子女	合计
5小时	32 (27.16)	63 (67.33)	21 (21.50)	116
10~20小时	6 (12.41)	33 (30.77)	14 (9.82)	53
25~35小时	4 (6.32)	20 (15.67)	3 (5.01)	27
40小时以上	6 (2.11)	3 (5.22)	0 (1.67)	9
合计	48	119	38	205

通过χ^2检验判断老人领取社区货币与老人居住情况之间是否有相关性。N=205，r=4，c=3，自由度（r−1）（c−1）=6，其中表中括号内的为理论次数E_{ij}。计算统计量χ^2：

$$\chi^2 = \frac{(32-27.16)^2}{27.16} + \frac{(63-67.33)^2}{67.33} + \frac{(21-21.50)^2}{21.50} + \cdots + \frac{(0-1.67)^2}{1.67} = 19.04$$

进行卡方检验，显著性水平为$\alpha=0.05$，即95%置信区间，自由度为6，查χ^2分布表，得到$\chi^2_{1-\alpha}=12.59$，$\chi^2>\chi^2_{1-\alpha}$，因此判定老人领取社区货币与老人居住情况之间具有相关性。

通过以上分析，可知老人领取社区货币与老人年龄和婚姻状况不具有相关性，与老人月收入情况、居住情况具有相关性。首先，数据选取的老人的年龄为75岁以上老人，年龄段相对集中于中高龄老人，这个阶段的老人对养老服务需求的选择没有那么多，相对稳定，所以可能导致社区货币与老人年龄相关性不高。其次，将老人婚姻状况的分类为丧偶与已婚，将老人的婚姻状况与居住情况进行交互统计（见表6-14）。

表6-14　老人的婚姻状况与居住情况进行交互统计

	已婚	丧偶
与子女居住	10	28
独自居住	0	48
与配偶居住	119	0

其中在205位老人中已婚老人居多有129人，而76位丧偶的老人中又有37%是与子女居住的，所以对养老服务的需求没有那么高，这也是导致社区货币与老人婚姻状况不具有相关性的原因。最后，老人领取社区货币与老人月收入情况及居住情况具有相关性，说明对于一些低收入的老人来说，在收入无法为他们带来自身的养老服务需求的情况下，社区货币可以在一定程度上满足他们更多的养老服务需求，给他们带来更多的福利。此

外，更多的老人选择独立地度过自己的老年生活，不给子女增添麻烦，但他们对于养老服务需求相对来说会更多，有81.5%的独居老人和与配偶居住的老人到社区领取社区货币，说明社区货币可以在一定程度上满足独居老人或与配偶一起独立于子女生活的老人对养老服务需求。因此在老人月收入和居住情况上社区货币对养老服务的需求有积极的影响。

6.3.2 年轻人对社区货币需求的影响因素分析

主要分析引入社区货币情况下，年轻人是否愿意提供社会照顾服务，影响年轻人自愿提供社区居家养老服务的因素分析。

1. 年轻人对引入社区货币的需求调查

引入社区货币对居家养老服务的供给影响。由于目前社区还在试点使用社区货币，但尚没有相当数量的服务人员通过赚取社区货币提供养老服务，考虑到现实情况，并为了调查社区货币是否可以在一定程度上影响居家养老服务，因此再次发放调查问卷，调查人群年龄设置为55岁以下的年轻人，调查范围不在只局限于社区内部，调查内容与调查老人的问卷内容相似，但不完全相同（是否愿意提供服务？愿意提供多长时间的服务？愿意提供什么样的服务）。

基于较大的老年人口基数，我国的养老服务供给存在不足，在这里将社区居家养老服务供给不足原因分为政府投资不足，缺少资金、服务人员缺乏、社区养老设施不完善、缺乏配套制度支持。通过问卷调查了解老年人与年轻人对于目前社区居家养老服务供给不足原因的看法，从老年人角度看，政府投资不足，缺少资金是社区居家养老服务供给不足的主要原因，在278位老人中有155位老人选择了这个原因，其次有98人选择社区养老设施不完善，最后分别有87人和76人选择服务人员缺乏和缺乏配套制度支持；从年轻人角度看，在203位调查者中有143人认为缺乏配套制度支持是社区居家养老服务供给不足的主要原因，其次有131人和130人本别选择了政府投资不足，缺少资金和社区养老设施不完善，最后有113人选择服务人员缺乏。从总体上看，对于什么是导致社区居家养老服务供给不足的主要原因，由于老年人和年轻人所处的社会位置不同，所以各自看法也不完全相同，但这些因素都是在一定程度上影响了社区居老服务的供给，基于此，接下来分析社区货币的引入是否会缓解社区居家养老服务供给不是。

首先，了解能够提供社区居家养老服务的年轻人的态度，一是受调查者是否已经考虑自己父母以后的养老问题，在203位受调查者中有78.33%的人已经开始考虑自己父母以后的养老问题，虽然只是小范围的调查，但也说明很多人在自己尚年轻和有能力时已经开始考虑自己父母养老事宜。二是调查受访者对于社区货币是不是支持社区居家养老的一种好的方式的态度，有58.13%的人认为社区货币是支持社区居家养老的一种好的方式，有12.32%的人认为它不是一种好的方式，剩下29.56%的人认为有没有社区货币对社区居家养老服务没有影响。可见虽然很多人没有真正地使用社区货币，但是基于对社区货币的了解，大部分人认为其是支持社区居家养老的一种好的方式。三是调查了受访者对于社区货币的使用是否可以在一定程度上缓解养老服务供给困难的态度，有71.92%的人认为社区货币可以在一定程度上缓解养老服务供给困难，有10.84%的人认为它不能缓解养老服务供给困难，剩下17.24%的人认为使不使用社区货币对养老服务供给没有影响。通过以上统计分析可知大部分人认为社区货币是支持社区居家养老的一种好的方式，同时可以在一定程度上缓解养老服务供给困难，这使接下来的分析有了一定基础。

在大部分人持支持态度的情况下，在引入社区货币的情况下，调查了解年轻人可以提供的社区居家养老服务的情况，相对于老人所需要的日常照料服务、生活护理方面以及精神慰藉方面的服务，问卷包含相同的养老服务项目，问卷中的问题为“对于引入社区货币支持社区居家养老，在日常照料方面（生活护理方面、精神慰藉方面），您愿意提供的服务有哪些?”统计203位受调查者所能提供的养老服务情况。如表6-15所示，在日常照料服务方面，有112人愿意提供卫生清洁服务，有123人愿意提供送餐服务，有128人愿意提供日常代购服务，有103人愿意提供其他家政服务；在生活护理服务方面，有 104 人愿意提供居家陪护服务，有 107 人愿意提供上门服务，有 128 愿意提供陪同就医服务，有 90 人愿意提供其他护理服务；在精神慰藉服务方面，有 146 人愿意提供聊天解闷服务，有 105 人愿意提供读书读报服务，有 124 人愿意提供倾听心事服务，有 142 人愿意提供定期探访服务。

在引入社区货币的情况下，简单对比社区居家养老服务的需求和供给情况，具体情况分为日常照料服务、生活护理服务、精神慰藉服务（见表 6-15，图 6-5）。

表 6-15 社区居家养老服务的需求和供给情况对比

	需求（人数）	供给（人数）
日常照料服务		
卫生清洁	104	112
送餐服务	64	123
日常代购	40	128
其他家政服务	135	103
生活护理服务		
居家陪护	58	104
上门服务	117	107
陪同就医	74	128
其他护理服务	96	90
精神慰藉服务		
聊天解闷	120	146
读书读报	40	105
倾听心事	45	124
定期探访	148	142

虽然在调查人数上老人有 278 人，年轻人有 203 人，但是从表中可以看出，在日常照料服务、生活护理服务、精神慰藉服务方面社区居家养老服务的供给人数可以满足社区居家养老服务的需求人数，这进一步说明引入社区货币能够为社区居家养老服务的供给与需求搭建桥梁。接下来进行

实证分析。

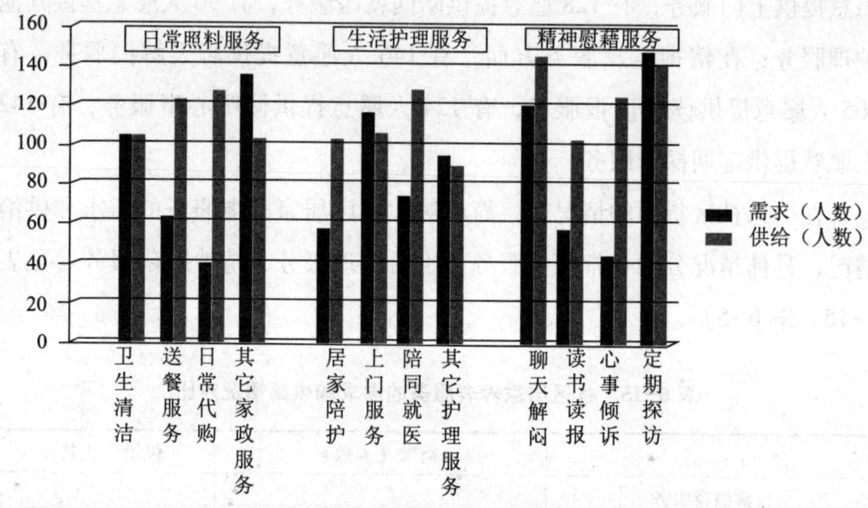

图 6-5　社区居家养老服务供给分布情况

2. 年轻人对社区货币需求的影响因素分析

接下来分析引入社区货币情况下，年轻人自愿提供服务的影响因素。在这里将养老服务供给量化为年轻人可以提供的服务时长，即每月愿意赚取的社区货币。在引入社区货币的前提下，年轻人的性别、年龄、月收入情况、受教育程度等都在一定程度上影响社区居家养老服务的供给。

选取受调查者每月愿意提供的服务时长或者说愿意赚取社区货币时长为被解释变量，以受调查者的基本情况及可以提供的服务数量为自变量，通过多元 Logit 模型探究年轻人的基本情况、愿意提供的养老服务数量与愿意赚取社区货币之间关系。在这里将每月赚取社区货币时长分为 1~5 小时、5~10 小时、10~15 小时、15~20 小时，为方便研究，假定：1~5 小时=1，5~10 小时=2，10~15 小时=3，15~20 小时=4，则赚取不同时长的概率为

$$p(y_i = j) = \frac{e^{x_i\beta_j}}{\sum_{j=1}^{4} e^{x_i\beta_j}} \tag{6-6}$$

其中，y_i 代表第 i 个人对赚取社区货币时长的选择；x_i 代表影响年轻人赚取社区货币的因素，包括性别、年龄、月收入、受教育程度、居住情况、愿意提供养老服务数量；β_j 代表待估参数。

选择每月赚取 1~5 小时社区货币作为对照组，与其他情况进行对比，则对于 m 个自变量拟合的三个 Logit 模型如下

$$ln\left(\frac{y_i=j}{y_i=1}\right)=\alpha_1+\beta_{i1}x_1+\cdots\beta_{im}x_m\text{，其中 i=2，3，4} \quad (6-7)$$

采用极大似然法进行估计，进一步分析引入社区货币对社区居家养老服务供给的影响。

在数据处理方面，线上发放调查问卷，共收集 203 份调查问卷。观察不同因素对赚取社区货币的影响，赚取社区货币的时长代表着可以提供的养老服务供给量。变量的含义及定性数据转化为定量数据的规定如下（见表 6-16）。

表 6-16　年轻人组相关变量及其含义

变量	变量含义
y_i，i=1，2，3，4	1~5 小时=1；5~10 小时=2；10~15 小时=3；15~20 小时=4
性别 X_1	女性=0；男性=1
年龄 X_2	20 岁以下=1；21~30 岁=2；31~40 岁=3；41 岁及以上=4
月收入情况 X_3	1000 元以下=1；1000~3000 元=2；3000~5000 元=3；5000 元以上=4
受教育程度 X_4	高中以下=1；本科=2；硕士=3；博士=4
居住情况 X_5	其他=1；自己住=2；与父母住=3
日常照料服务数量 X_{10}	一项服务=1；两项服务=2；三项服务=3；四项服务=4
生活护理服务数量 X_{11}	一项服务=1；两项服务=2；三项服务=3；四项服务=4
精神慰藉服务数量 X_{12}	一项服务=1；两项服务=2；三项服务=3；四项服务=4

在数据分析方面，通过统计分析，选择每月赚取 1~5 小时社区货币的有 98 人，每月赚取 5~10 小时社区货币的有 64 人，每月赚取 10~15 小时社区货币的有 28 人，每月赚取 15~20 小时社区货币的有 13 人，总体来看有 79.8%的人每月可以提供 1~10 小时的社区居家养老服务，为社区居家养老服务的供给提供一定的支持（见表 6-17）。

表 6-17　每月赚取社区货币分布情况

分布情况	1~5 小时	5~10 小时	10~15 小时
总样本（个）	98	64	28

对于社区居家养老服务供给者的基本情况，受调查者共有 203 人，其中男性 113 人，女性 90 人；在年龄上 21~30 岁的人居多，有 163 人，占 80.3%；对于月收入情况，由于大部分调查者为在校学生，所以月收入在 1000 以下的较多有 64 人，5000 元以上的有 58 人；在受教育程度调查上，有 111 人为本科毕业，占 54.68%；在居住情况上，有 35 人与父母住，有 78 人自己住，有 90 人为其他，如住在学校或工作单位提供的宿舍（见表 6-18）。

表 6-18　受调查者基本情况

分类变量	特征	频数	比重（%）
性别	男	113	55.67
	女	90	44.33
年龄	20 岁以下	8	3.94
	21~30 岁	163	80.30
	31~40 岁	17	8.37
	41 岁以上	15	7.39
月收入情况	1000 元以下	64	31.53
	1000~3000 元	37	18.23
	3000~5000 元	44	21.67
	5000 元以上	58	28.57
受教育情况	高中及以下	21	10.34
	本科	111	54.68
	硕士	66	32.51
	博士	5	2.46

续表

分类变量	特征	频数	比重（%）
居住情况	与父母住	35	17.24
	自己住	78	38.42
	其他	90	44.33

基于提供的服务时长受调查者是否愿意提供养老服务情况以及愿意提供的各项服务的数量（见表6-19）。年轻人中有77.3%愿意提供日常照料服务，68.9%愿意提供生活护理服务，94%愿意提供精神慰藉服务。对于愿意提供的社区居家养老服务的数量，结合日常照料服务、生活护理服务和精神慰藉服务来看，更多的人愿意到社区提供一项到两项服务。

表6-19　受调查者提供社区居家养老服务分布情况

分布情况	愿意提供养老服务	不愿意提供养老服务	一项服务	两项服务	三项服务	四项服务
日常照料服务（人数）	157	46	67	61	23	52
生活护理服务（人数）	140	63	82	59	19	43
精神慰藉服务（人数）	191	12	55	48	34	66

接下来利用以上分析的数据，通过多元Logit模型进行实证分析，共包括两个模型，模型1只包括年轻人的基本情况，模型2在模型1的基础上加入可以提供三种服务类型的数量，表6-20汇报了回归分析结果。模型1和模型2均以每月赚取1~5小时为参照组，检验结果如表6-20，卡方值均为正，Hausman的检验结果符合IIA假设。从模型1和模型2的回归结果可看出，模型1的Prob>chi2=0.2786，模型2的Prob>chi2=0.0084，显著性提高，模型2整体显著，具有显著性统计学意义，模型2的Pseudo R2较模型1有所增加，说明模型整体解释力度在增强。模型1和模型2各自变量的显著性和回归系数基本保持一致，说明模型稳健性较好。

（1）年轻人的基本情况分析。这里年轻人基本情况包括其性别、年龄、月收入情况、受教育程度及居住情况。由回归结果可发现，性别对于年轻人选择赚取多少时长的社区货币没有影响，即对于社区居家养老服务的供给没有显著影响。赚取社区货币时长为5~10小时，各年龄阶段正向显著影响社区居家养老服务的供给，年龄越大越关注父母或自身养老问题，因此年龄越大越愿意赚取社区货币；各阶段月收入显著影响社区居家养老服务的供给，且为负向作用，说明月收入越高的年轻人相对空闲时间越少，可以提供的养老服务就相对少一些；受教育程度为硕士程度的年轻人显著影响养老服务的供给，说明受教育程度相对高的人更愿意接受通过赚取社区货币提供养老服务，受教育程度为博士的回归结果不显著，是因为在203位受调查者中有博士学位的人只有5人，人数较少影响了显著性；与父母居住的年轻人显著影响养老服务的供给，与父母居住在一起更加关注父母的身体情况、生活需要等，也会更关注养老问题。此外，每月赚取社区货币时长为10~15小时、15~20小时时，性别、年龄、月收入、受教育程度、居住情况均不显著影响养老服务的供给，分析原因首先是样本量相对较少，其次每月到社区提供超过10小时的养老服务对于有工作、有家庭的年轻人来说时间相对较长，所以回归结果并不显著。

（2）年轻人提供养老服务数量分析。年轻人提供的养老服务数量包括可以提供的日常照料服务的数量、生活护理服务的数量、精神慰藉服务的数量。由表6-20中的回归结果可以看出，赚取社区货币时长为5~10小时，年轻人可以提供日常照料服务为4项时显著影响社区居家养老服务供给；赚取社区货币时长为10~15小时，年轻人可以提供的日常照料服务为2项时在10%的显著水平下影响社区居家养老服务的供给，年轻人可以提供的日常照料服务为3项和4项时在5%的显著水平下影响社区居家养老服务的供给，年轻人可以提供的精神慰藉服务为2项时在10%的显著水平下影响社区居家养老服务的供给；赚取社区货币时长为15~20小时时，年轻人可以提供的生活护理服务为4项时显著影响社区居家养老服务的供给。总的来看，年轻人在愿意赚取社区货币5~10小时情况下，更愿意提供日常生活照料服务，赚取 10~15 小时社区货币情况下，更愿意提供日常照料服务和精神慰藉服务，赚取 15~20 小时社区货币时更愿意提供生活护理服务。

表 6-20　影响年轻人对社区货币需求的多元 Logit 模型回归结果

	模型 1				模型 2			
	系数	标准差	Z 值	P>| Z|	系数	标准差	Z 值	P>| Z|
1	(base outcome)				(base outcome)			
2								
1. X_1	0. 0172038	0. 3688288	0. 05	0. 963	0. 0405674	0. 3899609	0. 10	0. 917
X_2								
2	2. 196041	1. 036525	2. 12	0. 034 * *	2. 45669	1. 124735	2. 18	0. 029 * *
3	2. 451197	1. 171715	2. 09	0. 036 * *	2. 858827	1. 275179	2. 24	0. 025 * *
4	1. 643874	1. 152559	1. 43	0. 154	2. 299673	1. 256	1. 83	0. 069 *
X_3								
2	-1. 648581	0. 6083918	-2. 71	0. 007 * * *	-2. 10368	0. 6781443	-3. 10	0. 002 * * *
3	-1. 591323	0. 596963	-2. 67	0. 008 * * *	-2. 050417	0. 671386	-3. 05	0. 002 * * *
4	-2. 300565	0. 563674	-2. 31	0. 021 * *	-1. 672074	0. 6283462	2. 66	0. 008 * * *
X_4								
2	0. 7075808	0. 6801014	1. 04	0. 298	0. 7001733	0. 733958	0. 95	0. 340
3	-0. 9385061	0. 7789551	-1. 20	0. 228	-1. 402995	0. 8503595	-1. 65	0. 099 *
4	-0. 1954766	1. 455873	-0. 13	0. 893	-0. 933447	1. 594053	-0. 59	0. 558
X_5								
2	0. 1529128	0. 4269734	0. 36	0. 720	0. 3026891	0. 4524631	0. 67	0. 504
3	0. 692471	0. 517454	1. 34	0. 181	0. 9739172	0. 5525684	1. 76	0. 078 *
X_{10}								
2					0. 2156083	0. 5419792	0. 40	0. 691
3					1. 161763	0. 7614009	1. 53	0. 127
4					1. 737747	0. 7065099	2. 46	0. 014 * *

续表

	模型 1				模型 2			
	系数	标准差	Z 值	P>│Z│	系数	标准差	Z 值	P>│Z│
X_{11}								
2					0. 3470992	0. 5426559	0. 64	0. 522
3					−0. 1498475	0. 8768179	−0. 17	0. 864
4					−0. 8625451	0. 8014596	−1. 08	0. 282
X_{12}								
2					0. 4273932	0. 6267264	0. 68	0. 495
3					0. 5363736	0. 7813728	0. 69	0. 492
4					0. 2225331	0. 7147611	0. 31	0. 756
	系数	标准差	Z 值	P>│Z│	系数	标准差	Z 值	P>│Z│
3								
1. X_1	−0. 0858751	0. 4862946	−0. 18	0. 860	0. 0868515	0. 5302551	0. 16	0. 870
X_2								
2	15. 99639	1480. 796	0. 01	0. 991	17. 83099	3284. 935	0. 01	0. 996
3	16. 23186	1480. 796	0. 01	0. 991	17. 89543	3284. 935	0. 01	0. 996
4	0. 9942392	1759. 276	0. 00	1. 000	1. 615827	3969. 498	0. 00	1. 000
X_3								
2	−0. 4837173	0. 7052688	−0. 62	0. 534	−0. 7920279	0. 8041005	−0. 98	0. 325
3	−0. 5307268	0. 7684336	−0. 69	0. 490	−0. 9739148	0. 8848774	−1. 10	0. 271
4	−0. 4744074	0. 7361791	−0. 64	0. 519	−0. 4509572	0. 8540208	−0. 53	0. 597
X_4								
2	0. 7586079	1. 188061	0. 64	0. 523	0. 1416056	1. 286301	0. 11	0. 912
3	−0. 3501492	1. 267902	−0. 28	0. 782	−1. 193743	1. 397963	−0. 85	0. 393
4	1. 848027	1. 635226	1. 13	0. 258	0. 6916295	1. 827934	0. 38	0. 705
X_5								
2	−0. 666456	0. 5808695	−1. 15	0. 251	−0. 7389024	0. 6328201	−1. 17	0. 243
3	0. 4984385	0. 6312573	0. 79	0. 430	0. 5653409	0. 7182914	0. 79	0. 431
X_{10}								

续表

	模型 1				模型 2			
	系数	标准差	Z 值	P>丨Z丨	系数	标准差	Z 值	P>丨Z丨
2					1. 75076	0. 9988209	1. 75	0. 080 *
3					3. 048034	1. 233416	2. 47	0. 013 * *
4					2. 805765	1. 144765	2. 45	0. 014 * *
X_{11}								
2					0. 3194725	0. 7660736	0. 42	0. 677
3					−. 0736469	1. 105402	−0. 07	0. 947
4					−0. 7305136	1. 002049	−0. 73	0. 466
X_{12}								
2					−1. 431143	1. 127019	−1. 27	0. 094 *
3					0. 5498592	1. 068787	0. 51	0. 607
4					. 0670486	1. 052976	0. 06	0. 949
	系数	标准差	Z 值	P>丨Z丨	系数	标准差	Z 值	P>丨Z丨
4								
1. X_1	0. 0127397	0. 6584484	−0. 02	0. 985	0. 188925	0. 7763643	0. 24	0. 808
X_2								
2	16. 56375	2093. 082	0. 01	0. 994	17. 35121	3746. 246	0. 00	0. 996
3	16. 39262	2093. 082	0. 01	0. 994	18. 12743	3746. 246	0. 00	0. 996
4	16. 03955	2093. 082	0. 01	0. 994	17. 93583	3746. 246	0. 00	0. 996
X_3								
2	−0. 364027	0. 9132985	−0. 40	0. 690	−1. 119313	1. 106985	−1. 01	0. 312
3	−1. 832444	1. 276108	−1. 44	0. 151	−2. 247852	1. 403932	−1. 60	0. 109
4	−0. 0634155	0. 9198209	−0. 07	0. 945	0. 1851108	1. 054239	0. 18	0. 861
X_4								
2	−0. 9821429	1. 125203	−0. 87	0. 383	−0. 2415208	1. 257526	−0. 19	0. 848
3	−1. 377918	1. 240341	−1. 11	0. 267	−0. 1286434	1. 370578	−0. 09	0. 925
4	−16. 28385	3710. 817	0. 00	0. 996	−18. 04333	5281. 36	−0. 00	0. 997

续表

	模型 1				模型 2			
	系数	标准差	Z 值	P>丨Z丨	系数	标准差	Z 值	P>丨Z丨
X_5								
2	-0.1641075	0.7540571	-0.22	0.828	-0.5739716	0.8858067	-0.65	0.517
3	0.3892993	0.9241782	0.42	0.674	0.0118314	1.066997	0.01	0.991
X_{10}								
2					-1.749588	1.414636	-1.24	0.216
3					2.306636	1.619812	1.42	0.154
4					1.996107	1.337088	1.49	0.135
x_{11}								
2					-1.004676	1.464045	-0.69	0.493
3					0.6197974	1.843523	0.34	0.737
4					-3.583541	1.86338	-1.92	0.054 *
X_{12}								
2					-17.20365	1436.412	-0.01	0.990
3					1.318861	1.472759	0.90	0.371
4					0.1036805	1.328712	0.08	0.938
Numbe rofobs	203				203			
Hausman		0.75	0.30	0.41		3.01	1.54	0.00
LR chi2	LR chi2（36）= 40.49				LR chi2（63）= 92.95			
Prob> chi2	0.2786				0.0084			
DPseudo R2	0.0856				0.1966			
Loglike lihood	-216.19216				-189.962			

注：＊＊＊、＊＊、＊分别表示在 1%、5%、10%水平上显著。

6.3.3 结果分析

依据收集到的社区数据和调查数据，在278位受调查的老人中有65.2%的老人表示对在居家养老时间储蓄中引入社区货币是满意的，以老人领取的社区货币量和年轻人愿意赚取的社区货币量为被解释变量，通过卡方检验和多元Logit回归分析，将检验结果进行汇总分析，分析结果汇总如下（见表6-21）。

表6-21 实证结果汇总表

对社区货币的供求 / 分类变量	老人对社区货币的需求（卡方检验 相关性）	年轻人对社区货币的需求（多元Logit回归 显著性）
性别	—	无
年龄	无	有
月收入情况	有	有
受教育程度	—	有
居住情况	有	有
婚姻状况	无	—
日常照料服务数量	—	有
生活护理服务数量	—	有
精神慰藉服务数量	—	有

综合年轻人对引入社区货币的需求以及老年人对引入社区货币的需求，各因素简要分析如下：

一是年龄，对于领取社区货币的老人，所收集的数据中老人年龄相对集中，故结果显示不具有相关性，而到社区领取社区货币并且年龄在75岁以上的老人有205人，说明高龄老人是需要社区货币的；各年龄段的年轻人显著影响每月可以赚取5~10小时社区货币的供给情况，综合来看年轻人在选择每月赚取5~10小时社区货币的情况下，基本可以满足目前社区中75岁以上老人每月领取5小时社区货币以满足自身养老服务需求。

二是月收入情况，老人领取社区货币与老人月收入之间具有相关性，在205位领取社区货币的老人中有154人月收入在3000元以下，社区货币可以满足低收入老人的社区居家养老服务需求；年轻人月收入在1000~3000元、3000~5000元、5000元以上显著影响每月可以赚取5~10小时社区货币的供给，综合来看月收入分布在各阶段的年轻人在选择每月赚取5~10小时社区货币的情况下，可以满足目前社区中低收入老人每月领取5小时社区货币以满足自身养老服务需求。

三是受教育程度，社区记录的数据中老人的受教育程度缺漏过多，所以未涉及；年轻人受教育程度为硕士显著影响每月可以赚取5~10小时社区货币的供给，在203位受调查者中有66人是硕士，受教育程度较高的人较容易接受通过社区货币为老人提供社区居家养老服务，在一定程度上可以满足老人的需求。

四是居住情况，老人领取社区货币与老人居住情况之间具有相关性，社区货币可以满足独自居住或与配偶居住的老人的社区居家养老服务需求；年轻人选择与父母居住显著影响每月可以赚取5~10小时社区货币的供给，通常与父母居住的年轻人会更关注父母的养老问题，综合来看与父母居住的年轻人在选择每月赚取5~10小时社区货币的情况下，可以满足目前社区中独居或与配偶居住的老人每月领取5小时社区货币以满足自身养老服务需求。

五是各服务数量，社区记录的数据中未涉及、未分类服务种类，因此只调查了年轻人在赚取社区货币的基础上可以提供的服务数量。这里社区居家养老服务分为日常照料服务、生活护理服务、精神慰藉服务，年轻人可以提供日常照料服务为4项时显著影响每月可以赚取5~10小时社区货币的供给，年轻人可以提供日常照料服务为2项、3项和4项时，可以提供精神慰藉服务为2项时显著影响每月可以赚取10~15小时社区货币的供给，年轻人可以提供生活护理服务为4项时显著影响每月可以赚取15~20小时社区货币的供给，总的来看无论是日常照料服务、精神慰藉服务还是生活护理服务，总有年轻人愿意通过赚取各时长的社区货币为老人提供社区居家养老服务，满足老人的社区居家养老服务需求。

6.4 本章小结

本章运用现代货币理论分析时间银行现存问题，探索性提出引入有国家信用保障的社区货币作为互助养老代际交换媒介，是有效克服时间银行现存问题、促进时间银行可持续发展等一系列问题的新思路，尝试将理论研究成果直接应用到实践，在试点社区进行了为期1年的试验，并进行问卷调查和个案访谈，以期为各地开展时间银行模式提供一些借鉴。探索性试验结果部分支持了理论研究结论，表现在以下几方面。

（1）关于老人对居家养老时间储蓄引入社区货币的满意度。在填写调查问卷的278位老人中有65.2%的老人表示满意，老人性别、年龄、月收入、受教育程度、居住情况与老人满意度进行Probit回归分析，总体显著。从性别来看，女性对社区货币满意度更高；从年龄来看，老人随着年龄的增长对社区货币的满意度随之增加；从月收入来看，月收入越高的老人对社区货币满意度越高，这与老人的年龄和受教育程度也有关；从受教育程度来看，受教育程度越高的老人对社区货币越满意；从居住情况来看，独立于子女生活的老人对社区货币的满意度更高。

（2）关于老年人对引入社区货币需求的影响。根据在社区养老服务时间银行照护站领取社区货币的205位75岁以上的老人登记的信息与领取社区货币的时长进行卡方检验，发现老人领取社区货币与老人的年龄、婚姻状况不具有相关性，与月收入、居住情况具有相关性。说明与没有社区货币相比，领取社区货币，对于月收入较低、独立于子女居住的老人来说获得了更多的养老服务，因此他们每月持续到社区领取社区货币。

（3）关于年轻人对引入社区货币需求的影响。填写问卷的203位年轻人中有77.3%的人愿意提供日常照料服务，68.9%的人愿意提供生活护理服务，94%的人愿意提供精神慰藉服务。将年轻人的性别、年龄、月收入、受教育程度、居住情况和可以提供的服务数量与每月可以提供的服务时长（赚取社区货币的时长）进行多元Logit回归，回归结果总体显著。各年龄阶段的年轻人愿意到社区提供养老服务，每月赚取 5~10 小时的社区货币；各收入阶段的年轻人愿意提供养老服务，每月赚取 5~10 小时的社区货币；受教育程度为硕士的年轻人更愿意每月到社区提供养老服务赚取 5~10 小时社区货币；与其他居住情况相比，与父母一起住的年轻人更愿意到社区提供养老服务，每月赚取 5~10 小时社区货币；年轻人可以提供的日常照料服务分别为 2 项、3 项和 4 项时，年轻人愿意每月赚取 5~15 小时社区货币来提供日常照料服务；年轻人提供的生活护理服务为 4 项时，年轻人愿意每月到社区提供这种服务并赚取 15~20 小时的社区货币；年轻人可以提供精神慰藉服务为 2 项时，愿意每月到社区提供精神慰藉服务并赚取 1~15 小时的社区货币。总的来看，年轻人每月更愿意赚取 5~10 小时的社区货币。

总的来看，老人对在居家养老时间储蓄中引入社区货币总体满意，引入社区货币对互助养老需求、供给均产生一定影响。试点社区引入由政府担保的社区货币，相比于虚拟的时间货币，人们的信任度上升，一年内有 205 位老人领取时间货币，获得人们一定的参与度。社区货币有发放也有存入，但社区货币还没有真正发挥信用媒介的作用。如果在全国多个社区试点发放社区货币，可以积累更多经验，为在全国建立统一性时间银行提供实践准备。

第7章　发行与引入社区时间货币的作用机理

家庭养老是指代际交换在家庭内部完成，社会养老是代际交换在整个社会完成。养老实质是代际转移，代际转移包括经济转移和时间转移。社会保障制度就是社会范围内的经济转移。传统家庭内部的时间转移，是以血缘和亲情来维系的，当家庭难以完成照顾老人的责任时，迫切需要社会来完成时间转移。社会范围内的时间转移客观需要以社区时间货币为媒介，并靠制度和社会信用来保障。社区时间货币明确了时间就是一种稀缺资源，传统的金钱货币具有时间价值，社区时间货币赋予时间拥有与金钱货币类似的价值。社区时间货币可以实现将社区内闲置的人力资源和老年人的日常照顾服务需求联系起来。

7.1　引入社区时间货币对社会养老代际交换的作用机理

养老本质是代际交换，但人口的频繁流动、家庭结构的巨大变化使传统家庭成员之间的劳务代际交换越来越难以维系。时间银行模式为解决社会养老代际交换提供了一种低成本、高效率的途径。从世界范围来看，我国人口老龄化的形势最为严峻。我国的人均收入在世界上处于落后水平，大多数老人属于“未富先老”的弱势群体，没有多余经济能力来购买社会照顾服务。在现有工资和价格水平条件下，有相当多的劳动资源闲置，人们闲暇时间较多，完全有能力为一些高龄老人提供力所能及的社会照顾服务。由于缺乏必要的金融媒介，闲置的社会资源得不到有效利用，造成资源的极大浪费。本章将从货币经济学角度研究社会养老服务领域为什么需要时间货币；时间银行模式如何促进社会养老代际交换；怎样实现让个体通过互惠的交易来达到闲置劳动力资源有效利用和合理配置；怎样实现时间银行模式可持续发展。

7.1.1 理论分析框架

1. 社会养老与代际交换

《中华人民共和国老年人权益保障法》对养老概括为对老年人经济上供养、生活上照料和精神上慰藉。国外将养老保障归纳为对老年人提供收入保障和服务保障。从收入保障转向服务保障是现代养老保障制度发展的基本规律。纵观国内外养老服务发展现状，资金和服务人员短缺是制约养老服务发展的两大瓶颈。从我国来看，伴随人口老龄化进程的推进，用于养老照料服务的家庭资源和社会资源都变得相对短缺。深度老龄化是今后我国社会的重要特征，照顾服务需求将成为一个紧迫的重大的社会问题。而家庭小型化、空巢化、人口流动化却使家庭照护的人力资源趋于衰竭，家庭照顾服务可得性、可及性都面临挑战。原来由家庭内部解决的劳务代际交换功能减弱，一方面庞大的老年群体需要照顾服务，另一方面作为传统照料主体的家庭已难以承担，传统家庭的劳务交换越来越难以维系，迫切需要探索通过社会化途径解决社会养老照顾问题，以社会养老部分替代家庭养老，这是不以人的意志为转移的客观选择。

养老实质是劳务的代际交换。经济学家保罗·萨缪尔森在 1958 年提出代际交换理论，从经济学角度充分注意到人的一生中在不同年龄阶段生产和消费的差异，并将整个人口划分为青年人口和老年人口两部分，指出一个人在不同年龄阶段对社会产品和服务的需求不同，各个年龄阶段的不同需求不可能在不同时期完全靠自己劳动生产来满足，而是需要通过代与代之间的交换来解决。代与代之间之所以存在代际交换，是因为不同年龄的人在经济、社会活动中占有的资源不同，对社会产品和劳务服务的需求也不同，这样，在代与代之间就产生了交换的必要性。正是以此为依据，从年龄阶段的角度看待年轻人和老年人两部分人口之间的交换关系，建立两阶段代际交叠模型。以萨缪尔森为开端发展而来的代际交换理论，为进一步剖析养老的实质提供了理论依据。

2. 代际交换难题与货币的发明

萨缪尔森的代际交换理论提出一个难题——代际交换难题。代际交换难题来自于物品、劳务不可储藏的假设。年轻人拥有生产物品、提供劳务的能力，年老时丧失生产物品、提供劳务的能力。为了年老时能够获得所需要的物品、服务，年轻时必须牺牲一部分当期的消费，将一部分物品、提供劳务的能力储蓄起来以备将来去换取年老时所需的物品、服务，客观上的原因是年老时他不具有生产能力了。但由于物品、劳务不能完好无损地保留到下一期，年轻阶段想把劳务提供给老年人，到年老阶段再从老年人那里拿回变得不可能，因为没有老年人可以生存到下一时期。

萨缪尔森创新性地指出货币是打开代际交换难题的钥匙。货币能够确保代际交换的实现，使代际交换难题得以解决。假设人们通过政府（官方的）或通过习惯（非官方的）将货币作为代际交换的媒介达成一致，为了年老阶段的需要，年轻时把提供劳务的能力通过“劳务换货币”储存起来，年老时通过“货币换劳务”转化为年老时的消费。通过持有被约定了的货币，年轻人可以把提供劳务的能力保留到任何时候去使用，保证自己在年老时也能获得所需的劳务服务。货币作为代际交换的媒介使老年人可以用货币购买年轻人的劳务服务实现养老服务的代际交换。但货币作为代际交换的媒介首先需要得到社会的认可，如果不是社会性的约定，代际间的交换不会成为可能。

3. 时间银行的局限性与社区货币发行与引入的必要性

国内外时间银行实验大多是自下而上由民间非营利组织推动，以非营利机构为中心，以义工和志愿者为载体建立时间银行组织，由政府制定一系列政策以扶持时间银行实验的推广，形成一些全国性时间银行项目。但迄今为止，时间银行并没有大规模使用，时间银行项目规模都很小，并没有推广普及，表明时间银行项目在理论上和实践上依旧有一定的缺陷。突出表现在理论上虽然提出时间银行“时间货币”的概念，但这些时间银行或时间货币只有货币之名而没有货币之实，只是借用了货币的概念而实质并不是真正意义上的货币。在老龄社会，相对于富有的发达国家，充分利用国内资源对发展中国家来说尤为重要。如何充分利用闲置的社会资源，让这些闲置的社会资源最大限度地发挥效用，这是摆在发展中国家面前的重大课题。社区货币作为一种金融创新工具，能够让闲置劳动力资源得到有效利用和合理配置，有助于实现老有所养的社会目标。

我国现实情况是：我国社会照顾需求巨大，但有效需求不足；劳动力丰富、闲暇时间较多但社会照顾供给严重短缺；社会照顾服务供给普遍、长期、严重滞后于需求。对社会照顾服务供求缺口进行货币经济学分析，可以发现社会照顾服务供给不能满足需求的原因在于老百姓手中持有的金钱货币不足以购买所需服务，导致有效需求不足。而在现有劳动价格水平下，还有大量劳动力资源没有被利用，出现劳动资源禀赋闲置。由于有未被利用的资源，社区货币的发行与引入将扩大有效需求，促进闲置劳动力资源的有效利用和合理配置，提高交易效率，满足社会养老的代际交换需求，解决日益严重的社会照顾服务供给短缺和效率低下问题，实现社会照顾服务在更高水平上达到供求均衡。

7.1.2 基于货币经济学视角的社会养老代际交换模型

时间银行本质上属于货币经济学问题，但现有文献却没有从货币经济学视角研究时间银行和时间货币的货币经济学基础。从本质来看，养老实质是代际转移。代际转移包括经济转移和时间转移。经济转移包括金钱货币、实物和不动产。时间转移包括家务劳动和生活照顾。如果将社区货币设计为是实现时间转移的金融工具，那么社区货币可以视为老龄社会的一种金融创新。金钱货币作为一般等价物是衡量经济社会所有商品和服务的价值尺度，而社区货币可以被设计为单纯衡量社会照顾服务时长的价值尺度。由社区货币媒介的社会照顾服务是指原来由家庭成员对老人的照顾，专指不需要专业性和技术性的家务劳动和生活照顾。过去照顾老人主要是家庭的责任，以亲情和血缘关系维系家庭内部的代际交换，几千年来一直没有使用货币来衡量。在人口老龄化日益严峻的背景下，当家庭难以承担照顾老人的责任时，客观上需要发行社区货币作为社会养老代际交换的媒介，促使社会承担一部分照顾老人的社会责任。如果政府依据现代货币理论发行和引入社区货币，相当于给老龄社会又创造一种区别于金钱货币的另类货币，有助于克服时间银行难以可持续发展的局限性。

西方国家有志愿服务的传统和意识，时间货币是在服务中自动产生，也就是先提供服务，然后自动产生时间货币，因而很少有国家政府人为发行时间货币。但是，时间银行自动产生的时间货币，由于没有明确的发行人，相当于服务提供者向老人单方面提供了信用，本质上属于私人信用，需要在契约社会才能实现可持续运行。考虑到我国与西方社会的不同国情，契约精神尚未建立，唯有使用国家信用代替私人信用才能促进时间银行的可持续发展。本文从货币经济学视角出发，通过构建社会养老代际交换模型，从理论上证明，如果政府发行社区货币作为时间银行的记账单位、交易媒介和储蓄媒介，在整个社会范围内可以实现时间转移功能，扩大社会照顾服务供给，满足社会照顾服务需求，促进社会照顾服务的产出，有助于闲置社会劳动力资源得到有效利用和合理配置，促进家庭养老向社会养老转化。

1. 模型假设

最早由萨缪尔森1958年提出的代际交叠模型（Overlapping Generations Models）在一个非常简洁的框架下证明了货币存在的必要性。本文利用代际交叠模型证明在社会照顾服务领域，如果政府发行和引入社区货币，将扩大有效需求，提高交易效率，极大地促进社会照顾服务供给，实现社会养老在更高水平上达到均衡。根据代际交叠模型的基本假定，每一代的生命是有限的，但代与代之间是交叠的，这样就有一部分而不是所有的人都可以活到下个时期。在基本代际交叠模型中，每个人的生命存在两个时期，将处于生命第一时期的人称为青年，处于生命第二时期的人则是老年。假设经济始于第一个时期，在每一个时期t（$t \geq 0$），有N_t个处于年轻时的人和N_{t-1}个处于年老的人。例如，在第一时期，有N_0个初始年老代的人和N_1个出生在第一时期并正年轻的人。在每一个给定的时期中，有年轻的和老年的两代人。代际交叠模型的名字就是从这个代际结构演变而来的。代际交叠模型中的货币一直被批评者攻击为与普遍意义上的货币并非同一概念，本书创新性地将代际交叠模型中的货币定义为社区货币，将提供商品的禀赋定义为提供社会照顾服务的禀赋，为最大化初始年老代（老年人）的效用，假定政府给每位初始年老代的人发放等量的社区货币，如规定每位年龄达到70岁的老人每生存一天就可以得到等量的社区货币，通过代际交换将其转让给年轻人获得社会照顾服务，年轻人通过提供社会照顾服务获得社区货币，以满足自己和家人将来的社会照顾服务需要。

为简化起见，假设在整个模型中只考虑社会照顾服务，并仍然假定社会照顾服务本身不能从一个时期贮存到下一时期，每个人都可以在自己生命的第一时期获得提供社会照顾服务能力的禀赋，通过使用这种劳动能力，个人能够获得社区货币以满足年老时社会照顾服务需要，每人禀赋的总量记为y；并且每人在自己生命的第二时期都不能获得禀赋，但可以将第一期获得的社区货币转让给他人获得社会照顾服务。每人的生命有两个时期，在他年轻时和年老时分别获得y单位和0单位社会照顾服务能力禀赋。由于社会照顾服务能力的禀赋是不可贮存的，个人只能在年轻时牺牲一部分闲暇，通过向他人提供社会照顾服务获得社区货币以备年老丧失劳动能力时通过社区货币获得所需的社会照顾服务，实现以社区货币为媒介的社会养老代际交换。进一步假定政府可以无成本的生产社区货币，而除政府之外任何人都不能生产或伪造。假定老人人数为N，政府发行固定的社区货币存量M，M是可以完全细分的，并且每一个初始年老代都获得等量的社区货币M/N。社区货币的存在使得社会养老代际交换成为可能。年轻人可以使用他拥有的劳动能力禀赋向老年人提供社会照顾服务，获得社区货币，将这些社区货币持有到下一期同下一期的年轻人交换社会照顾服务。假定个体在时期t认为单位社区货币的价值是v_t，在时期t出生的个体能够完全地预测社区货币在下一时期的价值v_{t+1}，而且他关于这个价值的期望正好得到实现。

2. 模型构建与分析

根据假设，每一代都需要下一代提供的社会照顾服务，过去由于缺乏必要的金融工具，导致社会劳动力资源闲置，老人得不到必要的社会照顾，无论年轻人还是老年人的效用都是低下的。如果在时间银行模式下引入由政府发行的社区货币，社区货币可以被无成本地从一个时期持有到下一个时期，并且无交易成本，不论年轻人还是老年人都可以以社区货币为媒介实现社会照顾服务的代际交换，提高各自的效用。本章通过规范的经济分析证明，社区货币的引入提高经济中所有个体的福利，促进社会养老代际交换，使社会照顾服务在更高水平上实现供求平衡。时间银行模式下政府发行和引入社区货币不仅使得将来代（年轻人）通过提供社会照顾服务增加了他们的效用，实现个体通过互惠的交易来达到社会闲置劳动力资源的有效配置，也使将来代达到了自己最大可能的效用；而初始年老代（老年人）得到政府发行的社区货币，可以用它们来交换社会照顾服务，满足自己社会照顾服务需要，也可以将社区货币留给后代，增加自己和后代的效用，使初始年老代不再是家庭和社会的负担，而且能为家庭和社会创造财富。

利用模型假设，一个在时期 t 出生的年轻人面临的问题是最大化其生命的每个时期的效用。个体生命的第一时期拥有 y 单位禀赋，可以消费他们享受闲暇，也可以放弃一部分闲暇时间向同期老代提供社会照顾服务，获得社区货币。需要注意的是，将来代没有人生来就有社区货币，为了在老年时获得社会照顾服务，个体必须在年轻时放弃一部分闲暇时间为同一时期的老人提供社会照顾服务，获得社区货币以满足个体将来的社会照顾服务需要。如果将个体在时期 t 的消费记为 $c_{1,t}$，提供社会照顾服务获得的社区货币数量记为 m_t，v_t 为单位社会照顾服务以社区货币表现出来的社会价值，它是社会照顾服务用社区货币来表示的价格 p_t 的倒数。个体为了得到社区货币需提供的社会照顾服务总量为 $v_t m_t$，那么个体在生命的第一时期面对的消费约束为

$$c_{1,t} + v_t m_t \leqslant y \tag{7-1}$$

个体在生命的第二时期不能获得禀赋，当个体年老时必须通过花费第一时期获得的社区货币换取社会照顾服务，在他生命的第二时期（时期 $t+1$），这些社区货币可以获得 $v_{t+1}m_t$ 单位的社会照顾服务。个体在其生命的第二时期面对的预算约束为

$$c_{2,\ t+1} \leqslant v_{t+1}m_t \tag{7-2}$$

在一个货币供给等于货币需求的社区货币均衡中，对任意 t，有 $v_t \geqslant 0$。于是将式（7-2）重写为 $m_t \geqslant c_{2,\ t+1}/v_{t+1}$，将其代入第一时期预算约束式（7-1），进而得到个体一生的预算约束为

$$c_{1,\ t} + \left[\frac{v_t}{v_{t+1}}\right] c_{2,\ t+1} \leqslant y \tag{7-3}$$

式（7-3）表达了一个个体在生命的年轻阶段和年老阶段的各种消费组合。我们可以将这个预算约束用图 1 来表示。在给定的社区货币回报率水平 v_{t+1}/v_t 下，寻求自身效用最大化的个体会选择消费组合（c_1^*，$c_{2,\ t+1}^*$），它是预算线能够触到的最高的无差异曲线，此时这一点必定是预算线和无差异曲线的切点 A（图 7-1）。这就证明在给定的个体预算集条件下，个体达到最大的效用水平，而且是在一条无差异曲线与个体的预算集的切点达到的。从图 7-1 可以看出，个体对消费和社区货币的选择并不依赖于社区货币的数量而是依赖于社区货币的回报率，社区货币的回报率决定了预算线的斜率。表明社区货币的发行与引入不仅使得经济中的所有个体通过代际交换增加了他们的效用，而且也使他们达到了自己的最大可能的效用，实现社会养老代际交换，促进社会闲置劳动力资源的有效配置。

3. 稳定均衡分析

本章通过规范分析证明将政府发行的社区货币引入时间银行模式中，可以使经济中所有个体在给定的社会资源下获得最大可能的效用水平。下面进一步探讨社会养老代际交换的稳定均衡问题。在一个完全竞争的市场上，社区货币的价值是由社区货币的供给和需求决定的。每一个体对社区货币的需求等于他为了得到社区货币而向同一时期的老年人提供的社会照顾服务总量，也等于他在年轻时没有消费（即享受闲暇）的那部分劳动能

力禀赋 $y - c_{1,\ t}$。于是时期 t，经济中所有个体对社区货币的总需求是 N_t（$y - c_{1,\ t}$）。社区货币的总供给是 M_t，于是社区货币总供给（即社会照顾服务的总需求）等于社区货币的数量乘以单位社区货币的价值，即 $v_t M_t$。社区货币供给与需求相等，即要求

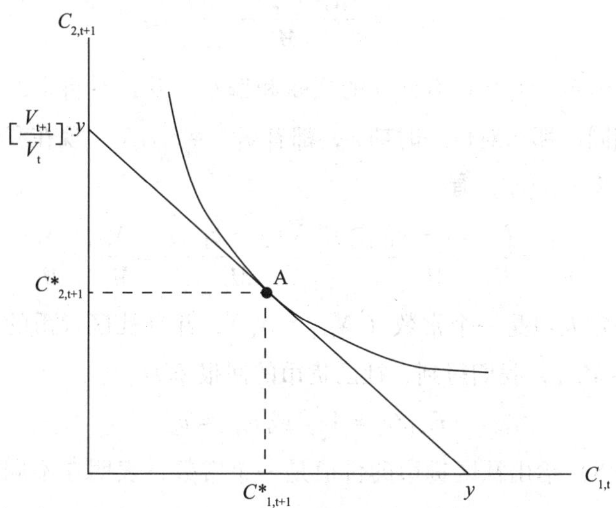

图 7-1　引入社区货币社会闲置劳动力资源的最优配置

注：在点 A，个体达到了给定一生的预算约束下的最大效用，实现社会养老代际交换，促进社会闲置劳动力资源最优配置。点 A 是一条无差异曲线与个体一生的预算线的切点。社区货币的回报率决定了预算线斜率。

$$v_t M_t = N_t(y - c_{1,\ t}) \qquad (7\text{-}4)$$

变形为

$$v_t = \frac{N_t(y - c_{1,\ t})}{M_t} \qquad (7\text{-}5)$$

式（7-5）表明单位社区货币的价值是由社区货币的实际需求与社区货币供给总量的比值来确定的。这个等式告诉我们，任何时期社区货币的价值都是由社区货币的需求以及供给决定的。对社区货币较高的实际需求会增加它的价值，而较高的社区货币供给会降低它的价值。如果时间银行模式引入社区货币，将由市场决定社区货币的价值，可以有效改变目前社

区时间银行不考虑劳动强度差别、统一由服务时间长度计量时间货币价值的局限性。

如果将式（7-5）的时间下标往后移一个时期，就得到时期 $t+1$ 的社区货币价值的表达式

$$v_{t+1}=\frac{N_{t+1}(y-c_{1,\ t+1})}{M_{t+1}} \tag{7-6}$$

进一步假定所有代都有同样的禀赋和偏好，并且对将来的禀赋和偏好的期望也相同，那么对任一时期 t，都有 $c_{1,\ t}=c_{1,\ t+1}$。现在我们考察社区货币的回报率 v_{t+1}/v_t，有

$$\frac{v_{t+1}}{v_t}=\frac{N_{t+1}(y-c_{1,\ t+1})}{M_{t+1}}\Big/\frac{N_t(y-c_{1,\ t})}{M_t}=\frac{N_{t+1}}{M_{t+1}}\Big/\frac{N_t}{M_t} \tag{7-7}$$

如果假定人口是一个常数（$N_{t+1}=N_t$），并且社区货币的供给也是常数（$M_{t+1}=M_t$），我们得到，社区货币的回报率为

$$v_{t+1}/v_t=1 \quad \text{或}\ v_{t+1}=v_t \tag{7-8}$$

式（7-8）给出社区货币的价值是一个常数，表明在不同时期下，面临相同回报率的人会选择同样的消费与社区货币的均衡，达到一种稳定均衡。社会照顾服务的价格 p_t 是社区货币价值的倒数，因此 p_t 在不同时期也是常数。社区货币有价值是指社区货币可以用来交换社会照顾服务，充当社会养老代际交换的媒介，社区货币的价值取决于人们怎样看待它将来的价值——在将来它可以被用来交换社会照顾服务从而增加个体的效用。如果社区货币被认为在将来一时期是无价值的，那么社区货币在这一时期也将没有价值。为了使社区货币有价值，必须限制它的供给，而且保证它不可能被伪造，或伪造成本非常之高，因而规定只有政府才可以无成本地制造发行社区货币，而除政府以外其他任何人都不能生产或伪造。因此，只要政府根据老人的需求发行社区货币，有效控制社区货币的供给，必然能够保证社区货币价值的稳定，避免金钱货币常见的通货膨胀风险。

7.1.3 政府发行和引入社区货币的政策建议

本书研究认为，社区货币的发行和引入可能是时间银行模式取得突破

性进展的关键。模型证明在时间银行模式下引入政府发行的社区货币，可以提高经济中所有个体的福利，达到个体最大可能的效用，实现社会养老代际交换，促进社会闲置劳动力资源的有效配置。理论研究表明，时间银行可持续发展客观上需要政府发行的社区货币作为社会养老代际交换的媒介，实现照顾老人的责任社会化。据此本书建议政府发行全国统一的社区货币，建立全国统一的时间银行，时间银行不再局限于社区，而是立足于全国；不局限于虚拟的时间货币，而是由政府发行统一、有形、符号化的社区货币；参加者不局限于自愿者，而是倡导全民参与，以全面应对人口老龄化的挑战。鉴于我国不同于西方国家的国情，以下从营造宏观环境、发行统一社区货币、建立统一时间银行、全民参与、阶段性过渡试点等方面设计构建符合我国国情的政府主导、全民参与、全国统一的时间银行模式。

（1）营造宏观环境。政府是否发挥主导作用对时间银行模式能否成功至关重要。公众的信心是时间银行模式成功实施的群众基础，政府制定相关法律和政策以支持时间银行的可持续发展是有力保障。首先应明确在推动社会养老服务保障制度建设中，时间银行并不是可有可无的做法，而是具有战略性价值的制度创新活动。无论是对全国统一时间银行的宣传工作，还是对具体实施操作流程的统一部署，以及相关法律的制定和完善都需要政府在其中发挥主导作用。政府凭借最高权威介入和支持，于广大群众而言是良好的心理保障、安全保障和信心保障。我国已经在养老保障体系中设立了社会保险法，在完善和拓展社会养老服务保障的过程中，建立全国统一时间银行模式是利国利民的重要探索，政府作为政策法律的研究者和制定者，理应承担相应的责任。政府在时间银行方案实施中承担的责任主要体现在三方面：一是宣传，二是规制，三是保障和监督。

（2）设计、引入和发行全国统一的社区货币。现行的社区时间银行模式并没有发行统一、有形、符号化的时间货币，仅以记账货币、电子货币形式存在的时间货币难以取得社会的广泛认同，其权威性、可靠性和可持续性难以保障，这可能是制约时间银行取得突破性进展的原因之一。为促进社会养老的代际交换，时间货币有必要改变其虚拟货币的形式，发行统一、有形、符号化的时间货币，有效发挥时间货币作为社会照顾服务的交换中介、价值标准、延期支付与财富贮藏职能。为实现这些职能，需要做的就是像金钱货币那样建立统一的币值标准，并将其价值符号凭证化、有形化，运用国家强制力赋予时间货币应有的社会养老代际交换的通货能力。社区时间货币与金钱货币并存，并不是复制金钱货币的所有功能，而是执行特殊功能（社会照顾服务功能）的货币，旨在化解社会照顾服务领域的供需矛盾，实现社会养老的代际交换，促进社会闲置劳动力资源有效配置。

（3）建立统一的时间银行。既然社区货币期待在将来得到支付，就必须由权力机关建立统一的社区货币经营和管理机构，为时间银行模式提供有力的机构保障和信誉保障。目前开展时间银行的机构各不相同，各个机构的实施方式也存在差异，而且受政府机构改革影响，即使在同一城市，不同地区的做法也不相同。时间银行的可持续发展需要建立全国统一的时间银行运营机构，同时为节省设立时间银行的成本，可以考虑利用现有的银行网络，在原有金钱货币运作体系的基础上，另外开辟一套时间银行运作系统，发行统一的社区货币，解决社区货币发行、存储和通存通兑问题。与金钱货币一样，时间银行的经营能力、资信状况与社区货币币值的稳定性高度相关，只有依靠政府强有力的支持，才能从根本上解决时间银行的保障和信任问题，只有建立长期性、权威性、稳定性的时间银行，发行具有在全国范围内通行的社区货币，如同金钱货币在全国范围内的银行可以通存通兑一样，才能提高经济中所有个体的福利，在更高水平上实现社会照顾服务的供求平衡。

（4）倡导全民参与。我国传统的养老保障体系，如养老保险和各种商业保险等，它们的着重点是在养老资源的经济保障上。老年人作为特殊的弱势群体，他们的需求更多地体现在生活照料、家务劳动、精神慰藉等物质层面和精神层面的多样性上，在这些领域内传统的养老保障体系鞭长莫及。随着社会的发展和人民生活水平的提高，老年人的需求也逐渐从单一化向多样化发展。统一时间银行模式将倡导全民参与社会照顾服务，每位年满18周岁的公民都有义务照顾身边需要照顾的中高龄老人。只有这样，老年人的多样化需求，才有多样化的服务来对应；老年人对精神满足的渴求，才有注重精神层面的服务来对应。全国统一时间银行模式对注重金钱货币层面的养老经济保障，是一种重要的补充，是养老保障向纵深发展的必然选择。社区货币储备是金钱货币储备之外的社会服务保障，与金钱货币储备相比，具有不受通货膨胀影响、不需要课税、能够扩大社会照顾服务供给，满足社会照顾服务需求等特点，是养老保障的重要形式。全民普遍参与社会照顾服务本身是对时间银行模式的支持，使其普及面更广、相关操作体系更加规范，进而反过来能使时间银行模式更有效地保障参与者。

（5）过渡试点先行。全国统一时间银行方案是一项惠及全民的方案，无论是在制度构建，还是在付之于实践的过程中，都需要先行试点，明确其中包含的各方责任，包括个人及家庭责任、社会责任、银行责任、政府责任。只有明确了责任，才能为时间银行的制度体系构建乃至今后的健康发展打下良好的基础。由于我国目前养老金的实际保障能力有限，个人及家庭有必要在力所能及的情况下通过多种正面渠道积极储备社会照顾服务资源。试点阶段，倡导和鼓励城乡居民参与日常照料护理服务培训，提高社会照顾服务水平，积极参与社区货币使用、储存，实现社会照顾服务的代际交换，促进家庭养老向社会养老转化。试点阶段建设包括研究发行统一社区货币，建立社区货币存兑与转让机制、建立社区货币管理系统、构建时间银行的监督机制和法律保障机制，在方案实施的具体过程中协调发挥各自的作用，保障时间银行模式健康、有效、可持续发展。

养老保障包括经济保障和服务保障两方面，但长期以来我国重经济保障轻服务保障，导致社会养老服务保障的发展速度严重滞后于老龄化发展速度。本书将货币经济学的代际交叠模型拓展引入到社会照顾服务领域，构建社会养老代际交换模型，从理论和实践两方面论证在时间银行模式下发行和引入真正意义上的社区货币，可以实现社会养老的代际交换，促进社会闲置劳动力资源有效利用和合理配置。时间银行模式与其他社区补充货币、代币券、货币配给方案的区别和优势在于社区货币的发行不是为了解决局部、暂时性金钱货币短缺问题而发行的替代性货币，而是出于整体、长期、全局性考虑，立足于改革家庭照顾老人的服务供给体制，寻求社会化途径解决老年照顾供给不足与效率低下问题而提出的一种新型社会照顾服务保障。

相对于金钱货币，时间银行模式下由政府发行和引入社区货币，能将闲置的社会资源（闲暇时间）利用并储存起来，用于社会照顾服务需要，具有创造财富和扩大财富的功效。社区货币的发行不增加政府、社会和家庭负担，不影响现有价格水平，不是复制金钱货币的一般功能，而是执行特殊功能的货币，旨在扩大社会照顾服务供给和需求，实现社会照顾服务的代际交换。当前国内外时间银行模式实质上属于社区自愿领域，由民间组织推动，但由于我国有不同于西方国家的国情，民间组织不发达，依靠民间自愿组织的力量远远不够。为应对人口老龄化，时间银行模式的健康发展需要依靠政府主导，通过制定相关政策和制度措施，自上而下建立政府主导、全民参与、全国统一的时间银行模式，以应对人口老龄化的挑战。

7.2 引入社区时间货币对互助养老时间储蓄的作用机理

作为一种新生事物，“时间储蓄式”互助养老服务已在一定程度被政府、社会相关人士以及一定范围的社区居民理解和接受，但是与美国、欧洲一些发达国家相比还有很大的差距。大多数发达国家储蓄式互助养老服务都得到了其官方的认可，而我国目前还没有相关的法律法规和相关政策来规范互助养老时间储蓄行为及其相关业务。我国的互助养老时间储蓄是在志愿互助服务基础上加上时间储蓄的概念，只有储蓄之名，而没有储蓄之实，由于缺乏国家信用担保，储蓄的时间能否换回所需的服务存在很大的不确定性，一定程度上影响了各年龄段的社会成员加入互助养老时间储蓄的积极性。本书从金融创新视角研究互助养老时间储蓄，从理论方面提出并论证引入有政府担保的社区货币作为互助养老时间储蓄媒介，有助于提高社会互助养老服务供给，扩大互助养老时间储蓄规模，实现闲置养老资源的跨时空优化配置，必将有效化解年老风险。

7.2.1 文献综述

经典的储蓄理论始于 Modigliani（1954）的生命周期假说（LCH），假定理性的消费者能以合理的方式安排自己一生的收入、消费与储蓄，实现终生效用最大化。该理论提出，在不同的生命阶段，个人的消费和储蓄倾向存在很大不同，一个人在退休前总是倾向于积极储蓄以备退休后使用，而退休后基本停止储蓄，并开始使用已有储蓄。按照该理论，人口老龄化的冲击会对居民消费和储蓄结构的变化产生较大影响（刘雯、杭斌，2013；Modigliani 和 Brumberg，1954）。在此基础上，Leland（1968）提出了收入不确定性下的预防性储蓄理论，认为消费者未来收入的不确定性会使得其当期消费的边际效应低于下一期消费的边际效应，从而减少当期消费，增加当期储蓄。预防性储蓄理论考虑到了消费者未来收入的波动性，指出消费者会以更为谨慎的消费行为来应对其预期将面临的不确定性（刘雯、杭斌，2013；Leland，1968）。Samuelson（1958）、舒尔茨（2005）等在充分考虑孩子的经济功能之后，提出了“家庭储蓄需求模型”。萨缪尔森等的研究认为，子女作为储蓄的替代能满足父母的养老需求，会降低社会平均储蓄倾向。孩子与储蓄对于家庭而言，在经济意义上其功能是一致的，均能为家庭中进入老年期的父母养老。当抚养孩子的数量较多时，家庭储蓄则可相对减少；而当抚养孩子的数量较少时，父母会增加储蓄。在家庭框架下，储蓄是孩子的替代产品（张小蒙，2014；舒尔茨，2005；萨缪尔森，1958）。相对于理论研究，实证研究更丰富，但实证研究是否支持理论研究目前还没有定论（赵昕东、王昊、刘婷，2017；刘雯、杭斌，2013；马树才、宋琪、付云鹏，2015）。Modigliani 和 Cao（2004）运用中国 1953—2000 年的时间序列数据进行 OLS 分析，得出的结论如下：中国的储蓄率、长期经济增长率以及抚养比之间存在明显的协整关系，高增长率的经济以及人口年龄结构的变迁是中国高储蓄率的原因。莫迪尼安尼结合中国国情指出，中国人出于老有所养的传统观念，家庭一般会抚养数量较多的子女，计划生育的人口政策使得儿童抚养比大幅下降，家庭中的成年人一旦步入老年，将没有子女可依靠，老年生活得不到保障，出于对未来养老的预防性动机人们必须增加储蓄来为自己养老（Modigliani 和 Cao，2004）。

"互助养老时间储蓄"是在实践中为缓解人口老龄化压力在社区兴起的一种新型服务储蓄模式。我国"时间储蓄式"互助养老模式的做法主要源自国外。20 世纪 80 年代，美国耶鲁大学教授埃德加·卡恩本着相互信任、互相帮助的思想，提出"时间货币"的概念（Cahn，2004）。我们现在所说的服务储蓄、时间储蓄、时间银行等概念都是由时间货币衍生的，相互间没有本质区别。这种互助养老模式就是在自己有能力为他人提供服务时，通过服务他人把劳动时间进行储蓄，当自己或亲属需要他人扶助时可以享受相应时长的服务。关于时间银行模式如何运行以及优势方面，Monica 和 Clarke（2016）提出时间银行是一个中介机构，通过提供一个交易平台便于促进会员之间进行服务交换，会员以提供的服务来换取"时间信用"，以接受的服务将时间赎回。Effie，Gritzas 和 Kavoulakos（2015）认为时间银行未来发展形势特别令人关注，他们能处理各种服务，而这些不同类型的服务在时间银行的"价值"并不一定反映其在自由市场上的实际价值。Seyfang（2003）认为虽然时间银行这样一个富有想象力的模式需要公共部门和私营部门在服务中创新并具有一定灵活性，但在解决贫困地区的社会排斥以及创造公民参与、社会资本、社会建设、成本节约和积极的公民身份等方面的好处可能是巨大的。

在时间银行模式运行障碍和发展前景方面，Schor（2010）认为时间银行虽然具有重要的实践意义，但诸如时间银行这样的替代性市场可能面临文化障碍。Willeret 等（2012）提出广义交换促进社会团结，表明时间银行可以通过促进其模式下群体的认同感来激发更大的交流活动。Lukáš 和

Veronika（2013）提出，到目前为止时间银行已经存在了近 30 年了，但由于它们可能看起来太过于乌托邦主义，而且在刚性的货币型经济体系下，不以利润为基础，不太能被大家理解，所以它们多数只靠热心者的善意来驱动，缺乏真正机构的支持。在过去的 10 年中，人们越来越清楚地认识到更具有全局性的观点变得更有必要，包括像时间银行这样的新元素打开了金融创新的经济方式，它应该被视为经济系统进一步发展的途径之一。Shih，Bellotti 和 Han 等（2015）通过调查研究认为，在时间银行基础上的“同等时间，同等价值”是理想工具主义者和利他动机之间关系的根源，建议未来的对等系统必须包含不同的奖励和激励机制，以适应不同动机的用户。综上分析，国内外学者侧重于对互助养老时间储蓄实践做法进行经验性总结，但截至目前，还未见到将互助养老时间储蓄上升到国家政策层面的研究，还没有从理论角度深入分析互助养老引入时间储蓄的重要意义，理论研究的滞后一定程度上影响互助养老时间储蓄在实践中的发展。

7.2.2 基础模型

解决人口老龄化的关键是如何有效应对养老问题，而养老的实质是代际转移——代与代之间现金、服务与除现金外的资产交换。代际转移包括经济转移和时间转移。经济转移包括货币、实物和不动产；时间转移包括家务劳动和生活照顾（陈功，徐铭蔚，王佳，2012）。从代际转移的视角来看，家庭养老是指代际转移在家庭内部完成；社会养老是代际转移在整个社会完成。现代社会中的社会保障制度属于社会范围内的经济转移，而时间转移传统是在家庭内部完成，是以血缘和亲情来维系。当家庭难以完成时间转移时，迫切需要社会来完成时间转移，而社会范围内的时间转移客观需要以货币为媒介，并靠制度和社会信用来保障。经典的世代交叠模型认为金钱货币作为经济转移的媒介，可以将全部收入在年轻和年老阶段跨期消费，实现人们一生的效用最大化。本书在此基础上研究认为，社会范围的时间转移如果仍然以金钱货币作为时间转移的媒介，互助养老时间储蓄可能被抑制；而以社区货币作为时间转移的媒介将极大地促进人们进行互助养老时间储蓄，从理论方面证明引入有政府担保的社区货币作为互助养老时间储蓄的媒介可以实现人们一生效用最大化，促进闲置养老资源的有效利用和合理配置。

沿用萨缪尔森——戴蒙德世代交叠模型的理论假设，假定每一代人的个人生命分为时间相等的两个时期，将处于第一时期的人称为年轻人，年轻人具有劳动力禀赋；处于生命第二期的人为老年人，老年人没有劳动力禀赋，并假定劳动力禀赋为易腐品。在每一个时期，都生活着许多年轻人与年老的人，第 t-1 代人生于第 t-1 期，但生活在 t-1 期与 t 期，而第 t 代人生于第 t 期，但生活在 t 期和 t+1 期。这一假设意味着任何两代人之间都有一个共同生活的时期，可以代际交换。由于劳动力禀赋不能从一个时期储存到下一个时期（年轻时候拥有的劳动能力在年老时自动丧失），为把劳动能力储存起来，全社会形成以货币为媒介的代际交换，将劳动力禀赋以货币的形式储存起来留到年老时使用。货币作为代际交换媒介的重要意义在于老年人不一定要由自己的子女来供养，可以用货币购买他人子女的劳动来达到养老的目的。货币成为老年人向整个一代人索取养老资源的凭证（Samuelson，1958）。

本书在原假设的基础上增加如下假设：①在现行消费——储蓄模式下人们普遍拥有闲置的劳动力禀赋；②在人口老龄结构日益老化的背景下，为弥补家庭照顾的不足，人们倾向于进行互助养老时间储蓄；③互助养老时间储蓄挤占了人们过去对闲暇时间的消费；④人们牺牲一部分闲暇时间的消费进行互助养老时间储蓄对消费者一生的效用最大化具有重要影响。现在考虑一个在时期 t 出生的年轻人，他（她）面临的问题是最大化其生命的每个时期的效用。假定在现行的消费——储蓄模式下，个体在生命的第 1 时期拥有 w 单位的闲置劳动力禀赋，可以用来消费享受闲暇，也可以储蓄起来为未来老有所养提供养老服务保障。个体在生命的第 2 时期没有劳动力禀赋，为了第 2 时期能够得到必要的照顾服务，在年轻阶段需要进行互助养老时间储蓄，以实现闲置劳动力禀赋的跨期优化。参考经典的世代交叠模型，主要变量定义如下（见表 7-1）。

表 7-1　变量定义

变量符号	变量名称	变量定义
W	闲置劳动力禀赋	现行消费——储蓄模式下人们闲置的劳动力资源
C_{1t}	第 1 期消费函数	t 代人年轻阶段的消费
C_{2t+1}	第 2 期消费函数	t 代人年老阶段的消费
S_t	储蓄函数	t 代人的储蓄
U	效用函数	跨期消费带来的最大化满足
θ	风险规避系数	消费者对跨期消费波动的规避。当 θ 较大时，消费者更愿意选择第 1 期消费；当 θ 较小时，消费者愿意选择第 2 期消费
$\frac{1}{\theta}$	跨期消费替代弹性	消费者在不同回报率的激励下在两期消费之间进行替代的程度
ρ	时间偏好系数	消费者偏好第 1 期还是第 2 期消费的程度。若 $\rho > 0$，代表偏好第 1 期而不是第 2 期的消费；若 $\rho < 0$，则情况相反。假设 $\rho > -1$，以确保第 2 期消费的权重是正的

在一定条件约束下，时期 t 出生的年轻人面临的最优化问题为

$$\text{Max}\ \left\{ \frac{C_{1t}^{1-\theta}}{1-\theta} + \frac{1}{1+\rho}\frac{C_{2t+1}^{1-\theta}}{1-\theta} \right\} \tag{7-9}$$

$$s.t.\ C_{2t+1} \leq (1+r)(w - C_{1t}) \tag{7-10}$$

构建拉格朗日函数求解个体在满足一定约束条件下两期效用贴现和的最大化，有

$$L = \frac{C_{1t}^{1-\theta}}{1-\theta} + \frac{1}{1+\rho}\frac{C_{2t+1}^{1-\theta}}{1-\theta} + \lambda\left[w - \left(C_{1t} + \frac{C_{2t+1}}{1+r}\right)\right] \tag{7-11}$$

通过求解最优化问题得到最优消费为

$$C_{1t} = \frac{(1+\rho)^{\frac{1}{\theta}}}{(1+\rho)^{\frac{1}{\theta}} + (1+r)^{\frac{1-\theta}{\theta}}}w\ ;\qquad C_{2t+1} = \frac{(1+r)^{\frac{1}{\theta}}}{(1+\rho)^{\frac{1}{\theta}} + (1+r)^{\frac{1-\theta}{\theta}}} \tag{7-12}$$

由于利率很小甚至是负利率，而时间偏好率 ρ 一般情况下会大于利率水平 r，所以年轻阶段消费一般也将大于年老阶段的消费。前文假定年轻阶段和年老阶段是时间相等的两个时期，而实现最大效用的最优消费结果

表明年老时期的消费明显低于年轻时期的消费。深入分析最优消费推导过程可以发现年老阶段消费不足的原因主要在于年轻阶段的储蓄不足。进而通过年老阶段的消费折现得到年轻阶段的最优储蓄为

$$S_t = \frac{(1+r)^{\frac{1-\theta}{\theta}}}{(1+\rho)^{\frac{1}{\theta}} + (1+r)^{\frac{1-\theta}{\theta}}} \tag{7-13}$$

最优储蓄表明，储蓄率的高低取决于个体将闲置劳动力禀赋用于当前消费和储蓄之间的比例。而个体对其闲置禀赋在当前消费与储蓄之间分割比例的决策，取决于该个体对当前消费所获效用与未来消费所获效用的评价和比较。那么，到底哪些因素影响年轻阶段的储蓄决策呢？式（7-13）表明，影响储蓄的因素取决于利率、时间偏好率、风险规避系数以及跨期消费替代弹性，其中主要的影响因素是利率，利率决定了消费者将闲置劳动力用于消费与储蓄的比例。在直觉上，r 的增加存在收入和替代两种效应。事实上，r 的增加会减少年老阶段的消费成本，从而使消费者增加储蓄，把消费从第 1 时期转移到第 2 时期，这就是替代效应：另一方面，r 的增加会增加收入，从而增加可行的消费集，可能会使两个时期的消费都增加，这就是利率的收入效应。根据有关储蓄率的经济含义，通过复合函数求导法则可得，

$$\frac{dS}{dr} = \frac{(1+r)^{\frac{1-\theta}{\theta}}}{[(1+\rho)^{\frac{1}{\theta}} + (1+r)^{\frac{1-\theta}{\theta}}]^2} * [\frac{1-\theta}{\theta}](1+r)^{\frac{1-2\theta}{\theta}} \tag{7-14}$$

若 $\theta>1$，S 是关于 r 的减函数，也就是当风险规避系数较大、跨期消费替代率弹性较小时，随着利率提高储蓄反而减少；若 $\theta<1$，S 是关于 r 的增函数，也就是当风险规避系数较小、跨期消费替代率弹性较大时，随着利率提高储蓄增加。当 θ 较低时，即个体更愿意在两期消费之间进行替代以利用利率的刺激时，替代效应占优，储蓄增加；当 θ 较高时，即个人偏好两时期相似消费时，收入效应占优，储蓄减少；当 $\theta=1$ 时（对等效用），两种效应是平衡的，年轻人的储蓄率独立于 r 之外。由于 θ、ρ 都是不可观测量，个体的未来储蓄主要取决于利率，而利率高低存在很大的不确定

性，导致储蓄也存在很大的不确定性，特别是高利率往往意味着高通货膨胀率，通货膨胀的存在，导致年轻时储存的金钱货币到年老时到底能够买到多少服务还是未知数，使人们认为养老服务储蓄不划算，抑制了年轻阶段的储蓄意愿。研究表明，存在闲置劳动力禀赋的情况下，互助养老时间储蓄将促进消费者一生效用最大化，但由于利率不确定性和通货膨胀的预期，一定程度影响个体储蓄的积极性，从而不利于老龄社会有效抵御年老风险。

7.2.3 扩展模型

由于利率的不确定性和货币贬值的预期，以金钱货币为媒介的互助养老时间储蓄受到抑制，本书在此基础上提出，如果引入有政府担保的社区货币作为互助养老时间储蓄的媒介，能够极大促进互助养老服务供给，激励互助养老时间储蓄，有助于实现全生命周期效用最大化。为实现这一目标需要全社会达成如下社会契约：人们自愿接受以社区货币作为互助养老时间储蓄媒介，年轻人通过向年老的人提供照料服务而获得社区货币，等到自己年老丧失劳动能力的时候利用社区货币得到下一代的照顾，以社区货币为媒介实现社会养老的代际传承和交换。假设政府为缓解家庭照顾不足和缺失，引入以小时为计量单位的社区货币作为互助养老时间储蓄媒介，今天提供1小时的家务劳动和生活照顾，到年老时可以得到1小时的照顾服务，由于社区货币有政府担保，人们不必担心储存的社区货币得不到照顾服务，年轻时储存多少小时的社区货币，年老时就会得到同样时长的服务，由于时间不会贬值，以小时为单位的社区货币必将激励更多人投入到照顾老人的行列，从而有效化解年老风险，促进时间储蓄模式可持续发展，实现家庭养老向社会养老转化。

1. 引入社区货币的个体模型

为研究方便，本书将养老储蓄服务分为两类不同性质的服务，一类服务是以金钱货币为媒介的传统服务，这种服务是具有一定专业知识和技术的服务，一直以来都以金钱货币为媒介。另一类服务是新型的互助养老时间储蓄服务，是不需要专业知识和技术的服务，这类服务原来是由每个家庭提供的家务劳动和日常生活照料服务以及精神慰藉服务，一直是以亲情为纽带，不需要任何有形的媒介物。由于人口老龄化、计划生育政策的实施使家庭内部的养老代际交换难以持续，社会养老客观需要一种新的媒介。本书探索引入社区货币作为互助养老代际交换媒介，希望通过引入社区货币，增强人们进行互助养老时间储蓄的动力，以弥补家庭养老的不足，满足老年人的养老照顾需求，以期更好地适应人口老龄化新常态。为此本书做出如下假设，政府给初始代的老人发行社区货币，以后各代通过照顾老人才能得到社区货币，为了年老时得到照顾服务，年轻时需要放弃一部分闲暇时间为同时代老人提供家务劳动、生活照料服务或精神慰藉服务而获得社区货币，将这些社区货币持有至下一期同下一期的年轻人交换照顾服务，以满足自己以及家人将来的照顾服务需要。通过持有社区货币，年轻人可以把照顾服务的能力保留到任何时期去使用。

现在考虑一个在时期 t 出生的年轻人，他所面临的问题是如何合理安排闲置劳动力禀赋使其一生的效用最大化。假设个人在生命第 1 期时拥有 w 单位的闲置劳动力禀赋，可以用来消费享受闲暇，也可以储蓄起来，为年老时候做准备。假设 t 代人为追求既定预算下其自身效用最大化，年轻时会选择将部分闲置劳动力禀赋以金钱货币和社区货币为媒介储蓄起来，年老时得到以金钱货币为媒介的经济保障和以社区货币为媒介的互助养老服务保障。如果提供的服务属于专业技术性服务将以金钱货币为媒介储存起来；如果提供的服务属于非专业、非技术性服务将以社区货币为媒介储存起来。假设将个体在 t 时期的消费记为 C_{1t}，放弃一部分消费及闲暇时间将社区照顾能力以社区货币的形式储蓄起来，记为 S_{ut}，以金钱货币为媒介的储蓄记为 $S_{\pi t}$。由于消费与储蓄不能超过闲置的劳动力禀赋 w，所以

$$C_{1t} + S_{ut} + S_{\pi t} \leqslant w \tag{7-15}$$

假设老年人没有劳动力禀赋，在第 2 期的消费完全来自于第 1 期储蓄的社区货币以及金钱货币的储蓄。假设社区货币完全按照初始代老人的数量发行，由于社区货币不能人为发行，政府能够严格控制社区货币的供

给，不会发生通货膨胀，因此社区货币没有利息。时期 t 出生的年轻人第二阶段的消费为

$$C_{2t+1} \leqslant (1+r) S_{\pi t} + S_{ut} \tag{7-16}$$

继续假设效用函数为风险规避型效用函数

$$U = \frac{C_{1t}^{1-\theta}}{1-\theta} + \frac{1}{1+\rho}\frac{C_{2t+1}^{1-\theta}}{1-\theta}, \theta > 0, \rho > -1 \tag{7-17}$$

将式（7-15）、式（7-16）代入式（7-17）中，得到

$$U = \frac{(w - S_{ut} - S_{\pi t})^{1-\theta}}{1-\theta} + \frac{1}{1+\rho}\frac{(S_{ut})^{1-\theta}}{1-\theta} + \frac{1}{1+\rho}\frac{[(1+r)S_{\pi t}]^{1-\theta}}{1-\theta} \tag{7-18}$$

分别对式（7-18）中 $S_{\pi t}$，S_{ut} 求偏导，并令其偏导为 0，以求得为获得最大效用的最优金钱货币和社区货币储蓄。最终解得

$$S_{\pi t} = \frac{w}{1 + 2\left(\frac{1+r}{1+\rho}\right)^{\theta}}; S_{ut} = \left(\frac{1+r}{1+\rho}\right)^{\theta} \frac{w}{1 + 2\left(\frac{1+r}{1+\rho}\right)^{\theta}} \tag{7-19}$$

式（7-19）表明，最优社区货币储蓄与金钱货币储蓄只相差一个系数 $\left(\frac{1+r}{1+\rho}\right)^{\theta}$。最优储蓄结果表明，引入社区货币后虽然影响储蓄的因素仍然是利率、时间偏好率、风险规避系数以及跨期消费替代弹性，但利率不再是影响储蓄的主要因素。从最优解可以看出，各因素都影响储蓄水平，且各因素之间很难区分主要因素和次要因素。通过构建引入社区货币的养老服务储蓄扩展模型，可以得到命题 1。

命题 1 引入社区货币作为互助养老服务储蓄媒介，促进闲置劳动力禀赋的有效利用和合理配置，增强人们进行养老服务储蓄的动力，更好适应人口老龄化新常态，达到个体最大可能的效用满足，实现个体一生效用最大化。

命题 1 表明在给定的个体预算约束下，个体达到最大的效用水平，证明社区货币的引入不仅使得经济中的所有个体通过社会养老代际交换增加了他们的效用，而且也使他们达到了自己的最大可能的效用，实现社会互

助养老代际交换，促进养老资源有效配置。命题 1 的机理是：由于年老时劳动力禀赋自动消失，为了使年老时获得必要的社区照顾服务，年轻时需要放弃一部分闲暇时间来照顾身边的老人，将照顾老人的服务时间以社区货币为媒介储存起来留到年老时使用，这样不仅增加年老阶段的消费水平，而且促进闲暇时间的有效利用，获得最大效用满足，一定程度缓解未来养老的不确定性。因此，政府引入社区货币作为互助养老代际交换媒介可以弥补由于计划生育政策导致的家庭照护不足和缺失，不仅使经济中的所有个体实现闲置劳动力禀赋的跨期优化，增加了他们的效用，而且也使他们达到了最大可能的效用，实现个体一生效用最大化。

2. 对比分析

为直观反映引入社区货币对闲置劳动力禀赋跨期消费——储蓄的影响以及其一生最大效用的影响，现对几个重要参数根据经验数据赋值，将引入社区货币的扩展模型与不引入社区货币的基础模型进行比较，以直观分析引入有政府担保的社区货币如何深刻影响人们未来的消费和储蓄决策。模型中的参数根据具体经济情况设定，其中 ρ 和 θ 是不可观测值，其值一般根据实证经验确定，相关参数的取值参考文献（顾六宝，肖红叶，2004；贺菊煌，2002）。在两期世代交叠模型中，每一时期大概 30 年，因此有关参数不按年率计算，而按期率计算，取 $r=0.2224$，$\rho=0.8114$。根据国内外经验数据，θ 的经验值为 2，被许多关于实际经济周期的实证研究认为最为合理。此外，根据文献（顾六宝、肖红叶，2004）我们分别假设 $\theta=1$ 与 $\theta=0.6918$。将这些参数分别代入引入社区货币的扩展模型与不引入社区货币的基础模型，观察引入与不引入社区货币对个体的消费和储蓄的变化，分析不同的 θ 值对消费储蓄的影响以及对一生效用最大化的影响（表 7-2）。

表 7-2　是否引入社区货币对个体一生最大效用的影响

	扩展模型（引入社区货币）	基础模型（不引入社区货币）
$\theta=0.6918$	$S_{ut}=C_{1t}=0.2635$ $S_{\pi t}=0.4730$，$C_{2t+1}=0.8417$ U=5.8152	$C_{1t}=0.6833$，$S_t=0.3170$ $C_{2t+1}=0.3870$ U=4.225
$\theta=1$	$S_{ut}=C_{1t}=0.2872$ $S_{\pi t}=0.4256$，$C_{2t+1}=0.8075$ U=3.0205	$C_{1t}=0.6443$，$S_t=0.3557$ $C_{2t+1}=0.4348$ U=2.6744
$\theta=2$	$S_{ut}=C_{1t}=0.3544$ $S_{\pi t}=0.2911$，$C_{2t+1}=0.7107$ U=9.5110	$C_{1t}=0.5997$，$S_t=0.4030$ $C_{2t+1}=0.4926$ U=2.7882

结果表明，不论风险规避系数大小，在引入社区货币情况下，人们都减少了第 1 期消费以及闲暇时间，在年老阶段都获得了更高的消费水平，人们在年老没有劳动能力禀赋的第 2 期会得到更多消费以及更好的照顾，并且跨期总体效用也会得到提升和改善。当 $\theta=2$ 时，引入社区货币个体一生效用最大（数值上是没有引入社区货币获得效用的 3 倍），这也是实践中最有可能出现的结果。如果没有引入社区货币，人们只能以金钱货币的形式储蓄，虽然第 1 期的消费要大于引入社区货币后的第 1 期消费，但第 2 期消费明显低于引入社区货币的消费，说明引入社区货币使人们的年老阶段的消费明显增加，人们在老年时得到更好的照顾，获得更大的效用满足。利用经验赋值可以直观证明引入有政府担保的社区货币，个体效用都一定程度得到提升，在年老时都得到更多消费，有效化解年老风险，一定程度化解人到老年身边没人照顾的社会风险，避免未来养老的不确定性，使人们能够更好地应对人口老龄化的常态化，获得最大效用满足。

3. 引入社区货币的宏观模型

货币作为储蓄媒介最基本的要求是能够保值，而金钱货币随着时间的推移不断贬值，因此不是理想的保值手段，不适合充当互助养老服务储蓄媒介。本书通过构建引入社区货币的宏观模型，以论证社区货币比金钱货币更适合充当互助养老时间储蓄媒介。根据假设，在每一个时期 t（$t\geq$

0)，有 N_t 个处于年轻阶段的人和 N_{t-1} 个处于年老阶段的人。社区货币名义余额 M_{ut}^d 的总需求等于 t 代人希望以社区货币形式储存的互助养老服务的储蓄额，由下式给定

$$M_{ut}^d = N_t[p_{ut}(w - c_{1t} - s_{\pi t})] \tag{7-20}$$

这里 p_{ut} 是以社区货币表示的价格水平。社区货币供给量 M_{ut}^s 由老年人（在 t-1 期出生，人数为 N_{t-1} ）所持有并打算用于交换互助养老服务的社区货币给定，它等于

$$M_{ut}^s = N_{t-1}[m_{ut-1}] \tag{7-21}$$

根据假设，政府（公共机构）只给初始代的老人发放社区货币，社区货币总量固定，设为常量 M_{ut} 。如果社区货币需求等于社区货币供给，则社区货币市场出清 $M_{ut}^d = M_{ut}^s = M_{ut}$ ，意味着

$$N_t[p_{ut}(w - c_{1t} - s_{\pi t})] = N_{t-1}[m_{ut-1}] = M_{ut} \tag{7-22}$$

因此，

$$p_{ut} = M_{ut}/N_t(w - c_{1t} - s_{\pi t}) \tag{7-23}$$

式（7-23）表明，在既定的社区货币供给等于常量 M_{ut} 的情况下，以社区货币表示的互助服务价格水平 p_{ut} 是由社区货币供给总量与社区货币实际需求的比值来确定的，则每单位社区货币的价值 v_{ut}（等于 $1/p_{ut}$ ）由下式给定

$$v_{ut} = N_t(w - c_{1t} - s_{\pi t})/M_{ut} \tag{7-24}$$

式（7-24）表明社区货币的价值与社区货币供给的变化方向相反，但与总需求 $[N_t(w - c_{1t} - s_{\pi t})]$ 呈正比例变化。同样，在时期 $t + 1$，有

$$p_{ut+1} = M_{ut}/N_{t+1}(w - c_{1t+1} - s_{\pi t+1}) \tag{7-25}$$

稳态时人口是一个常数（ $N_{t+1} = N_t$ ），根据本书假设，政府只为初始年老代发行社区货币，以后不再发行，因此社区货币的供给是常数（ $M_{ut+1} = M_{ut}$ ），假定所有代都有同样的禀赋和偏好，并且对将来的禀赋和偏好的期望也相同，即对所有的 t 均有 $c_{1t} = c_{1t+1} = c_1$，$c_{2t} = c_{2t+1} = c_2$，$s_{\pi t} = s_{\pi t+1} = s_\pi$ 成立，社区货币的回报率 u_t 为

$$u_t = \frac{p_{ut}}{p_{ut+1}} = \frac{\dfrac{M_{ut}}{N_t(w - c_{1t} - s_{\pi t})}}{\dfrac{M_{ut}}{N_{t+1}(w - c_{1t+1} - s_{\pi t+1})}} = N_{t+1}/N_t = 1 \qquad (7-26)$$

当人口稳态时社区货币的回报率也是常数。在不同时期下，社区货币有相同回报率，人们会倾向于同样的消费与储蓄选择，即一个稳定均衡。表明在人口稳定时社区货币能够保值，社区货币适合充当互助养老服务储蓄媒介。

现在假设人口不断增长，设 $N_{t+1}/N_t = n$ ，其中，N_t 是 t 期出生的人口数，n 是毛出生增长率。因此，该经济中总人口的毛增长率由下式给定：

$$[N_{t+1} + N_t] / [N_t + N_{t-1}] = [(n^2 + n) N_{t-1}] / [(n + 1) N_{t-1}] = n \qquad (7-27)$$

因而总人口的毛增长率也是 n 。将式（7-23）和式（7-24）代入式（7-25），求解人口增长时的社区货币回报率。仍然假定所有代都有同样的禀赋和偏好，并且对将来的禀赋和偏好的期望也相同，即对所有的 t 均有 $c_{1t} = c_{1t+1} = c_1$，$c_{2t} = c_{2t+1} = c_2$，$s_{\pi t} = s_{\pi t+1} = s_\pi$ 成立，社区货币的回报率 u_t 为

$$u_t = \frac{p_{ut}}{p_{ut+1}} = \frac{\dfrac{M_{ut}}{N_t(w - c_{1t} - s_{\pi t})}}{\dfrac{M_{ut}}{N_{t+1}(w - c_{1t+1} - s_{\pi t+1})}} = N_{t+1}/N_t = n \qquad (7-28)$$

研究表明，只要人口是增长的（ $n \geqslant 1$），则社区货币的回报率 $u_t \geqslant 1$，意味着社区货币存在正的回报率，社区货币的收益率等于人口增长率 n ，净收益率等于 $n - 1$。换言之，在假定所有代都有同样的禀赋和偏好的情况下，社区货币的回报率是由人口增长率也就是萨缪尔森所说的生物利率决定的（Samuelson，1958）。本书构建的宏观储蓄模型表明在人口不断增长的情况下，持有社区货币可以获得正的回报即生物利率。社区货币不会贬值而且会增值，也就是社区货币能够实现未来的钱比今天的钱更有价值，更适合充当互助养老服务储蓄媒介；而金钱货币不断贬值，今天的钱比未来的钱更有价值，不断贬值的金钱货币不是理想的保值手段，这是社区货

币与金钱货币相比的主要优势。在人口不断增长的情况下，持有社区货币不会贬值，还能获得增值的好处，与不断贬值的金钱货币相比，人们将更愿意持有社区货币，因此引入社区货币必将激励人们促进养老服务储蓄，在整个社会范围内更好地实现互助养老代际交换，实现家庭养老向社会养老转化。于是得到命题2。

命题2：社区货币能够在人口稳定的情况下保值，在人口增长的情况下不断增值，与金钱货币相比，社区货币更适合充当互助养老时间储蓄的媒介。

7.2.4 结论与政策含义

研究表明，引入有国家信用担保的社区货币对互助养老时间储蓄具有巨大促进作用，可以有效弥补计划生育政策导致的家庭照顾不足和缺失，促进家庭养老向社会养老转化，在不增加财力负担的前提下有效支持了时间储蓄式互助养老的可持续发展。本书运用世代交叠模型分别构建了以金钱货币为媒介的养老储蓄基础模型和引入社区货币的养老储蓄扩展模型，得到如下结论。

（1）金钱货币作为养老服务储蓄媒介，抑制了人们养老服务储蓄意愿，年轻阶段储蓄不足，年老阶段的消费需求得不到满足，存在养老风险。研究发现，利率的不确定性和通货膨胀的预期影响了人们养老服务储蓄的积极性，导致年轻阶段过度消费闲暇时间，养老储蓄不足，抑制了年老阶段的消费，从而不利于老龄社会有效抵御年老风险。

（2）引入社区货币作为互助养老服务储蓄媒介，实现将闲置劳动力资源跨期重新配置于未来，更好地促进闲置劳动力禀赋跨期转移，年老时不必过度依赖自己的家庭，可以在社会范围内更好地化解养老风险。通过构建养老服务储蓄个体模型证明引入社区货币实现互助养老服务储蓄货币化，可以将年轻时拥有的照顾能力储存起来留到年老时候使用，有利于闲暇时间的有效利用和养老资源的合理配置，不仅增强人们进行养老服务储蓄的动力，而且也更好地适应了人口老龄化新常态。

（3）在人口增长的情况下社区货币将随时间不断增值，与不断贬值的金钱货币相比，社区货币更适合充当互助养老服务储蓄的媒介。通过构建养老服务储蓄宏观模型证明社区货币能够在人口稳定的情况下保值，在人口增长的情况下不断增值，持有社区货币可以获得社区货币增值的好处，进一步激励人们参与互助养老服务储蓄的积极性。根据本书研究，只要控制社区货币的供给，在人口不断增长的情况下，社区货币将随着人口的增长而增值，与不断贬值的金钱货币形成鲜明对比。

我国现有的时间储蓄只在少数居民社区小范围试点推行，而时间储蓄从储蓄到兑现，这中间可能长达数十年，居民社区远没有这个能力兑现数十年的承诺。最具公信力的当然是政府，只有政府才有能力对服务者付出的时间赋予类似货币信用的属性，只有政府才有能力对互助养老时间储蓄提供强大的信用支持，只有政府才有能力发行社区货币作为互助养老代际交换媒介。因此，只有政府发行有国家信用保障的社区货币，才能真正实现将照顾老人的服务时间货币化、制度化，才能激励社区居民积极行动起来，主动照顾身边的老人，将照顾老人责任社会化，以弥补家庭照顾老人的不足和缺失，有效化解年老风险，更好地满足老人的日常生活照料需求。

在人口老龄化日益严峻的背景下，照顾老人的责任不仅是家庭的责任，也是社会的责任。如果政府为实现照顾老人的责任社会化，为当代老人发放一定数量的社区货币，以后各代通过照顾老人获得社区货币，以社区货币为媒介将照顾老人的责任一代一代传递下去，不仅使当代老人获得了必要的照顾服务，而且也让以后各代能够有效规避养老的不确定性，最终所有代都获得最大效用满足。根据预测我国在2045年以前人口都是增长的，现在发行社区货币正是好时机。如果政府从现在开始发行社区货币，人们通过持有社区货币还可以得到社区货币增值的好处，必将激励各年龄段居民积极参加互助养老服务储蓄，实现在全社会范围内化解年老风险，在人口老龄化高峰期到来之际，照顾老人将成为整个社会的一致行动。

引入有政府担保的社区货币作为互助养老时间储蓄的媒介，人们不用担心储存的社区货币将来得不到所需服务，设计政府给当代老人发放社区货币，以后各代通过照顾老人得到社区货币，将不能储存的照顾服务能力以社区货币的形式储存起来，克服现行互助养老时间储蓄模式的局限性，有助于实现照顾老人的责任社会化。

7.3 本章小结

本章从货币经济学视角出发，将萨缪尔森的代际交叠模型拓展引入到社会养老服务领域，构建社会养老代际交换模型，借助规范分析方法证明在时间银行模式下引入真正意义上的时间货币，可以高效地在潜在供求者之间合理配置社会闲置劳动力资源，降低交易成本、提高交易效率，促进社会养老的代际交换。进而借鉴国外经验与我国国情，提出政府主导发行全国统一的时间货币、建立全国统一的时间银行、倡导全民参与的政策建议，为政府科学决策提供理论参考。

在此基础上进一步论证在人口老龄化背景下引入有政府担保的社区货币对养老服务储蓄的作用机理。基于萨缪尔森—戴蒙德的两期世代交叠模型分别设计和构建以金钱货币为媒介的养老服务储蓄模型和引入社区货币为媒介的互助养老服务储蓄模型，从理论上分析论证引入有政府担保的社区货币对闲置劳动力禀赋的跨期消费和储蓄的影响。研究表明：（1）以金钱货币作为储蓄媒介，抑制人们养老服务储蓄意愿；（2）引入社区货币作为互助养老模式下的服务储蓄媒介，不仅增强人们进行养老服务储蓄的动力，而且能更好地应对人口老龄化新常态；（3）与传统金钱货币相比，社区货币更适合充当互助养老服务储蓄媒介。研究结论：引入有国家信用担保的社区货币作为互助养老服务储蓄媒介可以克服现行时间储蓄模式的局限性，超越家庭在全社会范围内实现养老服务资源跨时空优化配置，实现照顾老人的责任社会化。本书将为政府发行有国家信用担保的社区货币提供理论支持和决策参考。

第8章　社区时间货币的发行机理与运行机制

根据现代货币理论，社区货币是货币吗？社区货币的本质是什么？为什么要发行社区货币？应按照什么规则发行社区货币？国家如何对社区货币的供给进行控制？未来全国统一的社区时间货币如何设计？本章将回答上述问题。

8.1　美元的发行机理与运行机制

美元是世界货币，美国拥有当今世界最成熟、最完善的货币体系，学习美元的发行和运作机制对建立社区货币的发行机理和运行机制具有重要意义。

8.1.1　以国债为抵押的货币发行机制的确立

1861年12月，为给激战正酣的美国南北战争筹借经费，时任财政部长的蔡斯向国会提交了一份工作报告，敦促国会讨论和通过国民银行法规，提议银行在发行不兑现的绿背纸币时要以政府债券担保，以达到销售政府债券来支援国内战争的政治和军事目的。1863年国会终于通过了全国通货法案《国民银行法》，国民银行购买政府债券必须使用法币，而国民银行可以根据其持有的政府债券发行货币，以购买政府债券的数量来决定发行货币的多少。这就是美国以国债为抵押而发行货币的起源。1913年美国对欧洲货币制度进行了长达4年考察的基础上，以真实票据理论为指导建立了美国联邦储备系统。以真实票据为抵押所发行的货币是建立在真实贸易背景下的，这些货币的发行满足了市场的需求。

1913 年 12 月，在真实票据理论的指导下，美国国会制定并通过了《联邦储备法》，要求联邦储备银行发行货币必须拥有 100%的准备金。政府债券和商业票据同样被视为合格的准备金。可见，这是对以国债为抵押的货币发行机制的进一步确认。现在，美联储的货币发行渠道已经逐渐转向了购买政府债券上面。目前购买国债所发行的货币已占到美国货币发行量的 80%以上，成为美国货币发行的最主要渠道。国债即为政府债务，是政府为执行公共服务而预先支付的费用。法律规定，国债手段只能在当国家面临战争、灾难等特殊时期使用。

8.1.2 以购买国债为渠道的货币发行过程与发行机制

货币发行过程。下面我们用美元的发行作为例子来更深刻地了解国家信用货币的发行是如何创造价值的。美联储有三条不同的渠道来投放基础货币，分别是购入政府债券、再贴现贷款和持有黄金与特别提款权。而这三种基础货币发行的投放渠道主要是通过买入美国联邦政府债券来增加货币发行，再贴现贷款用于调节临时的余缺。美国财政部用政府债券作为抵押向美联储贷款，通过这样的方式融资，这部分资金将用于财政支出。由于基础货币是市场流通所必需的货币并且不必再返回，因此美国财政部就可以永远占用同等数额的债券融资额度而不用归还。通过这样的方式美国财政部实现了对货币发行过程中所创造价值的真正享有，财政部使用这些美元购买社会商品，同时财政部获得了这部分价值的商品，社会获得了美元的流通，这样的循环也使得企业和居民获得了美元的持有权，形成了一个完整的价值创造并且转移的过程。虽然美元的发行量不断增大，但只有货币的发行量超过国际社会持有与流通需要量时，美元货币才会发生贬值。

货币发行量的控制。美联储把国债作为货币发行的储备，在客观上相当于把货币发行权让渡给了国会。由国会确定国债的最高上限，相当于为美联储划定了货币发行的上限。如果国会不批准新增加国债的额度，那么美联储在全数购完市场上的国债后，将无法再度行使货币的发行权。在美国相对严苛的国债上限审批程序下，以购买国债为渠道的货币发行机制等于对货币的发行实行了一定的制约，就如同给脱缰的野马套上了笼头。新发行国债的规模是根据政府公共开支的计划来确定的。以国债规模确定货币发行量的思路是一种在政治竞争和利益博弈原则下“以支定发”的思想。具体操作程序为美联储确定下一阶段的目标利率，之后根据当期联邦基金利率的运行情况实时调整政策操作。当联邦基金利率高于目标利率时，美联储公开市场委员会将通过购买国债等方式向市场注入流动性。当联邦基金利率低于目标利率时，美联储公开市场委员会将通过卖出国债等方式向市场回收流动性。在上述操作中，美联储买卖债券业务的净资金缺口，主要来源于新发行的货币。这便是以盯住利率为目标的货币发行机制。

以目标利率控制货币供应量。从政府角度来看，准备金是不能被任意支配的，如果银行拥有超额准备金，隔夜银行间借贷利率会低于目标利率（只需保持在准备金支持利率之上），这刺激了债券的购买；如果银行系统出现资金短缺，市场利率就会高于目标利率，这就刺激了债券的出售。央行不能单纯地通过提供或拒发准备金来激励或抑制银行放贷。相反，央行应协调银行系统，按其意愿提供准备金。只有利率目标可任意支配，准备金的量却不可任意支配。央行在明确的利率目标下进行运作，同时也允许隔夜利率在一定区间内波动，若其超出可容忍范围，央行便会对市场进行干预，换言之，现代央行的运行准则为一定的价格准则（目标利率），而非数量准则（准备金或货币总量）。银行在放贷前不受持有准备金数量的限制，银行向有信誉的借方放贷，创造存款并持有借款方的借据。如果银行需要或想要准备金，它们会从隔夜银行同业拆借市场或是央行贴现窗口获取。如果整个系统都出现短缺，隔夜利率会放出遭受上行压力的信号，提醒央行通过公开市场购买的方式供给准备金。

公开市场操作。主权政府债券的发行是自发行为，一个主权政府不需要让市场来决定其对债券支付的利息。发行债券是主权政府意愿性的运作，债券只是同一个政府下同一个央行的替代账户。债券可以代替央行存款准备金并获得更高利息。通过出售财政部债券储备来去除超额准备金，这便是公开市场出售。公开市场出售用债券代替了超额准备金。由于银行国库券数量增加，储蓄开始等量减少，这就等于进行了有效的资产替代。银行以对债券的债权代替了对央行准备金的债权，而央行掌握的资产（债券）减少，负债（准备金）也因此减少。银行从业者可以从债券的利息中得利。一旦银行的准备金达到了预期，它们将会将其转化为收益更高的债券。无论是由央行（公开市场业务）还是财政部（新券发行市场）出售国库券，其效果均相同：都是将准备金转为国库券，这是为了让央行能达成利率目标。

税收是财政部货币的驱动力。财政部在央行的存款仅仅是一笔政府内部的记录，央行将借据借出并兑现。财政部则是政府负责征收税款的一个分支，由国会授权立法产生，而这些税收则是财政部货币的驱动力。央行为财政部的财务代理，同时持有财政部的结余作为其资产负债表中的负债的一部分。财政部在支出前，必须通过税收、其他收入或对公开市场的债务来补充其在央行的账户。鉴于财政部的存款账户是对央行的负债，财政部支出将增加准备金，获得税收将减少准备金。增加或减少准备金均将影响隔夜利率。因此，财政部的操作与央行设定和保持目标利率的货币政策操作是不可分割的。政府支出与银行存款之间存在一种对应关系：政府需要在纳税人可以使用货币来支付税款前支出货币；银行则需要在银行的债务人可以使用存款偿还贷款前贷出存款。央行向政府支付，并为政府接收税收进行支付。央行是政府的银行，也是银行的银行，运行整个支付体系，维持平价结算。财政部为了支出，可以一直出售证券并在央行获得存款。当人们向财政部缴税时，银行会使用准备金为其纳税，随后，央行会借记银行准备金，同时增加财政部存款。

政府赤字创造了收入和储蓄。政府预算赤字等于活期存款和银行准备金的贷记净额，如果出现非意愿的超额准备金，则通过出售债券来吸收以维持央行目标利率的稳定。主权政府从不需要出售债券，其完全可以以储蓄的形式留给央行，央行可以为储蓄支付任何支持利率甚至零利率。预算赤字通常带来的结果是非政府部门的国库券净正值积累。政府赤字支出为非政府部门创造了以本国货币形式存在的储蓄（现金、准备金及国库券），因为政府赤字意味着政府通过支出所贷记银行账户的金额超过了通过税收所借记的部分。非政府部门的净储蓄是政府赤字支出的结果，是赤字支出创造了收入和储蓄。非政府部门必定存在持有净储蓄的需求，而该需求由政府赤字来满足。人们通过银行存款的形式持有政府支出，可以支取现金或使用存款购买服务。在银行的资产负债表中准备金是资产，存款则是负债。当政府支出时，两者均会增加——贷记央行的准备金，同时贷记支出接收者的活期存款。存款和准备金最初的增长量等于政府支出，税款将会减少准备金和存款。政府赤字创造等量的非政府储蓄，因此，政府不可能面临储蓄供应不足的情况。

8.2 社区时间货币的发行机理

现代货币理论表明，对于发行主权货币的政府来说，支付能力并不是一个问题，那么知道政府应该做什么，就变得尤为重要了。保障劳动者晚年生活是国家和社会应尽的义务。老有所养是每位公民的愿望，政府需要做的就是创造社会财富，让每位社会成员安度晚年，履行宪法赋予政府的责任。货币不仅是工具，更是达成社会目标的手段。在社会存在闲置资源的情况下，社区货币的发行，可以促进闲置资源的有效利用，实现老有所养的社会目标。在市场经济社会，人们更希望让市场发挥资源的配置作用，其实，货币发行者（主权政府）的政策空间远远大于人们普遍认为的程度，政府可以做的事情还很多，我们过度关注私营部门的作用，对政府的作用认识不足，政府可以帮助老人实现在需要帮助时得到应有的照顾，政府通过发行社区货币创造财富完全可以达到这一社会目标。社区货币可以改变我们的生活，也可以重塑我们的生活。

8.2.1 社区货币的货币职能及其功能特征

国外流行的社区货币是以促进流通，缓解人为稀缺的法定货币的不足而设计发行使用的，而本书主要是为应对人口老龄化、促进闲置资源有效利用而提出发行社区货币。本书所指的社区货币，全称是社区时间货币，简称为社区货币或时间货币，区别于金钱货币与国外流行的社区货币，是指为实现家庭养老向社会养老转变，促进闲置资源的有效利用与合理配置，在社区内部达成的接受以时间为计价单位作为社会照顾服务的支付手段和交换媒介的一个协议。这里的社区可以是一个地区、一个国家，甚至整个地球都可视为社区。在社区内，人们自愿接受以社区货币作为社会养老代际交换媒介，年轻人通过向老人提供社会照顾服务获得社区货币，等到年老丧失劳动能力时利用社区货币得到其他人向自己提供的社会照顾服务，以社区货币为媒介实现社会养老的代际传承和交换。社区货币与金钱货币的区别在于，金钱货币服务于经济目标，促进所有的一切交换，是以利息为核心的竞争系统，目的是实现利润最大化的经济目标；而社区货币服务于社会目标，促进社会养老代际交换，是以目标利率为核心的合作系统，目的是构筑社会资本，实现老有所养的社会目标。力争通过引入以服务社会为宗旨的社区货币与以服务经济为宗旨的金钱货币并行流通，在促进经济发展的同时实现社会目标，在不影响任何人福利水平的情况下实现帕累托改进。本书设计发行的社区货币具有货币的所有职能，是真正意义上的货币。

1. 交易媒介

社区货币作为交易媒介，将闲置的社会资源利用起来满足高龄老人的日常照料需求，促进社会养老代际交换。每个社区都存在大量未满足的需求和未利用的资源，社区货币作为催化剂能促使这些闲置资源工作，创造充满生机的财富。传统家庭代际交换属于劳务的直接交换，而在社会化的养老代际交换中，年轻人向同时代老人提供日常生活照料服务，等到年轻人年老时，原来与之交易的老人已经不在了，直接的代际交换难以持续。如果整个社会达成以社区货币作为互助养老代际交换媒介的协议，年轻人向同时代老人提供日常生活照料服务，可以获得社区货币，以后年老时可以利用社区货币获得所需服务，此后每一代人都相信社区货币的购买力，则互助养老代际交换得以持续。社区货币作为一项社会发明是人口老龄化背景下打开社会养老代际交换难题的钥匙。

2. 价值尺度

日常生活照护（精神慰藉）属于一种低成本、低技术的劳动密集型服务，就其服务内容本身而言很难用市场价值来衡量，但如果用提供劳动的服务时间来衡量则比较容易，而社区货币正是以服务时间作为记账单位和价值尺度的一种交易媒介，其优势在于不必区分不同服务的市场价值，强调每个人提供的服务都是等值的，只要提供的服务时间相等，价值就相同。每个人都可用自己 1 小时提供的服务与其他人 1 小时提供的服务相交换，不存在服务的价值歧视。以服务时间为价值基础的社区货币可以有效避免不同服务不同价值的弊端，适合充当日常生活照料（精神慰藉）的交易媒介和记账单位，有效弥补家庭养老代际交换的不足，满足高龄老人不断增长的长期照护需求。

3. 支付手段

当日常生活照料服务与社区货币运动在时间和空间上出现了分离，社区货币以独立的形态进行单方面转移或偿还劳务时，社区货币执行延期支付职能。社区货币作为延期支付手段，本质上属于日常生活照料服务的延期交换，属于一种服务信用型货币。不论是以社区货币即时支付或预先支付，还是延期支付，信用都是交易的基础，因此，社区货币本身是以信用为基础的货币。社区货币作为支付手段实质是人们将社区货币所代表的日常生活照料服务的现期索取权，通过时间银行这类信贷机构转变为未来索取权。社区货币执行支付手段职能，从持币者个人角度来看，是现期日常生活照护服务索取权的延期，但从整个社会角度，不过是现期日常生活照护服务索取权在不同社会成员之间的再分配。储存的社区货币可以通过时间银行借贷给他人使用，实现社区货币在社会成员之间广泛流通。

4. 贮藏手段

社区货币作为贮藏手段能够将不能储存的日常生活照护能力以社区货币的形式储存起来，留到需要时使用，以激励人们积极面对人口老龄化，提早进行服务储蓄和时间储蓄。日常照护能力的自身特点是服务本身不能储存，年轻时拥有的日常生活照护能力到年老时自动消失，如果年轻时不能将服务能力储存起来，到年老时可能得不到必要的日常生活照料服务。引入社区货币，可以实现将不能储存的服务能力以社区货币为媒介储存起来，留到老年时使用，方法是年轻时向同时代老人提供日常生活照料服务，获得社区货币，等到年老丧失劳动能力时以社区货币获得所需的日常生活照料服务，以社区货币为媒介实现服务能力与时间储蓄。

研究表明，社区货币具有货币的所有职能，性质上属于真正意义上的货币。但与金钱货币相比，社区货币自身具有独特的功能特征。首先，社区货币媒介的对象与金钱货币媒介的对象不同。金钱货币作为一般等价物，可以媒介所有的商品和服务；社区货币不是一般等价物，只能媒介特定服务，如由家庭、朋友、邻居和自愿者提供的日常生活照护和精神慰藉服务。其次，社区货币代表的价值与金钱货币代表的价值不同。金钱货币作为价值尺度，度量的是所有商品和服务的市场价值；而社区货币作为价值尺度，只是度量非专业、非技术等日常生活照料服务等特殊服务的时间价值，这种服务可能没有市场价值，但一定具有社会价值。最后，社区货币与金钱货币代表的社会关系不同。市场强调竞争，制造出一种人人独立行动的幻觉，金钱货币作为市场交换的媒介，坚持等价交换原则，体现了人与人之间冷漠的竞争关系；而人类生活最鲜明的特征，不是竞争，而是合作，很难想象，人类生活中还有不依赖于他人，不希求他人帮助的方面，而社区货币本质上属于非经济与非对价的交换媒介，体现了人与人之间互帮互助的合作关系。正因为社区货币具有上述不同于金钱货币的功能特征，有望成为人们信任的除金钱货币之外的另类货币。

8.2.2 社区货币的发行准备

为应对人口老龄化，客观上需要政府发行社区货币以创造新的社会财富。国家信用可以创造价值主要源于货币的发行。信用货币的发行必须以真实的票据作为发行准备。为控制社区货币的发行量，设计央行必须持有政府发行的社区货币债券作为社区货币的发行准备。社区货币债券是由政府发行的，为满足中高龄老人最低照顾需求而发行的以社区货币为面值的政府债券。政府根据老人所需的最低社会照顾量确定社区货币债券的发行量。央行以社区货币债券为抵押发行社区货币，财政部以社区货币债券作为抵押向央行申请社区货币贷款，并且这部分资金将用于为符合年龄的中高龄老人发放社区货币。由于给老人发放的社区货币是市场流通所必需的社区货币并且不必再返还，因此财政部就可以永远占用同等数额的债券融资额度而不用归还。通过这样的方式财政部实现了对货币发行过程中所创造价值的真正享有，财政部使用这些社区货币转移支付给需要照顾的中高龄老人，社会获得了社区货币的流通，这样的循环也使得企业和居民获得了社区货币的持有权，形成了一个完整的价值创造并且转移的过程。虽然社区货币的发行量不断增大，但只要社区货币的发行量不超过社会能够提供的最大社会照顾量，社区货币都不会发生贬值。

央行发行社区货币必须拥有100%的准备金。发行社区货币将社区货币债券作为社区货币发行的储备，在客观上相当于把社区货币发行权让渡给了政府。由政府确定社区货币债券的最高上限，相当于为央行划定了社区货币发行的上限。如果政府不批准新增加社区货币债券的额度，那么央行在全数购完政府发行的社区货币债券后，将无法再度行使社区货币的发行权。社区货币债券的发行上限是根据社会能够提供的最大社会服务量决定的，新发行社区货币债券的规模则根据人口增长率来确定，任何组织机构个人非经立法批准不能决定增发。在制定相对严苛的社区货币债券发行上限审批程序基础上，以社区货币债券为抵押的货币发行机制等于对社区货币的发行实行了一定制约，就如同给脱缰的野马套上了笼头。以社区货币债券规模确定社区货币发行量的思想可以确保政府可以控制社区货币的供应量，既能满足老人的最低照顾需求，又能激发人们尽可能去照顾身边的老人，实现社区货币价值的稳定。

货币的发行价值只有在发行限额内，通过国债这样不用偿还的方式发行社区货币才可以被创造出来。货币作为社会流通所需要的货币，其发行必须通过财政赤字或者是永不偿还的国债等国家占有价值的形式，只有这样社会财富才会被创造出来，而商业银行向中央银行贷款和贴现的方式发行货币的过程是不能创造出货币的价值的。政府以社区货币债券为抵押向中央银行借出社区货币发放给需要照顾的中高龄老人，由于政府通常以新债还旧债，因此只要中央银行持续、稳定地以社区货币购买社区货币债券，则政府就可以永远维持相应的债券融资额度，这些社区货币也就会永远保持流通，不会被银行回笼。一般情况下，社区货币创造的价值就是一个国家在社区货币发行过程中通过国家信用所能创造的价值量的总和。社区货币的发行量作为政府负债支出所创造的价值，参考社会流通对社区货币的最低需求量（即老人所需的最低社会照顾量）以及社会能够提供的最大社会照顾量确定社区货币的发行量，理论上社区货币的发行量应等于社会流通对社区货币需求的最低值。

政府以社区货币债券为发行准备发行社区货币可以实现对社区货币的永久占用，这种占用是指在流通中永远都不用收回的量。整个社区货币体系是建立在以政府借据（社区货币债券）为顶部的“金字塔”式负债（见图 8-1）。首先，政府的借据——社区货币债券处于金字塔的顶端，没有比政府的不可兑换借据更高等级的负债了。其次，处于金字塔顶端之下的便是中央银行的借据——社区货币和存款准备金。再次，处于金字塔第三层的是商业银行的借据——银行存款账户，它们通过使用央行的借据进行净额结算。最后，处于金字塔底层的是非银行借据——家庭、企业和非金融机构借据，它们使用银行的借据进行结算。由此形成结算账户债权方与债务方之间的多层金融杠杆，即持有少量的上一级借据，发行大量以社区货币为记账单位计价的借据，同时承诺将全部借据兑换为政府债务（社区货币债券、社区货币和存款准备金）。当私营借据出现“挤兑”，人们要求兑换全部借据，央行必须扮演“最后贷款人”的角色，通过把自己的借据贷给商业银行以满足兑换的需求，从而停止“挤兑”。在社区货币系统中，利用负债使某一方的借据可以与债务金字塔中更高一层的借据相互兑换。最终，所有债务都集中到央行——国家自己的银行身上。

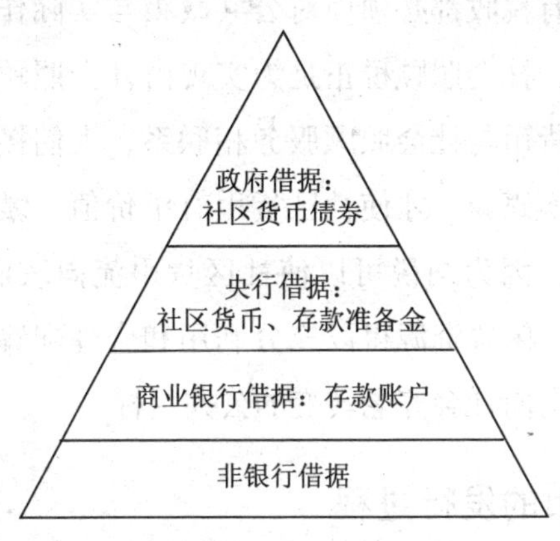

图8-1 社区货币的负债金字塔

8.2.3 开征社会照顾税以驱动社区货币

征收社会照顾税的主要目的是推动社区货币的流通。人们接受主权政府货币的原因之一便是税款需要通过政府发行的货币来缴纳。一开始，除非需要使用货币来进行支付，否则没有人接受货币。税收以及其他相关义务则创造了货币的需求，使人们必须使用货币来支付强制性款项。税收的真正目的并不在于提供政府可以用来支出的货币收入，而是创造了对政府货币的需求，从而使政府可以支出或借出货币。什么样的税收既可以驱动货币，又能调动个人的积极性呢？老龄社会需要一种合理而广泛的税收，一种所有人都难以避开的税收。当家庭养老难以为继时，客观上需要尽快实现社会养老才能让老人得到必要的社会照顾，社会养老意味着每个人都有义务在自己有劳动能力时向身边的老人提供照顾服务，等到年老丧失劳动能力时才可以得到必要的照顾。

社会照顾税是指为实现家庭养老向社会养老转变，每位有劳动能力的社会成员需要在退休前完成一定数量的社会照顾服务量，并以社区货币的形式缴纳给政府，到年老时才能得到必要的社会照顾。一旦社会养老实现了货币化，大部分社会成员都必须为了得到社区货币收入而主动去照顾身边的老人，以得到社区货币去缴纳社会照顾税，去购买只能用社区货币支付的社会照顾。所有税收都必须面对公共政策与实际作用的考验，与税收负担的公平性有关，社会照顾税正是为实现由社会照顾老人的公共目标而设立的税种。社区货币与社会照顾服务相联系，人们接受社区货币作为一种社会养老代际交换媒介，才使社区货币有了价值。缴纳社会照顾税是社区货币的最终用途，因为纳税可以使社区货币流向政府，满足公共目的。在老龄社会，发行使闲置资源得以充分利用和合理配置的社区货币，才有可能完成从家庭养老向社会养老转变的公共目标。

8.2.4 社区货币的发行过程

总的来看，政府需要先行支出，家庭才能缴税。政府以社区货币债券为抵押借出社区货币，并通过银行系统将其转移支付给符合一定年龄的中高龄老人。其他年龄社会成员通过照顾老人获得社区货币，在退休前需要完成一定数量的以社区货币为媒介支付的社会照顾税，等到年老时才能得到政府发放的社区货币获得必要的社会照顾服务。社区货币的发行过程如下。

（1）政府通过立法确定以发行社区货币创造社会财富实现家庭养老向社会养老转变，规定全体社会成员有义务在有劳动能力时向身边的老人提供社会照顾，在退休前完成一定数额的以社区货币形式支付的社会照顾税。

（2）政府决定发行以小时为记账单位计价的社区货币，并以社区货币为媒介开征社会照顾税。政府根据老人所需的最低社会照顾量以及社会能够提供的最大社会照顾量确定社区货币债券的发行量，并以社区货币债券作为社区货币的发行准备。

（3）央行以社区货币债券为抵押发行社区货币。央行通过两条不同的渠道来投放基础货币，分别是购入政府发行的社区货币债券以及再贴现贷款。而这两种基础货币发行的投放渠道主要是通过买入政府发行的社区货币债券来增加发行社区货币，再贴现贷款用于调节临时的余缺。

（4）政府以社区货币债券为抵押申请社区货币贷款，转移支付给达到一定年龄需要照顾的老人，老人通过社区货币获得必要的社会照顾服务，年轻人通过提供社会照顾服务获得社区货币，积累社区货币完成缴税义务，这样的循环也使得企业和居民获得了社区货币的持有权，社会获得了社区货币的流通。

（5）央行参照金钱货币系统，调节优化发行基金的结构。发行基金也就是待发行的社区货币，也可以称之为社区货币发行的准备基金，但是其不具备货币的性质。社区货币发行基金由总行统一掌控，各级分行进行保管，动用和调拨的权力归属总行。

（6）商业银行将作为政府及非政府部门之间的媒介，完成社区货币的收付借贷业务，实现社区货币的发行和回笼。商业银行的现金收付业务参照金钱货币现金发行的惯用方式。每个商业银行自己的库存现金都有一个固定的额度。一般情况下，根据商业银行与央行的货币收付关系，将央行发行库的发行基金调拨到商业银行的业务库，通过这样的方式发行基金就转变为社区货币了，然后由商业银行通过现金支付给银行客户，于是就以社区货币钞票的形式进入市场当中流通，这在银行业务中被称为“现金投放”。现金归行主要是指每日商业银行要从市场上回收一定数量的现金，这部分现金要归入现金库，当现金库内的库存货币超过规定限额，超出限额的现金部分就要送交到央行的发行库保管。出库即货币发行，是指货币从央行的发行库到商业银行的现金库的流程。入库即回笼货币，是指货币从商业银行的现金库回到央行的发行库的过程。

（7）利用现代银行拥有的触及全社会各个角落的现代化通信网络和服务设施，在原有法定货币的系统外再开发设计一套以社区货币作为记账单位和交易媒介的社区货币系统。商业银行将为每一位接受社区货币的居民设置一个社区货币账户，每个居民身份证唯一对应一个账户。符合一定年龄的老人每月个人账户都会得到一定数额的社区货币，年轻人通过提供社会照顾服务得到的社区货币，如果暂时不用，可以存放在账户里，以方便其他人利用社区货币获得所需社会照顾服务或邻里之间相互照顾服务。暂时没有取得社区货币的社区居民可以凭身份证借来一定量的社区货币以交换其他服务，约定以后归还。

8.2.5 社区货币的运作机制

从社区货币发行过程可以看出，社区货币发行其实有两种性质不同的窗口：社区货币价值的发行窗口和社区货币的发行调节窗口。由于社会对社区货币的需求通常是一个动态的、变化的量，而社区货币的发行量却是一个相对固定的量，这样就需要调节货币发行窗口来补充社区货币发行量来应对货币需求的短期波动。通过货币调节窗口发行货币的方式主要是中央银行对商业银行再贴现或再贷款等方式。在正常情况下，社会流通需要的货币量是社区货币发行量，根据货币的内生需求机制，再贷款和再贴现方式发行出去的货币也会自动返回中央银行。

以发行窗口和发行调节窗口为基础，建立以社区货币债券为抵押的社区货币发行机制和以人口增长率为目标利率的社区货币调控机制。社区货币作为一种不用返还的国债发行货币，在长期和短期都需要进行调节的。调节窗口发行货币的最大特点是，假设社会流通不需要多余的社区货币时，就可以将所发行的社区货币回收。一般情况下，中央银行是通过负债的方式发行社区货币的，通过市场上对于社区货币需求的调节机制，社区货币可以自动地从市场的流通中退出而后重新返回中央银行的账户里，这部分社区货币在账目上表现为商业银行归还中央银行的贷款，其中这部分社区货币的发行价值也就经历了从创造到湮灭的完整过程。在一定时期内社区货币的发行量是增加还是减少，主要是受政府发行社区货币债券的数量限制以及社会对社区货币的需求这两个方面的影响。调节性的社区货币发行是一个进出流水口，它是根据对社区货币的需求量自动地做出流动性的调节。

参照美国的以国债为抵押的货币发行机制，建立以社区货币债券为抵押的社区货币发行机制（图 8-2）。首先，由财政部根据老人所需的最低社会照顾服务量以及社会能够提供的最大社会照顾服务量确定社区货币债券的发行额度。然后，由中央银行发行等量的社区货币购买，购买款项支付到财政部在央行的存款账户上，由财政部支付给符合一定年龄的中高龄老人。接着，当中高龄老人需要社会服务时，将社区货币支付给其他社区居民获得社会照顾服务，社会成员得到社区货币缴纳社会照顾税，以便年老获得政府免费发放的社区货币。此后，商业银行代替社会成员向政府（中央银行）代缴税款，社区货币回笼。最后，当社区货币债券到期后，央行从财政部的存款账户上收回债券本金和利息，至此，完成社区货币发行流程。政府负债支出带来的结果是非政府部门的金融净财富正值积累。政府负债支出为非政府部门创造了以社区货币形式存在的储蓄（现金、准备金及债券），因为政府负债支出意味着政府通过支出所贷记银行账户的金额超过了通过税收所借记的部分。非政府部门的净储蓄是政府负债支出的结果，是政府负债支出创造了收入和储蓄。人们通过银行存款的形式持有政府支出，可以支取社区货币现金或使用社区货币存款购买社会照顾服务。

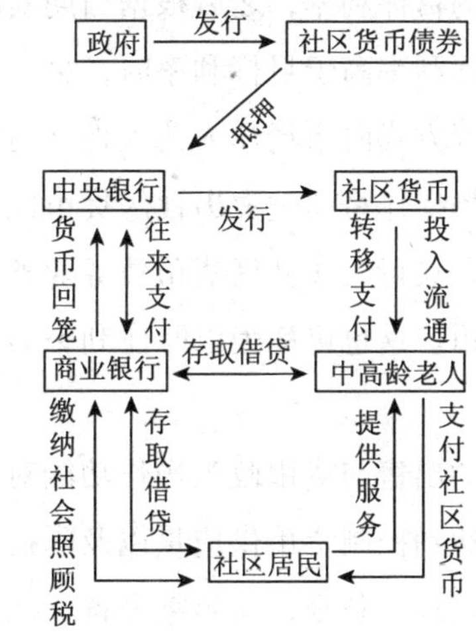

图 8-2　社区货币的发行机制

社区货币在本质上是一种能够准确度量社会照顾服务的边际效应量的工具。该工具的良好运行需要一个机制作为保障，那就是社区货币的存量必须时刻与社会照顾服务的生产能力保持动态的固定比例关系，继而为促进社会养老代际交换的发生以及市场发挥资源配置作用奠定了基础。货币当局所投放的基础货币所形成的存量就是社区货币发行量，社区货币发行量（基础货币）= 社会流通现金+银行存款准备金。社区货币发行量是货币当局通过购买社区货币债券、再贴现窗口或资金拆借市场等渠道投入社会中的新发行社区货币的累积量。发行社区货币创造的价值应该能够满足老人所需的最低社会照顾服务需求以及社会能够提供的最大社会照顾服务供给。社区货币存量与社会照顾服务的生产能力之间时刻保持动态一致的基本原理，自然要求社区货币的供给随社会照顾服务的生产能力的变化而变化，因此货币当局应该把货币存量的增长率固定在与人口增长率大体一致的水平上。

建立以人口增长率为目标利率的社区货币调控机制。萨缪尔森所说的生物利率是以人口增长形成的利率，据此设计社区货币是以人口增长率获得持有社区货币的利息（证明过程见第 7 章）。具体操作程序为央行以人口增长率作为社区货币的目标利率，之后根据当期实际利率的运行情况实时调整政策操作。当实际利率高于目标利率时，央行利用公开市场操作将通过购买社区货币债券等方式向市场注入流动性。当实际利率低于目标利率时，央行利用公开市场操作将通过卖出社区货币债券等方式向市场收回流动性。在上述操作中，央行买卖社区货币债券业务的净资金缺口，主要来源于新发行的社区货币。这也可称为以盯住利率为目标的社区货币调控机制。

央行社区货币债券的出售与货币政策操作功能对等。社区货币债券出售的目的在于帮助央行达到控制货币供应量以及隔夜利率的目标。社区货币债券的销售用于移除超额准备金，而超额准备金往往给隔夜利率带来下行压力。央行购买社区货币债券则为整个银行系统增加了准备金，防止隔夜利率的上升。央行与财政部合作，通过社区货币债券的销售和购买使央行保持目标利率的稳定。政府提供付息的社区货币债券作为银行、公司、家庭挣得利息的工具。政府（央行）可以通过支出（财政政策）或者借出（货币政策）的方式提供社区货币和准备金。因此，这更像是税收和支出的关系——先支出后征税，我们应将央行社区货币债券销售看作政府在已经支出或借出社区货币和准备金后发生的行为。政府（央行）需要以社区货币债券为抵押先行发行社区货币，债务人才能使用社区货币偿还债务。银行在贷款时创造存款货币，债务人通过使用银行存款的方式偿还贷款，贷款是通过那些银行存款而得到偿付，意味着银行需要先行创造存款，借款人才能偿还他们的贷款。

8.3 全国统一时间货币的发行机制探讨——基于资产负债表的分析

政府发行债券，由中央银行发行社区货币，开征社会照顾税以驱动社区货币需要先行试点，在试点阶段建议设立全国统一时间银行，由时间银行发行全国统一时间货币，经过一段时间试点取得经验在全国推行。本节从资产负债表的角度对全国统一时间货币的发行机制进行梳理，透过时间银行的资产负债表，了解时间银行所控制的资源以及承担的义务。

8.3.1 发行全国统一时间货币的理论基础

发行全国统一时间货币的理论基础是现代货币理论。现代货币理论认为：货币即为发行者的借据，任何人或者机构皆可发行自己的借据，重点在于所发行借据会不会被大众所接受。由代表政府的央行来发行的法币之所以能被大众所接受并在全国内流通，一方面是因为央行代表着国家的信誉并且法币由国家的货币法而被强制接受。然而最根本的原因是国家指定法币为公民交税的对象，这样便创造了公民对法定货币的需求，这使得人人都需要得到法定货币来履行交税的义务。法定货币由此被本国公民所接受并在国内流通。有鉴于此，为了得到公众的认可和接受，全国性统一时间货币的发行需要配合纳税机制的设置。本书提出设置社会养老税（又名社会照顾税），要求未达到退休年龄的社会成员有义务完成一定时数的以时间货币为支付媒介的社会照顾服务。也就是说，社区居民若想在70岁之后每月享有国家免费发放的时间货币作为社会养老的保障，需在65岁之前缴纳一定数额的社区时间货币，履行社会照顾服务的义务。社会照顾税被指定由发行的时间货币为支付媒介，以此来创造对社会养老有所需求的人们对时间货币的需求，并由这部分人对时间货币的需求将时间货币的认可范围逐渐扩大乃至被所有社会成员接受。

社区居民缴纳社会照顾税的一大动因就是：社区居民在70岁后直至去世所得到的政府无偿发放的时间货币将远大于之前缴纳的社会照顾税。结合政府将在时间货币发行之初就给已年满70岁及以上的老人每月发放一定数量的时间货币，政府将面临入不敷出，面临财政赤字的局面。然而，现代货币理论认为，在经济社会中，一个部门的负债往往构成其他部门的金融财富。现以政府和社区居民这样的两部门经济为例，只有政府部门的负债才能构成社区居民的养老财富。如果政府一味追求收支平衡，将不会有任何的时间货币储存、流通于社区居民之中。因为政府不必担心以时间货币为借据的价值偿还问题，所以在结合了中国老龄人口的数量状况后，政府可以在一定范围内创造相应的时间货币负债以供社区居民在养老活动中流通、储存。而税收的目的如上文所述在于让时间货币被公民所接受，而并非满足政府的收支平衡。因此政府支出与税收在数量上的差额就是由社会成员掌握的金融财富，从货币发行的角度看也是符合货币流通规律的。

“货币是持有者的债权，是发行者的债务”以及“人人皆可发行货币，只是能否被大众所接受”等现代货币观点已被越来越多的人接受，在现行的社区养老时间银行的实践中这一观点也得到了体现：时间银行所在的社区居民通过社区互助并记录的形式自行创造时间货币，得到照料的社区居民贷记服务时间，提供照料服务的社区居民借记服务时间，时间货币由此创造。时间货币的产生离不开对社区服务的主动负债，问题在于通过社区居民的债务记录所创造的货币能否被广泛接受，以及居民所创造的货币在数量上能否与实际的社会照顾需求相吻合。鉴于现行时间银行自动创造时间货币的局限性，结合现代货币理论，时间货币的发行将被设计为通过政府举债的形式，以发行的时间货币作为索取服务的借据，由政府首先通过负债创造时间货币，然后将时间货币以转移支付的方式投入到社会并用于流通。政府发行的时间货币虽然不必考虑偿还的问题，但是政府将其全部用于无偿转移给高龄老人以及其他需要照顾的人员，真正做到了取之于民、用之于民。

8.3.2 构建时间银行的资产负债表及其运行机制

时间银行采用单一的中央银行制。在试点期间单独设立时间银行的中央银行即时间银行总行，由时间银行总行作为发行银行、银行的银行和政府执行社会养老政策的银行。在设立时间银行总行的同时在各地区设立众多的时间银行分行，执行时间货币的流通职能，也称为流通银行。时间银行总行是垄断时间货币发行权的发行银行，使其具有发行时间货币的垄断权力，在国家授权的基础上，以国家信用为基础，发行可流通的时间货币。总行的主要职能是保持时间货币的币值稳定，是控制时间货币流通量的主要决策机构，控制时间货币的发行量。

1. 构建时间银行的资产负债表

构建时间货币发行总行（以下简称发行银行或总行）的资产负债表。社区时间货币由总行发行，并由其垄断社区时间货币的发行权，发行银行的地位相当于现实中各国金融系统中的中央银行。在整个社区时间货币的流通运行中起到最后贷款人、控制流动性的作用，其资产负债表如下表 8-1。

表 8-1　发行总行资产负债表

资产	负债
时间货币债券 对分行的时间货币债权	流通中的货币 发行基金往来 对分行的负债 存款准备金 政府存款

构建时间货币流通银行（以下简称流通银行或分行）的资产负债表。

社区时间货币由发行银行发行后，需经分布在各社区的流通行将流动性注入社区中。分行同时也接受居民闲置时间货币的储蓄管理以及处理对于时间货币的贷款申请和发放。在时间货币的金融体系中扮演着相当于现实中商业银行的角色。此外，流通银行亦对社区居民开设时间货币的税收账户，肩负着为政府收纳社区居民上缴社会照顾税职责。其资产负债表如表8-2。

表 8-2　流通银行（分行）资产负债表

资产	负债
现金 存款准备金 时间货币债券 居民贷款	居民存款 总行债权 总行的再贷款债权 总行税收债权

发行社区时间货币。社区时间货币由总行发行，作为流通货币在社区居民间流通使用。时间货币的面额以小时为单位，初定面额有半小时，1小时，2小时。流通中的时间货币与作为准备金的时间货币构成了时间银行总行的主要负债项目。为了鼓励社区居民将持有的时间货币储存在流通银行，利于发行总行回笼时间货币现金，时间货币被设计为有息货币，其利息与当年的人口增长率相同。这也是时间货币与其他补充货币的区别之一。

发行时间货币债券。可类比现有金融体系中一国政府发行的国债。时间货币债券由政府发行，以国家信用及政府的税收作担保，并由时间银行总行承销。时间货币债券是总行发行时间货币的发行准备，也是总行实施货币政策的主要操作工具，即总行通过时间货币债券的买卖来控制时间货币供应量的主要工具。时间货币债券支付利息，居民可以用持有的时间货币购买时间货币债券。

开征社会养老税（社会照顾税）。时间货币的初步发放被设计为，时间货币将免费发放给自发行日起70周岁及以上的高龄老人，并将持续发放至以后数年。而对于未在免费发放年龄内的社区居民，若年龄已经达到65周岁及以上，不需要缴税，等到年满70周岁自动得到政府发放的时间货币。其他未满65周岁的社区居民要在70周岁时得到同样的待遇，则需要在65周岁之前向政府缴纳一定数额的社会照顾税。社会照顾税以时间货币为支付媒介，由地方的流通银行代为缴纳，最后一并交由发行总行，记录在政府的存款账户中（若缴税人在70周岁之前去世，其之前缴纳的税额，按照遗产分配方式转赠与其他亲人）。政府鼓励社区居民为以后的养老考虑建立个人纳税账户、赚取时间货币，从而积极参与到社区互助养老活动中。社会照顾税是促进社区互助养老及社区时间货币体系正常运作的有力工具，同时也是发行总行回笼货币的有效手段。

2. 时间银行运行机制概览

时间银行是时间货币的发行机构，社会互助养老模式的推进依赖时间货币的发行和流通，建立完善的时间银行发行机制对于社会互助养老模式有着非常重要的作用。设计建设时间银行发行机制要从时间银行的性质出发，围绕服务社会互助养老的目的逐步完善时间银行的运行机制和职能。

首先，政府发行社区时间货币债券。第一批时间货币债券的发行数量将根据时间货币发行之日起、已年满70周岁及以上老人每日需要的最低社会照顾服务数量确定，以后时间货币债券的每年发行量将根据当年年满70周岁及以上老人每日需要的最低社会照顾服务数量确定。随着时间货币债券发行数量的增多，则根据每年的人口增长率确定时间货币债券的每年增发量。

其次，时间银行总行发行时间货币。时间银行在性质上属于国家政策银行。时间银行总行用其发行的社区时间货币购买政府发行的时间货币债券作为抵押，以资产形式记录在总行的资产负债表中。

再次，时间货币投入流通。政府将出售时间货币债券得到的时间货币的一部分作为政府存款储存在总行，剩下部分通过流通银行的居民存款账户无偿转移支付给高龄老人（暂定70周岁以上）。当得到时间货币存款的老人在流通银行提取时间货币现金时，实现了第一批社区时间货币的投放。流通中的社区时间货币作为负债记录在总行的资产负债表中。中高龄老人通过持有时间货币得到别人的照顾，将相应面额的时间货币支付给其他社区居民，实现了时间货币在社区居民间的流通。

最后，时间货币的回笼。时间货币债券是政府的债务凭证，需要到期还本付息，其偿还来源是政府的税收。由于时间货币债券发行量也是有限额的，这样以购买时间货币债券发行时间货币具有内在约束机制，不可能无限制地发行，时间货币债券到期还本付息时，时间货币具有自动回笼机制。在时间货币的流通过程中，得到时间货币的居民会把多余的时间货币现金交由流通银行保管，作为居民存款储存在流通银行。流通银行保留一定数量用于日常运营的时间货币现金后，将多余的时间货币现金作为存款准备金上缴总行，实现了该部分货币的回笼。同时，当社区居民为自己纳税时，将持有的一部分时间货币存入社会养老税账户，由地方流通银行代缴并最终汇入发行总行时，也实现了此部分社区货币的回笼。

当总行需要控制时间货币的供应量，回笼更多数量的时间货币时，总行会向流通银行出售所持有的时间货币债券，流通银行得到时间货币债券后，将其出售给社区居民，并将得到的现金交由总行，实现了更大数量的货币回笼。即当时间银行总行要向流通领域回笼时间货币时，就在公开市场卖出社区货币债券，执行紧缩性货币政策；当时间银行总行要向流通领域投放时间货币时，就在公开市场买入时间货币债券，执行扩张性货币政策，总行通过买卖时间货币债券控制了时间货币供应量。当流通银行由于社区居民对时间货币的需求量增多，需要向总行借用时间货币时，总行将以再贷款的形式将时间货币借给流通银行。再贷款也是总行向社区注入流动性的主要方式。综上，买卖时间货币债券和再贷款是总行控制货币供应量的主要手段。

8.3.3 时间货币的发行、发放、流通与回笼机制设计

时间银行总行是时间货币的唯一发行银行，时间银行总行发行时间货币是其重要的职能，负责时间货币发行的所有事宜。从发行货币的角度

看，所谓时间货币发行机制是指时间银行总行通过一定的途径将时间货币从发行库投放到流通领域的一系列交易过程与机理。通过时间货币发行，发行基金转变成流通领域中公众持有的可换取社会照顾服务的时间货币、流通银行库存的时间货币，以及流通银行在时间银行总行的准备金。对时间银行总行而言，货币发行机制与货币发行准备制度密切相关。所谓货币发行准备制度是指总行在时间货币发行时以时间货币债券作为其发行货币的准备，从而使时间货币的发行量与时间货币债券的数量之间建立起联系和制约关系的制度。时间货币发行机制是从基础货币发行的角度而言，货币发行准备制度是从货币发行的准备资产角度而言，两者基本上是货币发行这枚硬币的正反两面。

1. 时间货币的发行

与现有的银行体系相同，统一的时间银行系统采用二级银行制度。发行银行作为政府的银行负责货币的发行任务。不同的是，在时间货币的发行上，发行总行与政府又是两个相对独立的机构。总行虽然依靠国家信誉发行时间货币，但是发行的货币并不直接作为国家的债务，而是以负债的形式记录在总行的资产负债表中，作为总行的借据。与此同时，政府将发行时间货币债券用于央行发行时间货币的抵押。最后的结果是，总行借记政府发行的债券，贷记时间货币。政府则借记总行发行的货币，贷记政府的借据，即时间货币债券。政府将抵押政府债券后得到的时间货币储存在总行的政府账户中。具体操作为：

政府发行债券，抵押给发行总行，总行根据购买的时间货币债券发行等量的社区时间货币，时间货币由此发行。政府在得到社区时间货币后以政府存款的形式储存在总行。在总行的资产负债中表现为借记政府债券，贷记政府存款，具体如表 8-3 所示。

表 8-3　总行的资产负债表

资产	负债
时间货币债券 +（1） 分行时间货币债权	流通中的货币 发行基金往来 对分行的负债 存款准备金 政府存款+（1）

在向总行抵押政府债券得到时间货币后，政府的资产负债情况如表 8-4 所示。

表 8-4　政府的资产负债表

资产	负债
政府存款账户+（1）	时间货币债券 +（1）

可以看出，政府和发行总行各自发行了自己的借据（政府债券和时间货币）。不同的是央行所发行的时间货币用于社会照顾服务的交易媒介和储存手段。而政府发行的政府债券将作为控制时间货币供应量及货币回笼的主要工具。政府发行了自己的借据并最终得到了央行发行的时间货币，因此从整体上依然可以看作由政府举债发行了时间货币。

2. 时间货币的发放

现代货币理论认为社会中的金融财富净值由政府部门的财政赤字所创造，政府发行的货币将通过公共开支及其他政府开支注入流通领域，也是日后居民缴纳税款的前提。在时间货币的发放过程中，政府首先将得到的时间货币以公共开支的形式转移支付给年满 70 周岁的老人，并将在以后支付给年满 70 周岁并满足了纳税义务的中高龄老人。通过这种方式，政府既满足了我国高龄老人的基本照料需求，也将这种社会财富以社会照料服务媒介——时间货币的形式注入了社会。当政府将得到的第一批时间货币投入社区时，具体操作如下。

（1）政府动用存款，将一部分时间货币通过流通银行的居民存款账户无偿转移支付给高龄老人，这一过程在总行的资产负债表中表现为借记政府存款，贷记存款准备金；分行的资产负债表表现为借记存款准备金，贷记公众存款。总行和分行的资产负债表分别如表 8-5、8-6 所示。

表 8-5　总行的资产负债表

资产	负债
时间货币债券 分行时间货币债权	流通中的货币 发行基金往来 对分行的负债 存款准备金 +（2） 政府存款-（2）

表 8-6　分行的资产负债表

资产	负债
现金 存款准备金+（2） 时间货币债券 居民贷款	居民存款+（2） 总行时间货币债权

通过表 8-5、表 8-6 可以看出，政府的货币通过居民在流通银行的存款账户转移支付给了高龄老人。居民存款是流通银行对于居民的负债，代表了其向需要提现的居民支付时间货币的义务。同时，流通银行也获得了对发行总行的债权——存款准备金。存款准备金作为流通银行的资产、发行总行的负债，代表着流通银行向总行索取时间货币的债权。

（2）当流通银行向总行提取现金时，时间货币由总行的发行库转入流通银行的业务库，由此总行发行的时间货币正式发放。在总行的资产负债表中表现为借记存款准备金，贷记发行基金往来。分行的资产负债表则表现为借记现金，贷记存款准备金。总行和分行的资产负债表变动分别如表 8-7、8-8 所示。

表 8-7　总行的资产负债表

资产	负债
时间货币债券 分行时间货币债权	流通中的货币 发行基金往来 +（3） 对分行的负债 存款准备金-（3） 政府存款

表 8-8　分行的资产负债表

资产	负债
现金+（3） 存款准备金-（3） 时间货币债券 居民贷款	居民存款 总行时间货币债权

至此，流通银行通过对总行的提现获得了时间货币现金，作为以后的各项银行业务的操作基础。

（3）流通银行得到社区货币后，高龄老人凭借自己的社区货币存款账户向流通银行提取社区货币，社区货币进入流通领域。在总行的资产负债表中表现为借记发行基金往来，贷记流通中的货币；在分行资产负债表中表现为借记居民存款，贷记现金。总行和分行的资产负债表变动情况分别如表 8-9、8-10 所示。

表 8-9　总行的资产负债表

资产	负债
时间货币债券 分行时间货币债权	流通中的货币+（4） 发行基金往来-（4） 对分行的负债 存款准备金 政府存款

表 8-10 分行的资产负债表

资产	负债
现金-（4） 存款准备金 时间货币债券 居民贷款	居民存款-（4） 总行时间货币债权

3. 时间货币的流通

年满 70 周岁及以上的高龄老人在得到时间货币后通过支付时间货币获得他人的照料，得到时间货币的居民再通过同样的方式消费所拥有的时间货币，至此，央行所发行的时间货币便实现了在社区居民间的流通。

在社区时间货币的流通过程中，央行发行的借据——时间货币以养老财富的形式被居民所持有。其中一部分时间货币会被居民以存款的形式储存在所在社区的流通银行，记录在其存款账户中。可以看出，居民存款是社区居民的资产，是流通银行的负债。现代货币理论认为，流通银行所开设的存款账户可以看作其发行的借据，代表着持有者——通常是社区居民对流通银行索取时间货币的权利。当居民将时间货币储存于流通银行时，可以看作社区居民用无息的央行所发行的借据兑换有息的流通银行所发行的借据。当社区居民通过其存款账户来支付时间货币时，流通银行的借据便同总行发行的时间货币相同，具有交易媒介的作用。

假设社区居民 A 在得到社区居民 B 的照料后，并非通过直接支付时间货币的方式，而是通过其在流通银行的存款账户将时间货币支付给社区居民 B。此时流通银行将借记居民 A 的存款，贷记居民 B 的存款。流通银行的资产负债表变动如表 8-11 所示。

表 8-11 流通银行资产负债表

资产	负债
	A 居民存款 -（5） B 居民存款+（5）

可以看出，在此过程中，流通银行执行了货币清算的职能。在此次交易中并未有实际的时间货币发生流通转移，而是流通银行的借据——居民存款的所有权发生了变化。因此，流通银行发行的借据在某种程度上亦可以作为交易媒介，只是这需要建立在流通央行发行时间货币的基础上。依据现代货币理论，政府、发行总行、流通银行皆可以发行自己的负债，这些负债分别以政府债券、时间货币，居民存款的形式作为社区居民的养老财富并用于流通或储存。

在时间银行的运营过程中，流通银行会持有一部分用于日常运营需要的时间货币，其余部分交由发行总行，并作为存款准备金记录在其总行账户中，交由总行的时间货币实现了货币的回笼。存款准备金作为流通银行的资产，发行总行负债。当某社区的流通银行由于运营的需要与其他流通银行发生货币往来时，总行可以通过流通银行在总行的存款准备金账户执行债务结算的功能。例如：某社区的流通银行 A 需向另一社区的流通银行 B 借一定数量的时间货币。当流通银行 A 向银行 B 偿还债务时，可以通过其在总行的存款准备金偿还。具体操作如下。

流通银行 A 向流通银行 B 借取时间货币，当流通银行 A 通过存款准备金偿还债务时，流通银行 A 借记同业应还债务，贷记存款准备金。流通银行 B 贷记同业应收债务，借记央行的存款准备金。发行总行借记流通银行 A 的存款准备金，贷记流通银行 B 的存款准备金。流通银行 A、流通银行 B 及发行总行的资产负债表变动分别如表 8-12、8-13、8-14 所示。

表 8-12 流通银行 A 的资产负债表

资产	负债
存款准备金-（6）	同业应还债务+（6）

表 8-13 流通银行 B 的资产负债表

资产	负债
存款准备金+（6）	同业应还债务 -（6）

表 8-14 总行的资产负债表

资产	负债
	银行 A 存款准备金-（6） 银行 B 存款准备金+（6）

4. 时间货币的回笼

在时间货币的流通运营中，流通银行将居民储蓄的时间货币以存款准备金的形式交由总行，实现了该部分时间货币的回笼。当总行或出于控制货币供应量的目的需要回笼更多的流通中的时间货币时，总行将通过出售持有的政府债券实现货币的回笼。最终的结果为，居民将央行的无息借据（时间货币）兑换为政府的有息借据（政府债券）。央行通过出售政府债券回笼其发行的货币。具体操作为：

（1）总行将一部分政府债券出售给流通银行，流通银行用其在总行的存款准备金购买。总行的资产负债表体现为借记存款准备金，贷记政府债券。分行则贷记存款准备金，借记政府债券。流通银行得到政府债券后将其卖给社区居民，当居民用持有的时间货币购买证券时，居民得到政府债券，时间货币现金存入流通银行的业务库，流通中的时间货币量减少。总行借记流通中的现金，贷记发行基金往来，分行借记时间货币现金，贷记政府债券。总行和分行的资产负债表变动分别如表 8-15、8-16 所示。

表 8-15 总行的资产负债表

资产	负债
时间货币债券 －（7） 分行时间货币债权	流通中的货币-（7） 发行基金往来+（7） 对分行的负债 存款准备金 －（7） 政府存款

表 8-16 分行的资产负债表

资产	负债
现金+（7） 存款准备金-（7） 时间货币债券+（7） 居民贷款-（7）	居民存款 总行时间货币债权

（2）当流通银行将得到的时间货币现金将其作为存款准备金交存总行时，时间货币由流通银行的业务库回到总行的发行库，实现了该部分时间货币的回笼。在总行的资产负债表中表现为借记发行基金往来，贷记存款准备金；流通银行的资产负债表表现为借记存款准备金，贷记时间货币现金。总行和分行的资产负债表变动分别如表 8-17、8-18 所示。

表 8-17 总行的资产负债表

资产	负债
时间货币债券 分行时间货币债权	流通中的货币 发行基金往来-（8） 对分行的负债 存款准备金+（8） 政府存款

表 8-18 分行的资产负债表

资产	负债
现金-（8） 存款准备金+（8） 时间货币债券 居民贷款	居民存款 总行时间货币债权

至此，发行总行通过出售政府债券回笼了更多的货币，可以看作总行“赎回”了自己的借据。居民将持有的央行的借据兑换成政府的借据。政府直接对居民举债并将支付以时间货币结算的利息。因为政府债券作为居民养老财富的另外一种形式，居民所持有的养老财富并未发生改变。政府部门通过举债创造政府部门的赤字来使居民获得养老财富的操作在此可以更明显地体现。

（3）当居民购买的债券到期时，居民将债券交回流通银行，同时居民在流通银行的存款增加，流通银行的资产负债表表现为借记政府债券，贷记公众存款。流通银行资产负债表的变动如表 8-19 所示。

表 8-19　流通银行资产负债表

资产	负债
现金 存款准备金 时间货币债券+（9） 居民贷款	居民存款+（9） 总行时间货币债权

（4）最后，流通银行将时间货币债券交回总行，在总行的资产负债表中表现为借记政府债券，贷记存款准备金；流通银行的资产负债表表现为借记存款准备金，贷记政府债券。总行和分行的资产负债表变动分别如表 8-20、8-21 所示。

表 8-20　总行的资产负债表

资产	负债
时间货币债券+（10） 分行时间货币债权	流通中的货币 发行基金往来 对分行的负债 存款准备金+（10） 政府存款

表 8-21　分行资产负债表

资产	负债
现金 存款准备金+（10） 时间货币债券-（10） 居民贷款	居民存款 总行时间货币债权

至此，央行通过出售政府债券回笼时间货币这一过程结束，从表 8-20、8-21 可以看出：政府债券又回到央行，居民持有的时间货币现金最终以居民存款的形式储存在流通银行的负债项目中。总行对该部分时间货币

实现了回笼，并控制了货币的供应量。

由于政府发行的债券到期，持有政府债券的发行总行将拥有对政府的时间货币债权。为了偿还对流通银行的债务，政府将继续发行新的债券并由发行总行承购。新发行的政府债券一方面在兑换为对发行总行的货币债权后用于抵消上一年政府欠下的时间货币债务，另一方面发行总行得到新的债券后，将其作为下一年总行回笼时间货币、控制货币供应量的操作工具。需要指出的是，由央行所发行的时间货币将由政府发行的政府债券数量所决定。

5. 社会照顾税的纳税机制

如前所述，未在免费发放社区货币年龄内的居民为了在70周岁后可享受到同样的待遇，需在65周岁之前缴纳一定数量的社会照顾税；社会照顾税由地方流通银行暂时受理，社区居民在流通银行开设养老税账户，并向此账户缴纳时间货币直到满足纳税所要求数额。之后，流通银行将所纳税金一并上缴发行总行。由于社区居民所纳税额属于政府的资产，所以整个银行系统所收纳的一切税额，皆作为政府存款记录在总行的负债项目中。具体操作为：

社区居民通过社区的流通银行的存款账户缴纳社会照顾税，并记录在其纳税账户中。此过程在发行总行的资产负债表中体现为借记存款准备金，贷记政府存款。流通银行的资产负债表体现为借记居民存款，贷记存款准备金；总行和分行的资产负债表分别如表8-22、8-23所示。

表8-22 发行总行资产负债表

资产	负债
时间货币债券	流通中的货币 发行基金往来 对分行的负债 存款准备金-（11） 政府存款+（11）

表 8-23　流通银行资产负债表

资产	负债
现金 存款准备金-（11） 时间货币债券 居民贷款	居民存款-（11） 总行债权 总行的再贷款债权

结合总行的资产负债表及表 8-22、8-23 可以看出：通过对社区居民征收社会照顾税，最终使得一定数量的居民存款转移为政府存款。政府将得到持续的时间货币供应来满足每年新增高龄老人的无偿照顾需求，亦有能力支付因发行的时间货币债券的到期利息而产生的债务。由于政府存款的增加，政府对时间货币的发放有了更大的操作空间，如可以拨出专款给残障老人、无子女老人等。

6. 时间货币的贷款及再贷款

在时间货币的流通使用中，当未持有时间货币的社区居民急需帮助时，可以通过身份证凭借个人信誉向流通银行申请贷款一定数量的时间货币（例如为 20 小时），同样，当流通银行因为现金紧缺也可以向总行申请再贷款，以获得时间货币。

（1）当社区居民向流通银行申请时间货币贷款时，流通银行借记居民贷款，贷记现金。

（2）当社区居民归还贷款时，流通银行借记时间货币现金，贷记居民贷款；其资产负债表变动如表 8-24 所示。

表 8-24　分行的资产负债表

资产	负债
现金-（12） 存款准备金+（13） 时间货币债券+（12） 居民贷款-（13）	居民存款 总行时间货币债权

（3）当流通银行向总行申请再贷款时，总行出于货币政策的考虑向流通银行发放再贷款，总行资产负债表表现为借记对分行的时间货币债权，贷记发行基金往来；分行则表现为借记时间货币现金，贷记总行的时间货币债权。总行和分行的资产负债表分别如表 8-25、8-26 所示。

表 8-25　总行的资产负债表

资产	负债
时间货币债券 对分行时间货币债权+（14）	流通中的货币 发行基金往来+（14） 对分行的负债 存款准备金 政府存款

表 8-26　分行的资产负债表

资产	负债
现金+（14） 存款准备金 时间货币债券 居民贷款	居民存款 总行时间货币债权 +（14）

从总行的资产负债表可以看出，总行的货币发行量增加，再贷款是总行向社区注入流动性的重要手段之一。

（4）当流通银行向总行归还再贷款时，总行的资产负债表表现为借记发行基金往来，贷记对分行的债权，分行的资产负债表表现为借记总行的时间货币债权，贷记时间货币现金。总行和分行的资产负债表分别如表 8-27、8-28 所示。

表 8-27　总行的资产负债表

资产	负债
时间货币债券 对分行时间货币债权 －（15）	流通中的货币 发行基金往来-（15） 对分行的负债 存款准备金 政府存款

表 8-28　分行的资产负债表

资产	负债
现金-（15） 存款准备金 时间货币债券 居民贷款	居民存款 总行时间货币债权+（15）

8.3.4　应用展示

本书接下来将以沈阳市作为应用对象，结合沈阳市现在的人口状况，以具体的数据进一步阐述时间货币的发行机制。

截至 2018 年，沈阳市户籍人口中 70 周岁以上的老人为 150 万。为了满足沈阳市 70 周岁以上老人每天 2 小时的照料需求，政府将发行总价值为 10.95 万时长，为期 1 年的时间货币债券，与此同时，发行总行对应发行 10.95 万小时的时间货币全部承购。政府将所得时间货币存于总行，则在总行的资产负债表中体现为表 8-29 所示。

表 8-29　总行的资产负债表

资产	负债
时间货币债券+109500 万 分行时间货币债权	流通中的货币 发行基金往来 对分行的负债 存款准备金 政府存款+109500 万

假设某月政府动用存款，把其中 5 万小时的时间货币转移支付给高龄老人，这部分时间货币最初将以居民存款的形式记录在分行的资产负债表中，假设沈阳市浑南区 70 周岁以上的老人总共获得 1 万小时的居民存款，则沈阳市浑南区流通分行的资产负债表体现为借记 1 万小时的存款准备金，贷记等量的居民存款。总行和分行的资产负债表分别如表 8-30、8-31 所示。

表 8-30　总行的资产负债表

资产	负债
时间货币债券 109500 万 分行时间货币债权	流通中的货币 发行基金往来 对分行的负债 存款准备金 5 万 政府存款 109495 万

表 8-31　浑南区流通分行资产负债表

资产	负债
现金 存款准备金+10000 时间货币债券 居民贷款	居民存款+10000 总行时间货币债权

为了满足社区居民提现及日后运营的需要，浑南区流通分行需凭借其存款准备金账户向总行提取时间货币现金，假设浑南区流通银行向发行总行提现 8000 单位（小时）的时间货币，总行和分行的资产负债表分别如表 8-32、8-33 所示。

表 8-32　总行的资产负债表

资产	负债
时间货币债券 109500 万 分行时间货币债权	流通中的货币 发行基金往来+8000 对分行的负债 存款准备金 4. 2 万 政府存款 109495 万

表 8-33　浑南分行资产负债表

资产	负债
现金+8000 存款准备金 2000 时间货币债券 居民贷款	居民存款 1 万 总行时间货币债权

浑南区流通分行得到社区货币后，居民便可凭借自己在流通分行的存

款账户向流通银行提取社区货币，社区货币进入流通领域。假设该流通银行所在社区的居民向流通银行提取5000单位的时间货币，总行和分行的资产负债表变动分别如表8-34、8-35所示。

表8-34　总行的资产负债表

资产	负债
时间货币债券109500万 分行时间货币债权	流通中的货币+5000 发行基金往来3000 对分行的负债 存款准备金4.2万 政府存款109495万

表8-35　浑南分行的资产负债表

资产	负债
现金3000 存款准备金2000 时间货币债券 居民贷款	居民存款5000 总行时间货币债权

当总行为了回笼更多的时间货币时，会出售一部分持有的时间货币债券，经由流通银行购买后出售给持有时间货币的社区居民，最终将一部分流通中的货币回笼至总行。

假设发行总行先向浑南区流通分行出售价值2000小时的时间货币债券，浑南区流通银行用其在总行的存款准备金账户购买。总行和分行的资产负债表变动分别如表8-36、8-37所示。

表8-36　总行的资产负债表

资产	负债
时间货币债券109499.8万 分行时间货币债权	流通中的货币5000 发行基金往来3000 对分行的负债 存款准备金4万 政府存款109495万

表 8-37 浑南分行的资产负债表

资产	负债
现金 3000 存款准备金 时间货币债券 2000 居民贷款	居民存款 5000 总行时间货币债权

而后，流通银行将其得到的 2000 单位政府债券卖给社区居民，居民用持有的相应数额的时间货币购买，流通银行在得到 2000 单位的时间货币现金后将此部分时间货币交还总行，并以存款准备金的形式记录在总行和分行的资产负债表中。可以看出，这 2000 单位的时间货币由流通领域回到总行，实现了货币的回笼。总行和分行的资产负债表分别如表 8-38、8-39 所示。

表 8-38 总行的资产负债表

资产	负债
时间货币债券 109499.8 万 分行时间货币债权	流通中的货币 3000 发行基金往来 3000 对分行的负债 存款准备金 4.2 万 政府存款 109495 万

表 8-39 浑南分行的资产负债表

资产	负债
现金 3000 存款准备金 2000 时间货币债券 居民贷款	居民存款 5000 总行时间货币债权

当债券到期时，居民将债券交回流通银行，同时居民在流通银行的存款相应增加（在此暂不考虑债券利息），流通银行资产负债表的变动如表 8-40 所示。

表 8-40　浑南分行的资产负债表

资产	负债
现金 3000 存款准备金 2000 时间货币债券+2000 居民贷款	居民存款 7000 总行时间货币债权

最后，流通银行将 2000 单位的时间货币债券交回总行，总行和分行的资产负债表变动分别如表 8-41、8-42 所示。

表 8-41　总行的资产负债表

资产	负债
时间货币债券 109500 万 分行时间货币债权	流通中的货币 3000 发行基金往来 3000 对分行的债权 存款准备金 4.4 万 政府存款 109495 万

表 8-42　浑南分行的资产负债表

资产	负债
现金 3000 存款准备金 4000 时间货币债券 居民贷款	居民存款 7000 总行时间货币债权

社区居民缴纳社会养老税金。假设 2018 年底，沈阳市浑南区社区居民通过存款账户共向政府缴纳了 1000 小时的时间货币税金。则在发行总行及浑南流通分行的资产负债表变动分别如表 8-43、8-44 所示。

表 8-43　总行的资产负债表

资产	负债
时间货币债券 109500 万 分行时间货币债权	流通中的货币 3000 发行基金往来 3000 对分行的债权 存款准备金 4.3 万 政府存款 109495.1 万

表 8-44　浑南分行的资产负债表

资产	负债
现金 3000 存款准备金 3000 时间货币债券 居民贷款	居民存款 6000 总行时间货币债权

贷款及再贷款。在时间货币的流通运行中，假设浑南区某社区居民向所在流通银行申请 20 单位的时间货币贷款，则贷款后分行的资产负债表如表 8-45 所示。

表 8-45　分行的资产负债表

资产	负债
现金-20 存款准备金 时间货币债券 居民贷款+20	居民存款 总行时间货币债权

当社区居民归还所借贷款后，流通银行的资产负债表如表 8-46 所示。

表 8-46　流通银行资产负债表

资产	负债
现金+20 存款准备金 时间货币债券 居民贷款-20	居民存款 总行时间货币债权

同样，在流通银行的日常运营中，若出现资金紧张，流通银行可向总行申请再贷款。假设流通银行向总行申请 500 单位的再贷款，在总行发放再贷款后，总行和分行的资产负债表分别如表 8-47、8-48 所示。

表8-47 总行的资产负债表

资产	负债
时间货币债券 对分行时间货币债权+500	货币发行量 流通中的货币 发行基金往来+500 对分行的负债 存款准备金 政府存款

表8-48 流通银行资产负债表

资产	负债
现金+500 存款准备金 时间货币债券 居民贷款	居民存款 总行时间货币债权+500

当流通银行将500单位的再贷款归还总行时，总行和分行的资产负债表分别如表8-49、8-50所示。

表8-49 总行的资产负债表

资产	负债
时间货币债券 对分行时间货币债权-500	货币发行量 流通中的货币 发行基金往来-500 对分行的负债 存款准备金 政府存款

表8-50 分行资产负债表

资产	负债
现金-500 存款准备金 时间货币债券 居民贷款	居民存款 总行时间货币债权-500

8.4 本章小结

在借鉴美元以国债为抵押的货币发行机制的基础上，系统分析了应对人口老龄化的社区货币发行机理，设计和构建以社区货币债券为抵押的社区货币发行机制，并从资产负债表的角度对试点期间统一时间货币的发行机制进行了机理研究，最后以沈阳浑南区为例构建了试点社区发行时间货币的应用展示。社区货币作为连接现在与未来之纽带，是以国家信用为担保，发挥价值尺度、交易媒介和储藏手段的职能。社区货币作为便利交易的工具，之所以可以独立发挥交易媒介作用，是因为它有未来的财政税收为担保。社区货币债券是社区货币发行的担保，社区货币债券的背后是国家财政税收，所以从根本上讲，社区货币发行以财政税收为担保。设计社区货币债券以未来税收（征收社会养老税）为担保，经过立法批准才能发行，实际上是政府提前使用未来的税收，这就决定了社区货币债券的发行数量有限，从理论上保证不能滥发。

央行以百分之百的社区货币债券为抵押才能发行社区货币，由于债券发行有总量限制，社区货币的发行也有总量限制，实际就是以政府未来税收为担保，给政府提供社区货币，政府通过转移支付将社区货币支付给社区中需要照顾的中高龄老人。今天政府发行的社区货币债券越多，明天政府还本付息的债务越多，因为可以不断发新债还旧债，续短为长，流通中的货币就是政府未能偿还的债务。正因为政府要偿还社区货币发行的债务，长期内社区货币的净增加必然有限，政府必须确保所发行的社区货币与明天形成的社会照顾的服务产出相对应。买债券形成的社区货币供应背后有相应的社会照顾服务，社区货币供给不会大于社会照顾服务供给，货币流通与服务流通的关系保持稳定，通货膨胀不会发生。

第 9 章　建立全国统一时间银行的战略设计

时间银行自传入我国至今已有 20 年，在这期间，时间银行取得了显著发展的同时，也为我国的人口老龄化所带来的养老问题分担了相当一部分的压力。但是，纵观我国目前正在运行的各类时间银行机构，在面对日渐严峻的人口老龄化的社会问题时，仍然存在一定的不足和亟须解决的问题。这些问题阻碍了时间银行更大可能地发挥自身的功能、难以充分调动社会资源投入到社会照顾服务中去。在即将迎来中国老龄人口及高龄人口高峰的今天，解决现有的时间银行存在的问题显得尤为重要，这也正是推广建立全国统一时间银行体系，发行统一的时间货币的意义所在。

9.1　建立全国统一时间银行的必要性与可行性分析

9.1.1　建立全国统一时间银行的必要性

中国正处于社会转型期，信用体系还不健全，反映市场经济基本精神的契约文化尚未建立起来，导致国外流行的时间储蓄模式在中国发展受阻。为促使互助养老时间储蓄在中国正常运转，迫切需要金融创新。鉴于我国将是世界上人口老龄化最严重的国家，引入有国家信用担保的时间货币将激发全社会各种主体参与互助养老和养老储备的积极性，必将有利于整合国家、社会公共机构、金融机构、养老机构、个人和家庭等多方面资源用于推动互助养老向纵深发展，从根本上激发全社会形成爱老、帮老、助老的良好氛围。我国是目前世界上唯一一个老年人口过亿的国家，如果政府自上而下设计发行有国家信用担保的时间货币，以时间货币作为互助养老的代际交换媒介，建立全国统一的时间银行经营时间货币，必将有效弥补家庭养老代际交换的不足与缺失，促进社会养老代际交换，满足高龄老人不断增长的长期照护需求。而现有的国内外时间银行模式缺乏必要的信用保障很难可持续发展，具体表现在：

（1）缺少政府的顶层设计。时间银行互助养老服务的有偿性决定了它需要权威性的组织机构做后盾，需要法律制度为其发展保驾护航。我国的时间银行互助养老服务起源于民间，是社会组织或者社区居委会在日益严峻的养老压力下自发探索养老服务新模式的产物，有些地方仍处于“乡规民约”的自发状态。这种自下而上的发展模式没有得到政府太多的关注，国家未出台相关法律政策。没有法律政策保障，公众对时间银行模式信心不足，积极性不高。国家对互助养老服务及时间银行模式的宣传力度不够，社会中缺乏认知环境和舆论氛围，很多老年人不了解时间银行这一概念，也不知道其运营模式和意义价值。

（2）以社区为基础的时间银行覆盖范围过小。现期我国的各个时间银行主要以社区为依托，多数仅覆盖单个社区，因而受众面较小。由于时间银行成员单由某个社区成员所组成，其所提供的服务范围也十分有限。往往会出现社区内可以提供的照料极为有限的情况，使得老年人的照料需求无论在数量上、类别上都难以匹配。从而使所存之“时间货币”无法在社区内部流通。这种体量小、难流转的局面极大地制约了时间银行所能起到的资源交换的功用，既不能充分调动全社会的志愿者资源，也并不能在更大范围内促进社会成员互济互助的目的。

（3）转让机制缺失，通存通兑困难。中国的时间银行互助养老服务多以社区为单位进行，各时间银行的规定不尽相同且未实现互联互通，开户人支取范围仅限本地甚至局限在本社区。时间银行的志愿者一般是本社区低龄健康老人，他们在其社区提供志愿服务并存储服务时间，待他们需要服务时，也只能接受该社区时间银行所安排的互助服务。随着经济的发展，人员流动性越来越大，搬家后，以前积累的时间货币是否还有效？不同时间银行之间的时间货币是否可以通存通兑？新搬进的社区没有时间银行互助养老服务机构怎么办？老年人是否可以通过转让机制得到子女通过服务他人而得到的时间货币？这些都是时间银行互助养老服务需要考虑的问题。中国目前还没有建立时间银行的通存通兑机制和转让机制，老人们一旦搬家，以前存储的时间货币基本等同于作废，子女通过服务其他老人而为自己父母赚取时间货币亦存在困难。这些都不利于调动志愿者的参与积极性，不利于时间银行的发展壮大。

（4）没有形成统一的服务价值衡量标准，容易产生“劣币驱逐良币”的现象。互助养老时间银行存储和兑换的主要内容是以时间为单位的服务，而各地互助养老时间银行针对服务内容、服务质量、服务时间的界定至今尚未形成统一的标准。不同的劳务服务其含金量并不一致，所需要的技术、劳动强度等也不一致，从而带来了不同劳务服务时间之间换算的问题。现今大多数的时间银行都是统一以小时为单位，在实际运作过程中，如果单纯只用时间作为服务的计量标准，对于技术含量较高、劳动强度较大、服务质量较优的志愿者而言，极易形成其懈怠心理，结果可能是简单的工作供不应求，复杂的工作大家避之不及、无人问津。长此以往，优质服务渐渐离开，实际价值较低的服务充斥市场，即引发“劣币驱逐良币”现象，时间银行可能因为供求失衡无法维持。如果不完全以服务时间作为计量标准，那么如何区分和界定劳动强度、服务质量，就要求相关机构以相对统一的标准对储户的差异化劳动进行合理有效的判定。

（5）时间银行的自身运作尚不规范。现今，时间银行虽然个别实现了信息化运作，但多数仍然人工操作。现期时间银行多由各个社区居委会或爱心社团进行运作，在记录、登记、储藏和支取等方面都未形成统一规章，各个时间银行之间也缺乏相应的经验交流和人员往来，使得时间银行的发展处于相互孤立的境地。由于社区的记录多为笔纸记录，缺乏信息化的管理，容易使服务记录遗失缺漏；当社区的管理人员在退休或者迁出之后，也容易出现时间银行管理缺失、队伍不齐的情况。现今虽然时间银行在全国各地出现，但却多处于独自发展的境地，完全缺乏相互间的交流，不利于经验的积累和分享。

（6）人口结构变动导致互助养老时间银行储蓄不足。新中国成立后中国经历过人口迅速增长期，随后全国范围内推行计划生育政策，加上人们生育观念的转变，人口出生率急剧下降并持续走低。《中国统计年鉴2016》调查显示，中国人口的总体生育率为1.05%，这意味着中国是世界上出生率最低的国家。伴随着超低水平的生育率，老龄化比率也在持续上升。新中国成立初，中国高龄老人占老年人的比重仅为7%；到1990年，这一比重已经翻倍；老龄化的速度越来越快，预计到2040年，高龄老人占到老年人总数的18.6%，中国将进入超老龄化社会。现阶段提供服务的低龄老人数量相对较多，他们身体健康，接受服务的需求较少，有能力在“银行”存储较多的时间货币。随着高龄化趋势不断加快，高龄老年人在老年群体中所占比重将不断加大，高龄老人数量增加，低龄老人的人数相对减少，一增一减的结果是后续参与时间银行的人员不足，没有足够的低龄老年人去提供志愿服务，当年在时间银行存储时间货币的低龄老人又已集体步入高龄，集中支取时间货币，志愿服务供不应求，时间银行入不敷出。如果无法解决该问题，时间银行可能面临倒闭。因此，当出现服务供求不平衡时，是否需要借助第三方力量予以周转，是否需要权威的机构来担保时间货币的价值，并在宏观上调控时间货币的供应量，是否需要国家力量来鼓励各年龄段的人参与到时间银行互助养老中来，这些都是亟待解决的问题。

时间银行正面临的种种问题表明：建立全国统一的时间银行体系，发行统一的有国家信用担保的时间货币，是时间银行取得更长远的发展、为人口老龄化承担更多社会责任的必然要求。

9.1.2 建立全国统一时间银行的可行性

1998年上海虹口提篮桥街道首家时间银行的成立，标志着时间银行运营模式在我国的扎根，开启了时间银行在我国制度化发展的历程。在这之后，山西省太原市，哈尔滨市，重庆市、北京市等城市的街道社区也纷纷推行成立了时间银行，其中不少时间银行一直运作至今。时间银行在我国的发展经历了萌芽探索期和加速发展期两个阶段。在探索初期，我国成立的时间银行呈现出规模小、分布零散和发展无序等特点。然而2008年至今，随着我国人口老龄化的进一步加深，亦得益于我国志愿服务体系的发展，时间银行在我国迎来了一个加速发展的阶段，从目前我国时间银行的发展态势及发展结果可以看出：在我国建立统一的时间银行体系已经具备了相当的可行性。

（1）时间银行的规模和数量在不断扩大，时间银行的参与人数及服务时长实现了跨越式增长，时间银行的分布范围正逐步扩展至全国。这些，都为建立全国统一的时间银行体系创造了良好的先行条件。据不完全统计，2008—2016年已经有至少31家时间银行在我国建立，其中每一年都至少有一家时间银行成立，2015年所成立的时间银行更是达到了11家。在数量增加的同时，时间银行的规模也不断扩大，江苏省宜兴市的宜兴义工时间银行会员达到14234人。另外，时间银行的所存储的时间长度实现较大增长，例如温州市鹿城区菱藕小区在2016年累计志愿服务时间已经达到2.2万小时。时间银行所影响区域也实现逐步扩展，不再仅局限于东部沿海大城市，而是进一步扩大到了湖北、内蒙古、四川、贵州等多个省份。互助养老时间银行在我国取得如此迅速的发展，一方面反映了在我国人口老龄化的背景下，互助养老时间银行模式契合了社会的需要。另一方面，也体现了我国越来越多的社区居民对于这一有别于传统养老的新养老模式在观念和行动上的认可，这些都为在我国全面推行互助养老、建立统一的时间银行体系提供了极为有利的社会基础。

（2）现有的标准化的时间银行管理制度为建设统一的时间银行体系创造了有利条件，多家时间银行连片经营的尝试也显示出了时间银行一体化的趋势。若要在全国建立统一的时间银行体系，必须有一套合理化的、标准统一的管理制度。在我国当下，时间银行的自身管理日趋规范，部分时间银行在发展过程中，已经构建了较为完备的组织架构。例如，上海时间银行作为一个独立的时间银行实体，已经形成了独立的章程、管理体系和责任制度，设置了理事会、运管管理团队、地方办事机构和对应的各个子项目部，规定了明确的职责范围，使机构呈现规范化运转的态势。另外，时间银行亦开始尝试突破只能在单个社区中运行的局限，进行了多社区连片经营时间银行的尝试。例如，北京西城区金融街街道“爱心时间银行”将二龙路、京畿道、受水河、温家街、民康五个社区纳入其运营范围，实现了时间银行覆盖多个社区的第一步。

（3）信息技术的逐步应用使覆盖全国的供求信息得以及时详细的提供，更为便捷化的银行运转流程为将全部时间银行纳入统一体系创造了条件。近年来，我国时间银行较好地利用了信息技术发展的有利优势，借助网站、APP 等平台优势，推动了时间银行的信息化建设。由于信息技术具有存储的稳定性和共享的及时性，十分适合时间银行的志愿者召集、需求的发布和记录登记的储存，从而使时间银行的运转更为便捷化。部分时间银行通过网站与 APP 平台建设，极大便利了志愿者的参与。例如，广东省南沙市通过时间银行的网站建设，方便会员通过电脑或者手机 APP 的方式，用账户密码登录网络平台，自主管理会员账户及查看时间币，并可自行发布和承接服务需求。另外，网站上可以查询有需要服务的对象的居住地点、服务类型、可给予的时间币和发布时间，也可查看某一次对接服务中的承接人信息、所提供的服务类型、受助方的评价、完成时间和完成状态等，使时间银行的运行一目了然。

（4）志愿服务政策体系的不断完善为统一的时间银行体系的建立提供了有力的政策支持。时间银行的发展，离不开志愿服务政策体系不断地完善。2008 年起，无论国家层面还是地方政府层面，都相继出台了相应的志愿服务政策，从内容、标准、制度、流程等方面对时间银行这一互助服务机制做出了规定，形成了系统的政策支持。在国家层面，2008 年，由国家民政部起草的《中华人民共和国慈善事业促进法》，对于志愿服务者及其组织者的权利和义务、志愿服务记录及激励机制等都进行了较为详细的规定。在地方政府层面，早在奥运会刚结束后的2009 年，广州市越秀区便提出了《越秀区养老服务储蓄制度（试行）》，对时间银行的服务内容、计算标准、兑换原则等都进行了较为详细的规定。此后，各个地方区域性的志愿服务政策体系纷纷出台，其中较为有针对性的有湖北省武汉市的“时间银行存取制度”、湖北省阳新县的《建立时间银行爱心助老服务储蓄制度实施方案》等。这些地方性的志愿服务政策，使国家性的政策得以在地方顺利实施，促进了时间银行在各地的扎根并规范化发展。

（5）数量可观的年轻群体的加入为养老服务的供给及将要发行的时间货币的需求提供了巨大的潜力，是统一发行的时间货币得以在社会顺利流通的有力保障。时间银行的发展得到了更多年轻人特别是高校年轻群体的加入，为时间银行的发展注入了新鲜血液。近年来，高校学生团体的加入，使时间银行在我国的覆盖人群从老年人群体扩大到了年轻人群体，扩大了时间银行在高校的影响力。例如秦皇岛燕山大学和苏州市的外国语学校，主要由学生团体建立了时间银行。其中 2015 年秦皇岛大学的时间银行一开张，便迎来了 400 多人开户。此外，北京大学老年学研究所还创新性地将时间银行转向由青年人帮助老年人的方向，大力推动时间银行的线上运行和高校年轻群体的加入。通过建立开发团队进行线上数据匹配、后期运行和技术支持等方式，让时间银行从“老人助老”的模式之外主推“年轻人助老”的新模式。这些年轻群体的加入在可提供服务总量上为统一的时间银行的建立助推了更大的可行性。另外值得一提的是，年轻人不仅在体力和数量上更具有优势，而且能进一步推动时间银行的信息应用、宣传推广、实践创新和可持续发展。

9.2　建立全国统一时间银行的 PEST 分析

宏观环境是指构建全国统一时间银行的外部环境。时间银行要想更好地在全国范围内推行，应该充分考虑我国社会发展的大环境，不仅要提供符合老年人需求的养老服务产品和服务，还要着手提高老年人的幸福感和社会参与感。全国统一时间银行不仅要规范运行，还要能吸引各年龄段社会成员提供社会照顾服务，尽可能扩大社会照顾服务规模，履行社会责任。宏观环境又称为 PEST 分析，主要是分析与企业相关的政治和法律因素（Political Factors）、经济因素（economical factors）、社会和文化因素（social factors）和技术因素（technological factors）等四个关键因素。可以运用这种分析方法客观分析时间银行所处的外部环境，并预见未来可能遇到的机会和威胁。

9.2.1 政治法律环境因素

政治法律环境因素主要分析我国目前的政治体制、政治形势、方针政策以及法律法规等方面对时间银行的影响。主要分析与时间银行日常活动相关的，能够对其产生影响的政治及法律制度。政治法律对时间银行的影响最为直接、难以预测，且具有长期性。

我国“十二五”计划期间基本建立起以居家养老为基础、社区服务为依托、机构养老为补充，具有中国特色的社会养老服务体系。最近几年，国家对养老的关注度有增无减，不少政策也随之出台。“十三五”规划中明确表示要建立以居家为基础、社区为依托、机构为补充的多层次养老服务体系，未来的养老事业基本以居家为主，重点突出老年人的社会参与感、满足感、自我价值的实现，基本将老年人的精神文明建设放在了养老事业的核心位置。这种养老理念也与时间银行的基本理念相符合。在上海，这一养老服务格局已经基本形成，上海将其形象地概括为“9073”，即 90% 的老年人家庭养老，7% 的老年人社区提供居家养老服务，3% 的老人机构养老。各地为了响应国家政策号召，各省市纷纷出台响应政策：佛山市禅城区在《养老服务体系增量提质三年行动计划实施方案》中计划 2019 年底实现 89% 的老年人居家养老，7%实行社区养老，4%实行机构养老；《北京市居家养老服务条例》明确发展社区居家养老服务，完善综合服务体系的方向；《苏州市老龄事业和养老服务业发展十三五规划》，指出鼓励社会力量参与居家养老服务。各省市纷纷出台相关法律政策，在家庭养老功能弱化、机构养老资源不足的情况下，作为居家养老服务的一种运作模式，时间银行可以最大限度地动员社区内外不同年龄阶段、不同需求层次的民众参与到社区养老服务中，进一步完善社区养老服务体系。

9.2.2 宏观经济环境因素

我国目前养老资金仍然以政府财政性资金投入为主，而政府的财政性资金投入又包括中央公共财政支出、地方政府公共财政支出和福利彩票公益性收入等，而公共财政支出是建设养老服务体系的重要资金来源。长期以来，我国养老服务支出在总体财政支出中占比并不高，以 2013 年为例，全国公共财政支出中仅有大约 112 亿用于了老年人福利支出上，占比不足总体支出的千分之一。“十三五”期间，我国将累计投入 2908 亿元用于养老服务建设。平均每年大约 581.6 亿元，对养老服务的支持力度逐渐加大。但是，如此大的财政支持仍然不能保障我国庞大的老年人口数量和日益增长的服务需求。各项财政投入和养老服务需求之间仍然会出现缺口。面对养老服务财政性资金缺口，建立全国统一时间银行不仅适合更高层次的养老服务需求，更适合低成本应对人口老龄化的战略要求。我国的人口老龄化是在“未富先老”、社会保障制度不完善、城乡和区域发展不平衡、家庭养老功能弱化的形势下出现的。“全国统一”的时间银行，可以动员全体社会成员，包括年轻人甚至低龄健康老年人积极行动起来，主动照顾身边的中高龄老人，节约老年服务支出成本，有效缓解老年服务的资金需求压力，避免挤占其他经济发展所需资金。

9.2.3 社会环境因素

建立全国统一时间银行可以加强社会主义精神文明建设，创造社会资本。社会资本是相对于物质资本和人力资本的一种资本形式，其表现形式有规范、信任、利他、合作、社会参与及社会网络等。时间货币促进相互不认识的人互相信任，愿意与陌生人合作，提升对生活满意度。时间银行互助养老是将互助服务进行量化并存储起来，服务提供者将来可以支取等量的他人服务。这既是对劳动价值的认可，也体现了对劳动的尊重，调动了人们服务的意识和积极性。时间银行不计服务形式只计服务时间的运作模式，使得很少有人会像对待货币银行那样去刻意追究报酬，更体现了劳动的一种崇高境界，有助于建立社会“人人为我，我为人人”的长效互助信用机制。全国统一的 时间银行诚信制度还有助于在年轻一代中养成良好的尊老爱老风尚，进而将我国传统孝道文化一代代传递。时间银行还为邻里之间提供了一个相互帮助、相互了解的平台，更有助于和谐社会的建立和发展。

时间银行引入了有偿激励机制，对志愿者的工作进行统一的规范和标准化管理，利用时间货币这一无形资产的运作，不仅给服务者带来收益保障，而且还能在个人账户数额的增加过程中获得荣誉感，这种方式不仅能对时间储户产生持久的激励作用，还有益于保障居家养老方式的长期性。最近几年，时间银行陆续在天津、马鞍山、湖南、扬州、无锡、杭州、宁波、广州等地先后推行，取得了很多经验，通过这些已有实践为建立全国统一时间银行提供了实践和理论基础。

9.2.4 技术环境因素

建立全国统一时间银行需要突破技术上的限制，首要问题便是信息技术问题。现期各地时间银行的一大问题在于记录的随意化和人工操作，使得很多记录无法长期保存，也不利于服务储存的联网。另外，即使部分已经实现信息化的时间银行，也并不注重各个时间银行之间的信息分享与交流。而在智能手机、互联网大数据等技术不断发展的背景下，这一问题得到了有效的解决，同时为时间银行的统一运作提供了技术支持。根据《2017 中国互联网络发展状况统计报告》显示，截至 2017 年 6 月，我国网民规模达到 7.51 亿，半年共计新增网民 1992 万人，互联网普及率为 54.3%。手机网民规模达 7.24 亿，较 2016 年底增加 2830 万人。网民使用手机上网的比例由 2016 年底的 95.1% 提升至 96.3%。与 2016 年底相比，40 岁及以上中高龄群体占比增长 1.7 个百分点，互联网已经开始向中老年人群渗透，《2017 上半年中国智能手机市场研究报告》显示，我国智能手机用户规模已经达到 6.55 亿人。

现今可以借助智能手机、互联网的发展，促进时间银行在全国范围内的信息化建设，使时间银行的运作更智能化，并促进各地之间的时间银行分行联网和信息共享。一方面时间银行可将服务信息存于云系统中，使之能够得到永久性的保存，杜绝记录遗失的问题；另一方面各地的时间银行之间，也可以方便地让会员将所储存的劳务时间在各地之间进行通取通兑，使时间银行在更大的地域范围内发挥资源的交换和流转功能。时间银行通过微信平台或者其他 APP 平台、网络网站平台等其他信息技术手段，极大地便捷了时间银行居家养老信息的匹配。由于纸笔等记录容易丢失，并且通过开会、贴士和招领榜等方式进行服务信息的发布与承接效率并不理想。而借助信息技术，时间银行能够很好地实现志愿者规范永久记录、服务信息的及时共享与服务行为的评价监督。

9.3 建立全国统一时间银行的 SWOT 分析

时间银行养老服务在我国目前正处于发展初期，如何能够在严峻的养老形式下扬长避短，保持良好的发展态势，选择正确的发展战略非常重要。基于本书前述对时间银行养老服务的介绍和基本发展情况简析，本章将通过 Swot 分析法对建立全国统一时间银行进行客观评价。

9.3.1 全国统一时间银行的优势

1. 规模优势

现存的时间银行数量多，经营规模小，据不完全统计，2008—2016 年已经有至少 31 家时间银行在我国建立，时间银行所影响区域也实现逐步扩展，不再仅局限于东部沿海大城市中，而是进一步扩大到了湖北、内蒙古、四川、贵州等多个省份。时间银行不像其他商业银行，看重一个企业的商业发展前景，以及企业的固定资产和企业的经营方向，而是作为“政策银行”缓解我国养老压力。时间银行没有商业银行的高融资门滥、繁杂的业务手续，也没有商业银行融资、盈利的需求，因此，发行和管理时间货币将成为时间银行的主要业务，并且具备全国统一的基础条件。

规模经济效益指由于经济规模的变动所引起的经济效益的提高，或者说是由于生产力诸因素集约度的变动所引起的经济效益的提高。当某企业达到最佳经济规模，对于增强企业的核心竞争力具有重要的意义。现存的时间银行，之所以发展困难甚至难以为继，主要在于各地时间银行过于分散且没有联动，没有形成一定的规模，只能处于萌芽阶段，无法继续发展。因此，建立全国统一的时间银行，能够扬长避短，充分发挥时间银行的优势。统一性全国时间银行不仅可以带来一定的规模经济效益以减少运营成本，还能够使时间银行规范化，获得更多的政策支持。

2. 管理制度优势

上海、广州等发达地区时间银行已经开始尝试“连片经营”，时间银行一体化的趋势渐渐凸显。若要在全国建立统一的时间银行体系，必须要有一套合理化的、标准统一的管理制度。在我国当下，时间银行发展不规范、制度不健全的情况下，统一时间银行可以规范各地时间银行发展建设，构建较为完备的组织架构，形成独立的章程、管理体系和责任制度，设置理事会、运管管理团队、地方办事机构和对应的各个子项目部，规定明确的职责范围，使机构呈现规范化运转的态势。全国统一时间银行亦能够突破传统时间银行只能在单个社区中运行的局限，进行了多社区连片共同经营统一管理的科学尝试。例如，北京西城区金融街道“爱心时间银行”将二龙路、京畿道、受水河、温家街、民康五个社区纳入其运营范围，实现了时间银行覆盖多个社区的壮举。

3. 服务优势

与其他商业银行相比，时间银行主要服务对象是社区中的老年人为主的客户，老年人口基数大、分布范围广、养老需求复杂。全国统一时间银行能够推进时间银行客户分级管理服务制度，可以运用“总—分—支”“总—区域中心+支”的双结构并存模式，能够有效地梳理不同时间、不同地区的老年人的基本情况，根据养老需求、区域志愿者团队、匹配满意度，对各社区老年人实施差异化服务策略。例如，某社区中的老年人需要某种专业性服务，在以往的时间银行模式中只能由本社区内的志愿者进行匹配，一旦该社区没有具有相关技能的志愿者时，老人的服务需求便无法得到满足。但是，在全国统一时间银行模式下，可以统筹不同社区甚至不同城市的志愿者，完全有可能满足老人的某种特殊需求。在服务评价方面，传统时间银行也没有规范的标准，而全国统一时间银行的服务电话回访机制，在养老服务完成后，能够及时地对单次服务进行质量追踪，确保养老服务的质量、提高老年人的幸福感。

9.3.2 全国统一时间银行的劣势

1. 服务供给严重不足

截至2016年底，我国60周岁及以上人口已经达到了2.3亿人，占总人口的16.7%，65周岁及以上人口也已达到1.5亿人，占总人口的10.8%。另外，老年人中的失能老人比例也将不断提升，到2020年，我国失能老年人口规模将达到2185万人，2051年人口老龄化高峰时将达到3850万人。尽管，我国时间银行发展势头迅猛，例如兆园社区的时间银行，在2012年的时候，会员人数已经达到了1200多人，累计服务时间超过18000多小时，江苏省宜兴市的宜兴义工时间银行会员达到14234人。但是，对比我国庞大的老年人口数量，现有时间银行只是杯水车薪，远远不够。显然，建立全国统一时间银行迫在眉睫，但是，建立如此庞大复杂的银行系统，目前主要的劣势就是愿意提供照顾的服务人员基础不足，大多数老年人对时间银行并不知晓，甚至是持怀疑态度。志愿者资源方面分布不均，例如上海、广州、北京等发达地区，志愿者资源充足，而一些偏远三四线城市志愿者资源严重匮乏。种种因素造成了建立全国统一时间银行面临客户基础薄弱问题。

2. 制度保障不足

时间银行属于“非盈利”“社会福利”型业务。虽然发达地区利用自身的经济、制度优势大力发展时间银行，但是，从全国来看我国政府对时间银行的支持力度明显不足。按照本书构想时间银行本质上和中央银行并行，时间货币和人民币也互为并存不能相互替代。既然时间银行和其他银行属于两条线，时间银行发放时间币、流通、回笼等业务处理，不涉及其他商业银行业务，由时间银行自身进行全盘管理。然而，时间银行性质上虽然属于一种政策性银行，但是，时间银行更多的是处理老人的居家养老问题，相比其他银行缺乏授信审批、业务创新以及专业人才，如此，时间银行在银行系统内部便与其他商业银行“隔离”开来，缺乏业务交流沟通。在宏观层面，我国仍然以经济建设为中心，现阶段的时间银行想要解决的社会问题还没有引起共鸣，短时间内政府可能并不会特别重视时间银行或者出台相关法律文件支持建设全国统一的时间银行。综上种种原因，导致时间银行居家养老理想和实际情况脱节，时间银行发展可能并不顺畅，统一全国时间银行任重而道远。

3. 缺乏专业人才

一个良好的组织是时间银行发展的动力，而构建良好的组织体系需要优秀的人才。如果建立全国统一的时间银行，首先需要一些具备相关知识储备的人才。现阶段的时间银行由于规模较小，主要由社区运营，大多数的时间银行工作者来自于社区工作者、物业公司，甚至是热心居民，工作流程并不规范。参考人民银行和其他商业银行的人才来源主要是高校经济专业大学生和同行择业，但是由于时间银行的特殊性，现有商业银行的员工不一定熟悉时间银行的业务流程，大学生又没有相关的业务培训也缺乏经验，因此，建立全国统一时间银行需要面对缺乏专业人才的问题。

9.3.3 全国统一时间银行的机遇

1. 国家政策倾斜

最近几年，随着养老形势的严峻，国家对养老问题越来越重视。“十三五”规划中明确表示要建立以居家为基础、以社区为依托、以机构为补充的多层次养老服务体系，鼓励社会力量参与居家养老服务。最新颁布的《养老服务促进条例》明确提出，坚持政府主导、政策扶持、社会参与、市场运作的相关政策，大力发展居家养老服务，注重分析老年人多元化的需要。作为居家养老服务的一种运作模式，全国统一的时间银行可以最大限度地动员我国不同年龄阶段、不同需求层次的民众参与到居家养老服务中。国家未来的养老策略为建立全国统一的时间银行提供了制度保障，应该协调现有时间银行，抓住机遇早日建成覆盖全国范围的、统一的时间银行。

2. 多元化养老服务趋势增强

近几十年来我国经济有了飞速的发展，改善了人们的物质生活条件，而老年人的养老需求也不再局限于简单的生活照料，养老需求趋向于多样化，新型居家养老模式应运而生。白天家里没人，老年人就在家或者社区接受专人照料，晚上再回家和家里人生活在一起。这种模式弥补了养老院和传统家庭养老的不足，与老年人多样化的需求相适应。在目前家庭养老作用趋弱，机构养老不能深入人心的情况下，作为居家养老服务的一种方式，时间银行可以最大限度地聚集社会现有资源，鼓励各个年龄阶段的人为养老奉献力量，以更好解决老年人口的养老问题，也有利于时间银行在全国范围内更高的部署。

3. 志愿者资源丰富

时间银行潜在的志愿者资源主要分为两类：首先是退休的低龄老人，仅以上海市为例，据2017年上海市老年人口和老龄事业监测统计数据，截至2017年12月31日，60岁及以上人口483.60万人，新增60岁及以上人口就达25.81万人，按照我国目前的退休制度，每年还有大量55岁左右老年人加入退休人员行列，这些低龄老人中蕴藏了大量的人力资源。另一类资源主要是在校大学生群体，这一服务队伍来源庞大，根据教育部2018年《中国高等教育质量报告》数据显示，我国2018年在校大学生人数达到3700万，而且大学生群体普遍素质较高便于组织管理。大学生群体的加入不仅能有效地补充时间银行的有效“供给”，而且能够提升时间银行的灵活性、多样性和大大提高时间银行参与者的服务素质。大学生参与者能够充分地发挥自身优势，利用日常所学知识为时间银行服务。低龄老人和在校大学生是全国统一时间银行的立足之本，如果能够吸引这两大群体加入时间银行，那么将会给时间银行带来更大的机遇。

9.3.4 全国统一时间银行面临的挑战

1. 社会参与度、认识度偏低

国外的时间银行在群众间有着较高的认知度，他们甚至把时间银行的时数用作衡量个人信用的标准，鼓励社区居民积极参与。时间银行在我国已有20年的研究与实践，但公众知晓度仍然较低。2013年全国老龄办在北京等十个经济发达、老龄化程度较高的城市进行了一次全国居家养老状况调查，数据显示完全不了解“时间储蓄”的长者占比竟然高达62.8%。

学者史薇对城市老年人养老“时间储蓄”的参与意愿的分析研究中发现，社会对时间银行的参与度并不高。在养老“时间储蓄”的参与意愿的调查中发现，只有34.1%的被访老人表示愿意参与，不愿意参与的比例占到10.4%，值得注意的是，表示于不了的被访老人所占比重也是较高的，达到55.5%。公众认知度低、参与意愿低直接影响了时间银行的进一步发展，若要建立全国统一时间银行需要制定策略，提升认识度和参与意愿。

2. 其他养老方式的压力

我国目前存在的养老方式大致有三种：传统家庭养老、机构养老、新型居家养老，建立全国统一时间银行基本属于第三种养老方式，虽然居家养老成为未来养老事业的重心，但是，时间银行仍然面临来自传统家庭养老、机构养老的挑战。一些家庭富裕的老人基本会选择传统的家庭养老方式，因为经济条件好、生活压力小，一般由儿女亲属照料或者雇佣保姆，对时间银行居家养老方式兴趣并不浓厚。机构养老的服务水平也随着经济的发展和社会的进步有很大的改善，一些养老机构不仅优化了养老环境和养老水平，有些机构甚至出现了老年护理院、老年医院，这就给老人提供了更多的选择。不仅是其他的养老方式，一些保险公司、理财公司、银行等也越来越重视养老服务、推出养老产品。以上种种因素就给时间银行在全国的统一带来了难度，时间银行必须更具有足够的吸引力才能获得大众认可，建立全国统一时间银行面临多方面的挑战。

9.3.5 SWOT 矩阵分析

根据建立全国统一性时间银行面临的优势、劣势、机遇、挑战建立全国统一时间银行 SWOT 矩阵表（表 9-1）。不难看出，建立全国统一时间银行自身优势比劣势影响更大，而外部环境既有机遇也有挑战，因此为了有效应对外部威胁，时间银行可以采取“ST”战略，发挥居家养老优势，提升在养老服务中的竞争力。在“SO”策略方面，抓住国家“十三五”提出的养老政策机遇，大力发展居家养老服务。在时间银行未来发展方面，规范化时间银行建设，建立全国统一时间银行，完善志愿者队伍建设，打造时间银行人才梯队。面对外部威胁，时间银行需要扩大对外宣传力度，把握现有基础，稳步扩张。

表 9-1 全国统一时间银行 SWOT 矩阵表

内部条件 / 外部条件	优势（S）	劣势（W）
	1. 规模优势 2. 管理制度优势 3. 服务优势	1. 客户基础薄弱 2. 内部保障不足 3. 缺乏专业人才
机会（O） 1. 国家政策倾斜 2. 多元化养老服务趋势 3. 志愿者资源丰富	策略（SO） 1. 抓住国家政策机遇，建立全国统一的时间银行 2. 以居家养老为主，建立多元养老体系 3. 加强志愿者队伍建设	策略（WO） 1. 夯实时间银行客户基础 2. 打造时间银行人才梯队 3. 加强与社区机构、商业银行的交流合作
威胁（T） 1. 社会参与意愿低下、认识度不足 2. 其他养老方式的压力	策略（ST） 1. 规范时间银行建设 2. 发挥居家养老优势，提升时间银行在养老服务中的竞争力	策略（WT） 1. 扩大时间银行的宣传力度 2. 把握现有时间银行基础，稳步扩张

9.4 全国统一时间银行运行机制的设计与实现

9.4.1 建立宗旨与目标

建立宗旨：负责全国统一时间货币的发行与管理，控制时间货币的流通，维持时间货币价值的稳定，扩大社会照顾服务产出，提高人们生活质量，满足人们的社会照顾需求，促进闲置劳动力资源的充分利用和合理配置，实现全国统一时间银行可持续发展。

目标是将社区时间货币发展成为区别金钱货币的人们普遍接受的另类信用货币，实现社区货币与金钱货币并行流通，在原有以金钱货币为媒介的经济保障基础上，形成以社区货币为媒介的社会互助服务保障，将照顾老人的责任从家庭扩大到整个社会，缓解人到老年身边无人照料的窘境，为广大中高龄老人建立普惠制的安全网。

9.4.2 全国统一时间银行的职能与运行机制设计

建立时间银行发行银行与流通银行二级组织架构。发行银行负责社区货币的发行、流通和回笼，制定社区货币投放机制，控制社区时间货币发行量与流通量，负责时间货币政策的制定和执行，对流通银行进行监管。发行银行服务对象仅限于政府和流通银行，并不直接与社区居民和企业发生联系。发行银行通过两种渠道控制社区货币的投放，一是对政府提供信用，包括政府贷款、购买社区货币债券；二是对流通银行提供信用，包括再贴现和再贷款等。流通银行全面执行发行银行的指令，按发行银行的要求向社区居民投放社区货币，面向社区居民经营社区货币的存取借贷业务，负责时间银行的正常运行和管理，建立发行银行面向流通银行、流通银行面向社区居民的时间银行二级管理组织架构。

1. 发行银行的主要职责

（1）发行银行是社区时间货币的唯一发行机构，根据试点地区人口统计数据确定每年社区时间货币的发行量，报送政府批准。负责调节时间货币供给量，保证社区时间货币正常流通并保持价值稳定。

（2）集中保留流通银行的准备金，并根据流通银行的贷款申请向流通银行提供社区货币贷款，充当最后贷款人。

（3）代理政府时间货币的收入和支出。代理政府社区货币债券的发行以及办理债券到期的还本付息等事宜。当政府时间货币的收支出现失衡时，通过购买社区货币债券的方式为政府融通资金，负有提供信贷支持的义务。

（4）制定并监督执行社区时间货币的相关法规、基本制度和业务活动准则等，监督流通银行的业务活动。

（5）为政府提供时间货币运行情况汇报和决策建议，向社会公众发布时间银行运行的相关信息。

2. 流通银行的主要职责

（1）为社区居民和企业免费开立社区货币账户。试点社区居民可以凭个人身份证，企业凭企业统一代码证，自愿申请开社区货币账户，其中社区居民开立个人账户，企业开立企业账户。

（2）向社区内达到一定年龄的老人每月发放社区货币。每月负责为年满 70 岁以上老人免费发放 20 小时社区货币，老人凭社区货币可以得到邻里之间的相互照顾服务，还可以得到社区提供的服务以及接受社区货币的企业提供的各种服务。老人如果暂时不用可以存放在个人账户里等需要时使用。

（3）面向社区居民经营社区货币的存取借贷业务。社区居民和企业可以凭身份证或企业统一代码借出一定数量社区货币（个人可以免费借出 20 小时，企业可以免费借出 200 小时），规定借出时间暂定为 6 个月，如果逾期不还将在社区公布，待条件成熟时记入个人信用记录。

（4）做好账户统计工作，做到账实相符。负责每月统计社区货币的实际投放量、回收量、存取量、借贷量，观察社区货币在社区居民之间的流通使用情况，做好原始数据、资料的录入、整理、汇总工作。

（5）时间银行设定各类社会照顾服务的指导价格，社会成员可以根据情况自行决定对各类服务支付（接受）的社区货币数额。如设家政服务难度系数为1，也就是1小时的家政服务与1小时的社区货币相对应；日常代购和精神慰藉的难度系数为0.5，也就是1小时的精神慰藉服务与半小时的社区货币相对应；贴身照顾的难度系数为2，也就是1小时的贴身照顾服务与2小时的社区货币相对应。时间银行制定的指导价格只是作为社会照顾服务实际价格的参考，人们可以根据服务长短和难易程度确定各类照顾服务以社区货币支付的价格。

3. 时间银行运行机制设计

有国家信用担保的时间货币自上而下设计发行，政府为当代老年人发行有国家信用担保的时间货币，以时间货币作为互助养老代际交换的交易媒介、记账单位、支付手段和储存媒介，全民自愿接受以时间货币作为日常生活照料和精神慰藉等居家养老互助服务的交易媒介，以时间货币发行和流通促进家庭养老向社会养老转化。时间银行实时记录和处理时间货币的发放、存取和借贷业务，并进行业务核算和数据处理分析，实时掌控时间货币的发放、存储和借贷情况，促进时间货币在社会居民之间广泛流通。

（1）时间货币的发放。参考现代银行设计理念，将时间银行分为承担发行任务的总行以及承担流通任务的各地区分支行。总行执行政府的委托，根据老人人口数量确定时间货币的每年投放量，通过买入与卖出时间货币债券维持一个坚挺的时间货币支付系统。总行不直接面对城乡居民，每月根据中高龄老人人数定期拨付一定数量的时间货币给各地区分行。各地区分行直接面对城乡居民，负责为符合年龄的老人开立时间货币账户，达到一定年龄的中高龄老人每月可以得到一定数量的时间货币。时间银行总行制定各地区分行的存款准备金率，根据需要上调和下调存款准备金率，调控时间货币的供给总量。各地区分行具体经营管理时间货币，吸收时间货币存款、发放贷款，具体经营时间货币的存储借贷业务，执行时间货币的发放、流通和回笼职能。

（2）时间货币的存取。老人利用时间货币可以得到朋友、邻里和志愿者以及社区提供的居家养老互助服务，如果时间货币暂时不使用则可以继续存在时间货币账户里，等需要时提取使用。社区居民照顾老人可以得到时间货币，凭时间货币可以得到其他互助服务，暂时不用可以储存起来，留到年老时使用或赠与他人获得所需服务，积累到一定数额可以购买时间货币债券，获得一定利息收入。时间银行为每一位接受时间货币的城乡居民设置一个时间货币账户，每个居民身份证对应一个时间货币账户。老人免费得到的时间货币、年轻人（低龄老年人）通过提供居家养老互助服务得到的时间货币，如果暂时不用，可以存放在时间银行账户里，由时间银行借贷给其他居民，以方便其他居民利用时间货币获得所需服务。时间货币作为储蓄手段实质是将时间货币所代表的对居家养老互助服务的现期索取权，通过时间银行这类信贷机构转变为对居家养老互助服务的未来索取权。

（3）时间货币的借贷。社区居民临时需要得到邻里互助服务，手中还没有时间货币，可以凭借居民身份证免费借贷一定数量的时间货币，约定以后归还。同时，各类企事业单位参与居家养老互助服务，自愿接受和使用时间货币，可以凭企业代码证自愿开立时间货币账户，借贷或存储一定数量时间货币以服务社区居民，积累的时间货币也可以购买时间货币债券。时间银行定期公布储户的存储信息，做到信息公开。由于时间货币本质上属于代际互助、代际互惠的爱心货币，在试点阶段时间货币的存储借贷暂时不产生利息。全国统一时间银行是非营利性公益组织，根据立法设立，受政府委托经营管理时间货币的存取借贷不收取任何费用，目的是服务社区居民，促进时间货币在社区居民之间广泛运转流通。

9.4.3 试点阶段全国统一时间银行运行机制的实现

为了更好地实现对时间货币的控制和管理，配合社区开展时间储蓄业务试点，依据时间货币理论和时间银行实践管理需求，参照现代银行系统的管理模式，对时间货币发放、存储、借贷进行账户管理和计算机管理。

在试点社区手工操作的基础上，对时间货币运营管理过程进行优化整合，并结合现代银行业务流程和计算机技术的相关理论，开发“社区时间货币管理系统”（已获得中华人民共和国国家版权局计算机软件著作权登记证书，证书号：软著登字第 2945511 号），以有效克服手工记账的局限性，节约大量人力、物力，提高交易效率，降低运营成本，实现时间货币发放、存取和借贷规范化运营。

1. 功能简介

该系统根据数据安全性的要求，进行加密处理，确保系统安全可靠。该系统分为系统业务处理、系统数据分析和系统辅助功能三部分。具体包括功能模块如图 9-1 所示。

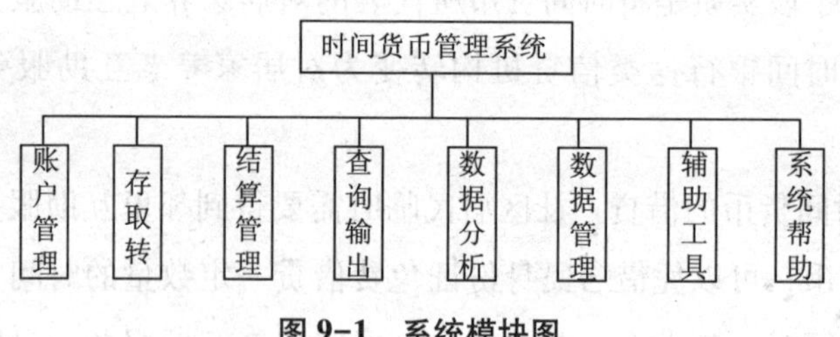

图 9-1　系统模块图

其中账户管理、存取转、结算管理为系统数据计算部分；查询输出和数据分析为系统数据分析部分；数据管理、辅助工具和系统帮助为系统辅助功能。

账户管理模块：在该模块中，主要完成账户的开户、账户信息的修改和账户挂失与销户功能。

存取转模块：在该模块中，主要完成时间货币的存取借贷，以及账户之间的转账功能。

结算管理模块：在该模块中，主要完成按日、月、年进行业务数据的统计功能。

查询输出模块：在该模块中，主要完成账户信息、交易信息、结算信息和盘点信息的查询、导出、打印功能。

数据分析模块：在该模块中，主要完成赤字账户、活跃账户、休眠账户的查询、导出、打印功能。

数据管理模块：在该模块中，主要包括“社区信息”“用户管理”“设置额度”“现币投入”“每月发放”“用户日志”和“数据备份”功能。

辅助管理功能：在该模块中，主要完成在本系统中就可以使用上网、Word、Excel 和计算器功能。

系统帮助模块：在该模块中，主要包括“密码修改”“屏幕锁定”“帮助手册”和“版权信息”功能。

2. 功能实现

为了更为准确地、及时地记录和处理时间货币的发放、存取和借贷业务，开发“时间货币控制管理系统”，以便实时掌控时间货币的发放、流通和回笼情况，并进行业务核算和数据处理分析。使用“时间货币控制管理系统”，主要实现实时监控时间货币在试点社区流通运转全过程，克服现有社区时间银行的局限性，积累经验教训，为发行有国家信用担保的时间货币提供理论与实践准备。

（1）基础数据设置（数据管理）。为实现老人居住在自己家里可以得到来自邻里之间的互助服务，以时间货币作为居家养老互助服务的交易媒介，在社区范围内为符合一定年龄的中高龄老人每月发放一定数量的时间货币。为实时了解投放的时间货币能否促进社区邻里之间的相互照顾，设置试点社区相关信息，对老人自然信息进行采集、登记，实时记录每次投放的时间货币数额，实时观察时间货币在社区居民之间的运转流通情况。

在“时间货币管理系统”的“数据管理”模块中，提供了相应数据设置功能，其中：

“社区信息”——对社区信息（社区代码、社区名称、电话、地址等）进行输入或变更改正操作。

“现币投入”——对每次投入到社区流通的时间货币数额进行记录操作。

“设置额度”——设置投放额度进行设置操作。

（2）时间货币发放（每月发放）。为满足中高龄老人日常照护需求，对符合一定年龄的中高龄老人每月免费发放一定额度的时间货币，老人使用时间货币可以得到邻居向自己提供的日常生活照顾和精神慰藉服务。

在“时间货币管理系统”的“数据管理”模块中，提供了相应时间货币发放功能，其中：

“每月发放”——对符合年龄的中高龄老人免费发放时间货币操作（每月发放一次）。

（3）基本业务处理（存取转）。为了更准确地记录时间货币的流通转让情况，为愿意接受时间货币的每位居民开立一个与居民身份证对应的唯一账户，并对这些账户信息进行维护。可以实现对时间货币按日、月、年进行统计，并对发放时间货币、时间货币的交易数据进行实时盘点操作。老人随时提取时间货币，以时间货币为支付手段接受邻里之间的照顾。社区居民通过照顾身边老人可以获取相应时长的时间货币，存到个人账户。社区居民临时需要邻居帮助手中还没有时间货币，可以凭身份证免费借出一定数量时间货币，约定以后归还。

在“时间货币管理系统”的“账户管理”模块中，提供了账户信息维护功能，其中：

“新开户”——建立社区居民的唯一账户信息（账号、身份证号、姓名、通信地址、联系电话、开户日期、账户状态等）。

“修改信息”“修改类别”“修改密码”——对指定账户的信息进行相应的修改操作。

“挂、恢、销”——对指定账户进行挂失、恢复、销户等操作。

在“时间货币管理系统”的“存取转”模块中，提供了时间货币存取转账操作功能，其中：

“存取”——可将获取的时间货币储存到自己账户操作；也可以从自己账户支取一定数额时间货币用于支付邻里之间的相互照顾。社区居民凭身份证从时间银行借出一定数量时间货币，相当于“取”，到期归还时间货币相当于“存”。

“转账”——可以通过转账的方式支付别人的帮助，或将账户中的时间货币转赠给别人。

在“社区时间货币管理系统”的“结算管理”模块中，提供了存、取、转、发的数额进行统计操作功能，其中：

“结算”——对存、取、转、发的时间货币数额按日、月、年进行统计操作。

“盘点”——对库存的时间货币进行盘点操作，以发现存取时间货币的差错。

（4）系统数据分析（查询输出、数据分析）。为了更准确、及时地掌握社区居民的自愿开户情况以及账户的交易情况，了解某天、某月、某年的时间货币的交易情况数据信息，了解社区居民实际帮扶现状；还可以及时了解“赤字账户”“活跃账户”“休眠账户”的信息，随时掌控时间货币交易过程中存在的问题。

在“社区时间货币管理系统”的“查询输出”模块中，提供了账户信息、交易、结算统计等信息操作功能，其中：

“账户信息”——对整个社区的所有时间货币账户信息的查询、导出成 Excel 文件、打印输出功能。

“交易信息”——对指定账户的交易信息的查询、导出成 Excel 文件、打印输出功能。

“结算信息”——按天、月、年的交易情况进行查询、导出成 Excel 文件、打印输出功能。

“盘点信息”——对所有的盘点信息的查询、导出成 Excel 文件、打印输出功能。

在“时间货币管理系统”的“数据分析”模块中，提供了所有的经常使用（活跃账户）、不经常使用（休眠账户）以及时间货币为负值（赤字账户）的情况并进行统计操作功能，其中：

“赤字账户”——对时间货币为负值的账户的查询、导出成 Excel 文件、打印输出功能。

“活跃账户”——对经常使用时间货币交易的账户的查询、导出成

Excel 文件、打印输出功能。

“休眠账户”——对不经常使用时间货币交易的账户的查询、导出成 Excel 文件、打印输出功能。

(5) 辅助管理。为了保证系统的安全使用，分别对使用人和数据库设置安全性措施，同时为方便使用系统提供一些辅助功能。对于使用人分别设置用户名、密码、权限的功能，并且针对不同使用人设置不同的权限进行不同的操作，对使用人的操作时间进行记录。为防止意外导致数据丢失或损毁，对数据库进行备份；为防止其他人查看数据库，对数据库设置密码、关键字段进行加密处理等，保证数据库中的数据不向外泄露。

在“社区时间货币管理系统”的“数据管理”“系统帮助”模块中，提供了使用人增、删、改、查的操作功能，其中：

“用户管理”——对使用本系统的人员进行管理（增、删、改）的功能。

“用户日志”——操作本系统的日志信息的查询、导出成 Excel 文件的功能。

“密码修改”——操作人自己修改操作密码。

“屏幕锁定”——在进入系统后，暂时不使用系统，防止其他人使用系统进行操作。

在“社区时间货币管理系统”的“数据管理”模块中，提供了对数据库备份恢复的操作功能，其中：

“数据备份”——保证数据库的安全，对数据库备份、恢复的操作功能。

在“时间货币管理系统”的“辅助工具”模块中，提供了本系统的一些辅助工作的操作功能，其中：

“一键上网”——在不关闭本系统的情况下，进行上网操作。

“启动 Word”——在不关闭本系统的情况下，使用 Word 操作。

“启动 Excel”——在不关闭本系统的情况下，使用 Excel 操作。

“启动计算器”—— 在不关闭本系统的情况下，使用计算器操作。

3. 操作流程

对于初次使用本系统的用户，必须先执行“数据管理”模块中的“社区信息”“用户管理”“设置额度”“现币投入”的功能，其中“社区信息”是“用户管理”“设置额度”“现币投入”的基础，必须先执行“社区信息”，再执行“用户管理”“设置额度”“现币投入”功能。

如果设置了“用户管理”“设置额度”“现币投入”这些基本数据，用户在运行本系统时，则可以按图9-1所列的相应功能模块，具体过程如图9-2所示。

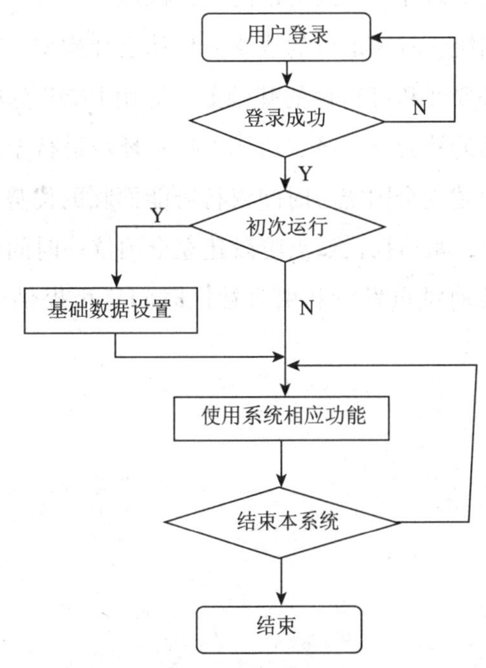

图9-2　系统操作流程

4. 其他

（1）在输入数据过程中，有些输入数据进行了合性校验，没有通过校验的数据会显示提示信息，应检查输入数据是否符合要求。

（2）对于使用本系统人员分别设置用户名、密码、权限的功能，并且不同的权限进行不同的操作，对使用人的操作时间进行记录。

（3）以防意外数据丢失或损毁，对于数据库进行备份；防止别人查看数据库，对数据库设置密码、关键字段进行加密处理等，保证数据库中的数据不向外泄露。

（4）各类机构、企业也可以借贷存储时间货币参与居家养老服务。

9.5 本章小结

第8章从理论上研究了社区货币的发行机理与运行机制。本章从实践角度研究建立全国统一时间银行的战略分析和设计构想，在分析建立全国统一时间银行的必要性和可行性的基础上，运用PEST分析法对建立全国统一时间银行面临的社会、经济、法律、技术环境进行全面分析，接着运用SWOT分析法对建立全国统一时间银行可能面临的优势、劣势、机会和挑战进行系统分析，最后探讨试点阶段建立全国统一时间银行运行机制的设计和实现，为政府试点发行和引入社区时间货币提供理论支持和实践准备。

结　语

未来50年，中国将是世界上人口老龄化形势最严峻的国家之一，而且未来50年老年人口流量总体将超过10亿，这是人类历史上前所未有的。未来数十年的中国是一个不可逆转的老龄社会，这一人口结构和趋势将对中国经济与社会发展产生巨大影响与冲击。面对老龄化的中国，如何充分利用金融手段和工具，实现老有所养是我们必须面对的问题。中国老龄社会是一种全新的经济和社会结构，在人口资源结构、消费结构、储蓄结构等方面都将发生重大转型。家庭结构的变迁将引导中国进入以核心家庭和空巢家庭为主的“421”时代，社会养老方式也将从传统的家庭养老转向社会保障制度支持的社会养老。计划生育政策的实施，家庭规模日趋小型化，对于已经步入老年期和即将步入老年期的人们来说，他们的日常生活照顾问题，特别是高龄老人的照料问题将成为政府、社会和家庭所面临的最重要的养老难题。引入社区货币将从很大程度上减轻政府、社会和家庭的养老负担。

老龄问题在本质上也是重大的金融问题。从理论上说，金融就是资源的跨时间、跨空间的价值交换，当社会中存在大量的闲置资源，而老人又得不到必要的社会照顾时，利用金融创新工具实现社会闲置劳动力资源的跨期配置和优化就显得极为重要。因为人到老年期的所有消费无外乎产品和服务，但从老年期的准备来看，人们不可能直接储备产品和服务，只能通过资源的跨时空配置即通过金融手段，来实现在年轻时通过金融工具储备自己的劳动价值，而到老年期后，用储备起来的金融资产配置置换生活所需的产品和服务。社区货币作为应对人口老龄化的金融创新工具，可以实现将年轻时拥有的照顾老人的劳动能力储存起来，等到年老时使用社区货币换取所需的社会照顾服务，实现闲置社会资源的有效利用和合理配置。社区货币作为金融创新，不会增加社会的负担。政府通过发行社区货币，实际相当于为全社会增加了一种新的金融财富，必将促进社会照顾服务的供给，满足中高龄老人社会照顾需求，极大地促进社会照顾服务的产出，有助于实现家庭养老向社会养老转化。

发行社区货币以应对人口老龄化有望上升为基本国策。老龄化是社会发展不可逆转的客观规律，是社会发展的终极目标。应对人口老龄化带来的挑战主要取决于两方面：一方面是当前能够提供足够的社会照顾服务；另一方面是需要足够的社区货币来置换当期的社会照顾服务。从这个意义上说，如果没有足够的金融置换工具，即使是在当期能够生产出足够的产品和服务，也无从置换。因此，社区货币的供给应该与当期社会能够提供的社会照顾服务的最大生产能力相匹配。本书运用现代货币理论，设计了社区货币的发行机理和运作机制，运用资产负债分析方法系统设计和构建了全国性统一时间货币的运行机制，并建立了社区时间货币管理系统以实现时间银行的规范化运行，本书将为老龄社会发行和引入社区货币提供理论支持，为政府的科学决策提供理论和实践参考。

参考文献

Alana H. Complementary Currency Helps Localcommunities [J]. World Watch, 2007, 20 (2): 9-15.

Allan B. The New Economics of Sustainable Consumption: Seeds of Change [J]. Journal of Rural Studies, 2011, 27 (1): 106-107.

Banks M. Creative Cities, Counter - Finance and the Aesthetics of Exchange: Copenhagen' s Artmoney Project [J]. Cities, 2013, 33: 36-42.

Bendell J, Greco T H. Currencies of Transition: Transforming Money to Unleashsustainability [J]. The Necessary Transition, 2013, 22: 224-245.

Blanc J, Fare M. Understanding the Role of Governments and Administrations in the Implementation of Community and Complementarycurrencies [J]. Annals of Public and Cooperative Economics, 2013, 84 (1): 63-81.

Blanc J. Classifying "CCs": Community, Complementary and Local Currencie' s Types and Generations [J]. International Journal of Community Currency Research, 2011, 15 (D): 4-10.

Blandin B, Lietaer. Mutual Learning: a Systemic Increase in Learning Efficiency to Prepare for the Challenges of the Twenty - First Century [J]. AI&SOC, 2013, 28 (10): 329-338.

Cahn E S. No More Throw-Away People: The Co-Production Imperative (2nded.) [M]. Washington DC: Essential Books, 2004.

Collom E, Lasker J N. Equal time, EqualValue [M]. Ashgete Farnham, 2012.

Collom E. Motivations and Differential Participation in a Community

Currency System: the Dynamics Within a Local Movementorganization [J]. Sociological Forum, 2011, 26 (1): 144-168.

Collom, E. Community Currency in the United States: The Social Environ Ments in Which it Emerges Andsurvives [J]. Environment and Planning A, 2005, 37 (9), 1565 - 1587.

Collom, E. Engagement of the Elderly in Time Banking: The Potential for Social Capital Generation in an AgingSociety [J]. Journal of aging & Social Policy, 2008, 20 (4): 414-436.

Dimitrios A. Maggou Ecumenical Currency Definition Through Poverty Guidelines, Barter Transactions, Property and Country Valuation [J]. Journal of Modern Accounting and Auditing, 2011, 7 (11): 1307-1313.

Douglas R. Life Dollars: Finding Currency in Community: a Best-Selling Author Proposes a Quiet Revolution in How we Value Goods, Time, Andourselves [J]. The Futurist, 2010, 44 (5): 20-29.

AmanatidouE, Gritzas G, Kavoulakos K I. Time Banks, Co-production and Foresight: Intertwined Towards an Alternativefuture [J]. Foresight, 2015, 17 (4): 308-331.

Fama E F. Banking in the theory of finance [J]. Journal of Monetary Economics, 1980, 6 (1): 39-57.

Glendinning C. Community Care in England [J]. International Encyclopedia of the Social & Behavioral Sciences (Second Edition), 2015: 344-349.

Gomez G M, Helmsing A H J. Selective Spatial Closure and Local Economic Development: Want do we Learn From the Argentine Local Currency Systems? [J]. World Development, 2008, 36 (11): 2489-2511.

Gregory L. Change Takes Time: Exploring Structural and Development Issues of Timebanking [J]. International Journal of Community Currency Research, 2009, 13: 19-32.

Henderson E J, Caplan G A. Home Sweet Home? Community Care for

Older People in Australia [J] . Journal of the American Medical Directors Association, 2008, 9 (2): 88-94.

Ingham G. The Nature Ofmoney [M] . Cambridge: Polity Press, 2004.

JelínekP. , Szalay Z, KonecnyA. Local Exchange Trading Systems in Central European post - Communist Countries [J] . International Journal of Community Currency Research, 2012, 16 (D) : 116-123.

Kubickovά, V. Bazó L, Stano R. The Complementary Currency as an Element of the Social Innovation in the Entrepreneurship [J] . Studia commercialia Bratislavensia. 2013, 5 (20): 597 - 606.

Lasker J N. Time Banking and Health: The role of a Community Currency Organization in Enhancing Well-bing [J] . Health Promotion Practice, 2011, 12 (1): 102-105.

Leland, H E. Saving and Uncertainty: the Precautionary Demand for saving [J]. Quarterly Journal of Economics, 1968, 465-473.

Letcher A S, Perlow K M. Community-Based Participatory Research Shows how a Community Initiative Creates Networks to Improve Well-Being [J] . American Journal of Preventive Medicine, 2009, 37 (6): 292-299 .

Lietaer B, Dunne J. Rethinking , Money: How new-Currencies Turn Scarcity Into prosperity [M] US: Berrett- Koehler Publishers, 2013.

Lukas V, Veronika J. Time Bank and Sustainability: The Permaculture Approach [J] . Procedia-Social and Behavioral Sciences, 2013, 92: 986-991.

Marks M B. Time Banking Service Exchange Systems: A Review of the Research and Policy and Practice Implications in Support of Youth in Transition [J] . Children and Youth Service Review, 2012, 34: 1230-1236.

Merritt A, Stubbs T. Complementing the Local and Global: Promoting Sustainability Action Qhrough Linked Local-Level and Formal Sustainability Funding Mechanisms [J] . Public Administration and Development, 2012, 32: 278-291.

Michel A, Hudon M. Community Currencies and Sustainable Development:

A systematicreview [J]. Ecological Economics, 2015, 116 (6): 160-171.

Kwon M, Lee C Yu X Exploring the Role of Neighborhood Walkability on Community Currency Activities: A Case Study of the Crooked River Alliance of Time Banks [J]. Landscape and Urban Planning, 2017, 167: 302-314.

Modigliani F, BrumbergR. Utility Analysis and The Consumption Function: An Interpretation of The Cross-Section Data [M]. NJ: Rutgers University Press, 1954: 388 - 436.

Modigliani F, Cao S L. The Chinese Saving Puzzle and the Life Cycle Hypothesis [J]. New York: Journal of Economic Literature, 2004 (42): 68-80.

Whitham M M Clarke H E. Getting is Giving: Time Banking as Formalized GeneralizedExchange [J]. Sociology Compass, 2016, 10 (1): 87-97.

Nuessle F. Distributed capitalism: A scientific Validation for "Going Local" [J]. World Futures, 2013, 69: 450-478.

Ozanne L K. Learning to exchange time: Benefits and Obstacles to time banking [J]. International Journal of Community Currency Research, 2010, 14: A1-16.

Peterson S. Money and the Local Economy [J]. World Future, 2013, 69: 515-530.

Petri L, Rana O F, Silaghi G C. Service Level Agreement as a Complementary Currency in Peer-to-Peermarkets [J]. Future Generation Computer Systems, 2012, 28 (3): 1316-1327.

Pifer A, Bronte L. Our aging society: Paradox andpromise [M]. New York: W. W. Norton, 1986.

Richey S. Manufacturing Trust: Community Currencies and the Creation of socialCapital [J]. Polit Behav, 2007, 29 (2): 69-88.

Ryan-Collins J. Building Local Resilience: The Emergence of the UK Transition Currencies [J]. International Journal of Community Currency Research, 2011, 15 (D): 61-67.

Saito K, Morino E. The Brighter Side of Risks in Peer-to-Peer Barter Relationships Future Generation Computer Systems, 2010, 26 (8): 1300-1316.

Samuelson P A. An Exact Consumption-loan Model of Interest With or Without the Social Contrivance of Money [J]. Journal Political Economy, 1958, 66 (12): 467-482.

Sanz E. Community currency (CCs) in Spain: An empirical study of their socialeffects [J]. Ecological Economics, 2016, 121: 20-27.

Schor, J B Plenitude: The New Economics of TrueWealth [J]. New York: Penguin Press, 2010.

Seyfang G, Longhurst N. Desperately Seeking Niches: Grassroots Innovations and Niche Development in the Community Currencyfield [J]. Global Environmental Change, 2013b, 23 (2): 881-891.

Seyfang G, Longhurst N. Growing Green Money? Mapping Community Currencies for Sustainabledevelopment [J]. Ecological Economics, 2013a, 86 (1): 65-77.

Seyfang G. Growing Cohesive communities one Favour at a Time: Social Exclusion, Active Citizenship and Time Banks [J]. International Journal of Urban and Regional Research, 2003, 27 (3): 699-706.

Seyfang G. Working Outside the Box: Community Currencies, Time Banks and SocialInclusion [J]. Journal of Social Policy, 2004, 33 (1): 49-71.

Sgouris S, Scott K. and Fungibleenergy : Hybrid Energy Market and Currency System for Total Energy Management: A Masdar city case study [J]. Energy Policy, 2010, 38 (4): 1749-1758.

Shih P C, Bellotti V, Han K, et al. Unequal Time for Unequal Value: Implications of Differing Motivations for Participation in Timebanking [J]. Human factors in computing systems, 2015: 1075-1084.

Slay J. More than money [M]. NESTA, London, 2011.

Stodder J. Complementary Credit Networks and Macroeconomic Stability:

Switzerland's Wirtschaftsring [J]. Journal of Economic Behavior &Organization, 2009, 72 (6): 79-95.

Van Bilsen P M, Hamers J P, Groot W, et al. The use of community-based Social Services by Elderly People at Risk of Institutionalization: An evaluation [J]. Health Policy, 2008, 87 (3): 285-295.

Van Eenoo L, Der Roest H G, Van Hout H P, et al. Quality of Care and Job Satisfaction in the European Home Care Setting: ResearchProtocol [J]. International Journal of Integrated Care, 2016, 16 (3): 38-48.

Willer, R, F. J. Flynn and S. Zak. Structure, Identity, and Solidarity A Comparative Field Study of Generalized and Direct Exchange [J]. Administrative Science Quarterly, 2012, 57 (1): 119-155.

Wonneberger E T, Mieg H. Trust in money: hard, soft and idealistic factors in Euro, gold and German communitycurrencies [J]. Journal of Sustainable Finance and Investment, 2011, 1: 230-240.

L. 兰德尔·雷. 现代货币理论 [M]. 北京：中信出版社，2017：1-81.

保罗·舒尔茨. 人口结构与储蓄：亚洲的经验证据及其对中国的意义 [J]. 经济学（季刊），2005，4（4）：3-10.

贝多广，罗煜. 补充性货币的理论、最新发展及对法定货币的挑战 [J]. 经济学动态，2013（9）：4-10.

蔡婷婷，曹梅娟. 国内外时间银行下的互助养老模式研究现状 [J]. 护理学杂志，2016，31（10）：111-113.

贝多广，罗煜. 补充性货币的理论、最新发展及对法定货币的挑战 [J]. 经济学动态，2013，9：4-10.

陈际华 姚云伟. 时间银行模式在农村互助养老长效运行机制中的探索——以苏北 SN 县为例 [J]. 湖北农业科学，2017（17）：3372-3377.

陈友华，施旖旎. 时间银行：缘起、问题与前景 [J]. 人文杂志，2015（12）：111-118.

陈友华，吴凯. 社区养老服务的规划与设计——以南京市为例 [J].

人口学刊，2008（1）：42-48.

程皓．中外虚拟货币的含义及其影响视角［J］．江西师范大学学报（哲学社会科学版），2009，42（2）：90-96.

党俊武．老龄社会的革命——人类的风险和前景［M］．北京：人民出版社，2015：1-5.

邓志锋．关于我国助老服务时间银行建设的思考［J］．南京人口管理干部学院学报，2012，28（4）：17-21.

丁志宏，杜书然，裴臻．城市退休健康老年人参与时间银行的意愿及其影响因素［J］．人口与社会，2018，（2）：33-44.

董红亚．中国养老保障迈入服务时代［J］．观察与思考，2013，8：47-51.

董娜．时间银行与社区互助网络的形成［J］．中国社会工作，2016，(34)：27-29.

董自龙．时间储蓄养老服务模式研究［J］．浙江万里学院学报，2013，26（4）：38-42.

杜亚军．代际交换——对老化经济学基础理论的研究［J］．中国人口科学，1990，18（3）：24-29.

费心怡，崔树银．公众对时间银行认知和参与的调查研究［J］．价值工程，2013（17）：12-15.

甘峰．地域货币——日本循环型社会的社区治理［J］．日本研究，2004，2：84-90.

高研，方舒怡，叶子，等．社区管理模式的时间银行探究——以重庆小正街时间银行为例［J］．经贸实践，2018（5）：63-65.

顾六宝，肖红叶．中国消费跨期替代弹性的两种统计估算方法［J］．统计研究，2004（9）：8-11.

何佳应．社区居家养老服务中社会工作介入情况调查分析［D］．扬州：扬州大学，2017.

贺菊煌．个人生命分为三期的世代交叠模型［J］．数量经济技术经济研究，2002（4）：48-55.

黄国桂，杜鹏，陈功．中国老年人照料父母的现状及相关心理问题研究［J］．老龄科学研究，2017（5）：15-25.

黄海娜．时间银行互助养老模式的发展困境与对策［J］．文化学刊，2018（3）：16-20.

黄庆波，杜鹏，陈功．成年子女与老年父母间代际关系的类型［J］．人口学刊，2017（4）：102-112.

黄少宽．我国“时间储蓄”养老服务模式的研究进展［J］．社会保障研究，2014，6：104-111.

黄琢成．时间银行模式下社区居家养老服务的研究．安徽行政学院学报，2017（1）：18-21.

景天魁．创建和发展社区综合养老服务体系［J］．苏州大学学报（哲学社会科学版），2015，36（1）：29-33.

李秉坤，姜春雪．日本社区养老服务的经验与启示［J］．人力资源管理，2015（3）：12.

李成武，李婷．补充货币的理论、实践与启示——基于后危机时代的思考［J］．金融纵横，2010（2）：47-50.

李川瑜．我国城市居家养老社区服务研究［D］．杭州：浙江大学，2007.

李健，李小将．基于“互联网+”和“服务储蓄”的养老服务项目管理模式研究［J］．项目技术管理，2016，14（3）：34-38.

李军．日本的老年福利政策社会福利［J］．2011（4）：51-51.

李伟峰，梁丽霞．社区照顾理论及其在中国的实践问题［J］．济南大学学报（社会科学版），2008（1）：12-15+91.

李学斌．我国社区养老服务研究综述［J］．宁夏社会科学，2008（1）：42-46.

李旸，张达．低龄存时间 高龄取服务 东湖区探索推出时间银行居家养老志愿服务模式［N］．南昌日报，2018-01-28（001）．

梁磊，郭凤英．基于时间银行养老平台模式体系研究及实践[J]．新疆社会科学，2016，3：133-138.

梁丽娟，李菲菲．时间银行——中国志愿服务模式优化的新路径［J］．理论界，2014（3）：75-77.

廖承红．补充货币的理论及其实践经验借鉴［J］．河北经贸大学学报，2011，32（1）：49-54.

列特尔．货币的未来［M］．北京：新华出版社，2003.

林宝．养老服务业“低水平均衡陷阱”与政策支持［J］．新疆师范大学学报（哲学社会科学版），2017，38（1）：108-114.

刘金山．补充货币的实践与启示［J］．经济学动态，2007，5：103-106.

刘岚，齐良书，陈功．居住安排与成年子女赡养老年父母的关系［J］．中国老年学杂志．2015（13）：3715-3716.

刘雯，杭斌．老龄化背景下我国城镇居民储蓄行为研究［J］．统计研究，2013，30（12）：77-82.

刘锡宾．一条养老新途径：志愿互助养老服务个人储蓄账户在制度［J］．政策瞭望，2016，9：42-45.

刘鑫．时间银行——循环互助的社区养老新模式［J］．法制博览，2016（15）：296-297.

鲁伟，郑红，张平．发行时间货币对构筑长期照护体系的作用机理［J］．东北大学学报（社会科学版），2017，6（19）：580-586.

马贵侠．论时间银行模式在居家养老中的应用［J］．南京理工大学学报（社会科学版），2010，23（06）：116-120.

马树才，宋琪，付云鹏．中国人口年龄结构变动对居民内生储蓄的影响研究［J］．中国人口科学，2015（6）：56-68.

梅玉萍．关于社会工作介入城市社区居家养老问题的调查报告［D］．安徽大学，2012.

孟艳，任飒，卞儒汉．社区养老新模式的探索——以时间银行为例［J］．生产力研究，2016（7）：85-90.

穆光宗．建立代际互助体系 走出传统养老困境［J］．市场与人口分析，1999，5（6）：33-35.

倪东生，张艳芳．养老服务供求失衡背景下中国政府购买养老服务政策研究［J］．中央财经大学学报，2015（11）：3-13.

彭希哲，胡谌．公共政策视角下的中国人口老龄化［J］．中国社会科学，2011（3）：121-138.

彭炎辉．代际双重绑定时间银行：农村养老服务新模式［J］．西北人口，2017（6）：87-91.

祁峰，薛忠义．日本居家护理服务的发展与启示［J］．东北亚论坛，2010（4）：81-89.

祁峰．英国的社区照顾及启示［J］．西北人口，2010，31（6）：20-24.

钱宁．中国社区居家养老的政策分析［J］．学海，2015（1）：94-100.

任志华，高贵如．时间价值银行模式在社区养老中的应用［J］．特区经济，2013（3）：81-82.

史薇．城市老年人养老“时间储蓄”的实证研究——老年社会参与的视角［J］．南方人口，2014（5）：58-68.

史文婷．基于公共时间银行的西安市××区“互助式”养老方式探析［D］．西安：西安理工大学，2017.

宋婷．瑞士，用时间银行养老［J］．青年博览，2013（12）：48.

苏跃辉，郑思海．“未富先老”与养老储蓄［J］．沿海企业与科技，2009，104（1）：159-161.

陶士贵．关于“补充货币”内涵、性质及特点的初步研究［J］．经济问题探索，2009b，7：121-126.

陶士贵．人口老龄化与“补充货币”的引入［J］．上海金融，2009a，7：12-16.

汪哲．时间银行应用于社区互助养老的研究［D］．北京：首都经济贸易大学，2017.

王承慧．美国社区养老模式的探索与启示［J］．现代城市研究，

2012，27（8）：35-44.

王琳．循环互助的新模式——时间银行［J］．法制与社会，2011（9）：189-190.

王琼．城市社区居家养老服务需求及其影响因素——基于全国性的城市老年人口调查数据［J］．人口研究，2016，40（1）：98-112.

王盛．时间银行的理论与实践探析［J］．当代经济，2017（23）：50-51.

王侠．国家人口发展“十二五”规划［M］．北京：人口出版社，2012.

王晓峰，刘帆，马云博．城市社区养老服务需求及影响分析——以长春市的调查为例［J］．人口学刊，2012（6）：34-39.

王一笑．时间银行助老养老模式推行的可行性研究［J］．老龄科学研究，2017，5（6）：26-39.

王玉皎．美国人的时间银行［J］．政府法制，2012（29）：35.

王泽淮．时间银行——社区志愿者服务的新形式［J］．社区，2003（12）：23.

韦佳杏．浅析时间银行社区养老模式在运行中的困境和应对措施［J］．法制与社会，2016（3）：178-179.

温铁军．阿根廷“另类货币”的作用［J］．国际经济评论，2006（3）：38-40.

吴帆，李建民．中国人口老龄化和社会转型背景下的社会代际关系［J］．学海，2010（1）：22-31.

夏辛萍．时间银行：城市社区养老服务的新模式［J］．中国老年学杂志，2014，34（10）：2905-2907.

谢贺，李铜山．论时间银行运行中存在的问题及其对策——对南京兆园社区时间银行的调查与分析［J］．科教文汇（上旬刊），2013（1）：205-206.

熊必俊．养老的实质是代际交换［J］．中国社会工作，1998（3）：60.

熊惠平．补充货币、社区货币及其试运行路径［J］．上海商学院学报，2010，11（1）：16-18.

熊惠平．基于文献解读的补充货币及其社区货币研究：功能、适用性和实现路径［J］．上海金融，2009（8）：20-23.

许加明．时间银行模式应用于居家养老互助服务的思考［J］．社会工作，2015（1）：74-80.

杨宝华，韩辰．关于构建“养老时间银行”可行性的探析［J］．上海保险，2017（5）：42-48.

杨静慧．互助养老模式：特质、价值与建构路径［J］．中州学刊，2016（3）：73-78.

张川川，陈斌开．“社会养老”能否替代“家庭养老”？——来自中国新型农村社会养老保险的证据［J］．经济研究，2014（11）：102-105.

张会莹．积极老龄化视角下社会工作介入社区养老探究［J］．科学社会，2014（3）：93-96.

张小蒙．人口年龄结构变动对我国储蓄的影响研究［D］．南京：南京大学，2014.

张旭，陈功．老龄化背景下的康复辅助器具利用与需求研究进展［J］．中国康复理论与实践．2016（11）：11-19.

张暄．“社区货币”：社区救助新尝试［J］．乡镇论坛，2008（26）：29.

张云英，张紫薇．国内城乡互助养老研究的热点与趋势——基于共词分析法的分析［J］．福建行政学院学报．2017（5）：17-22.

赵飞，张宗鹏，唐露．社区货币对大学生志愿服务激励机制的作用研究［J］．时代金融，2016（8）：212-213.

赵倩．互助养老在时间银行的探索［J］．中国人力资源社会保障，2014（9）：39- 41.

赵小仕，于大川．广州城市社区养老社会化问题探究［J］．改革与战略，2015，31（7）：179-183.

赵晓征．日本养老政策法规及老年居住建筑分类［J］．世界建筑导报，2015（3）：27-29.

赵昕东，王昊，刘婷．人口老龄化、养老保险与居民储蓄率［J］．中国软科学，2017（8）：156-165.

赵英涛．货币工具论［M］．北京：中国社会科学出版社，2014：168-183.

赵志强．时间银行：河北农村互助养老新机制探索［J］．合作经济与科技，2012（19）：99-100.

郑红．关于争取国家养老产业综合改革试点的对策建议［A］．沈阳：第十一届沈阳科学学术年会暨中国汽车产业集聚区发展与合作论坛论文集（经济管理分册），2014.

郑红，李英，李勇．时间银行：社会养老代际交换新模式［J］．北华大学学报（社会科学版），2018a，19（6）：63-70

郑红，王慧莹，李英．社区居家养老引入社区货币探索性试验［J］．东北大学学报（社会科学版）．2018b，20（6）：586-593.

钟春洋．完善社会养老服务体系的五个重点问题［J］．经济纵横，2015（1）：28-32.

钟立．社区党群服务中心如何搭建社区互助网络［J］．2017（19）：61.

周律，陈功，徐铭蔚等．农村孩次和性别对代际时间转移动机的影响——以安徽省为例［J］．人口与经济，2012（4）：27-33.

周作斌．时间银行在社区互助养老中的应用研究［D］．广州：暨南大学，2014.

重要术语索引表

后 记

本书是国家自然科学基金项目：社区货币对养老服务代际交换作用机制研究（71473033）最终研究成果。立项以来，课题组围绕课题申报计划书进行了全面实施。在理论研究方面取得显著进展，全面梳理了现代货币理论作为本书研究的理论基础。获得了中国老龄科学研究中心的“第四次中国城乡老年人生活状况抽样调查（个人问卷长表）”的数据支持，实证分析了互助养老引入时间货币的潜在需求和影响因素。在实践探索方面取得了重要进展，获得沈阳市大东区民政局的支持，与辽宁久久养老公司合作，在沈阳市大东区富强居家养老中心开展引入社区货币的探索性试验，试验已经进行了两年，取得了第一手试验数据，为政策试点引入社区货币提供了极为宝贵的经验和财富。课题完成过程中，我们得到辽宁久久养老公司满丽娜董事长、沈阳市大东区民政局白书记、中国老龄科学研究中心苗文胜老师的大力支持和帮助。借此向所有为本书完成付出努力的上述所有机构的领导和工作人员表达我们最诚挚的感谢！另外，我的硕士研究生作为课题组的成员为项目的最终完成付出了极大努力，他们是东北大学金融专业硕士研究生王慧莹、王丽丽、刘润赓、鲁巍、张大伟、富鹏志，以及留学生金正赫。他们放弃了个人休息时间，在问卷设计、试验开展、理论研究、实证分析等各个方面完成了卓越而高效的工作，没有他们的支持和帮助，本书是不可能顺利完成的，向他们表达我最由衷的感谢和敬意！